북한 애니메이션(아동영화)의
특성과 작품정보

이 책은 2009년 정부(교육과학기술부)의 재원으로 한국연구재단의 지원을
받아 제작되었습니다. (NRF-2009-361-A00008)

초판 1쇄 인쇄 2014년 4월 15일
초판 1쇄 발행 2014년 4월 20일

지은이_전영선
펴낸이_윤관백
펴낸곳_도서출판 선인
등록_제5-77호(1998. 11. 4)
주소_서울시 마포구 마포동 324-1 곳마루B/D 1층
전화_02)718-6252/6257 팩스_02)718-6253
전자우편_sunin72@chol.com

ISBN 978-89-5933-520-6 93680

정가 28,000원

북한 애니메이션(아동영화)의 특성과 작품정보

건국대학교 통일인문학연구단 기획
전영선 저

　'통일인문학' 연구는 분단된 한반도의 현실에서 통일에 대한 새로운 패러다임을 찾겠다는 취지로 시작되었습니다. 기존의 다양한 통일 담론이 체제 문제나 정치·경제적 통합을 전제로 진행되는 가운데 시류에 따라 붙임을 거듭하는 것이 현실입니다. 통일인문학은 사회과학 차원의 통일 논의가 관념적이면서도 정치적인 한계를 가지고 있다고 진단하고, 사람 중심의 인문정신을 바탕으로 한반도의 통일문제를 진단하고 그 해법을 찾고자 하는 새로운 학문영역입니다.

　사람을 중심에 둔 통일 논의는 기존의 통일 담론에서 크게 확대된 개념으로 이해할 수 있습니다. 즉 지리적으로도 한반도에 국한되지 않고 코리언 디아스포라를 모두 포괄하는 것으로, 남과 북의 주민은 물론이고 전 세계에 산재한 약 800여만 명의 코리언을 아우릅니다. 나아가 '결과로서의 통일'에만 역점을 두고 연구 사업을 진행하는 데 그치지 않고 '과정으로서의 통일'까지도 목표로 삼고 있습니다. 따라서 통일이 이루어지는 시점은 물론 통일 이후의 사회 통합과정에서 반드시 풀어가야 할 사람 간의 통합을 지향합니다.

　이에 통일인문학은 '소통·치유·통합'을 주요 방법론으로 제시합니다. 인문정신에 입각하여 사람 사이는 물론 사회계층 간의 소통을 일차적인 방안으로 삼습니다. 이러한 소통은 상대와 나와의 차이를 인정하면서 그 가운데 내재하는 공통의 요소들을 탐색하고 이를 적극적으로 활용하는 가운데 가능한 것입니다. 그를 위해 분단 이후 지속적이면서 현재까지 거듭 생산되고 있는 분단 트라우마의 실체를 파악하고, 이를 치유하기 위한 방안들을 모색하는 것입니다. 우선 서로에게 정신적·육체적으로 씻을 수 없는 상처를 가한 분단의 역사에서 잠재되어 있는 분단서사를 양지로 끌어 올리고 진단하여 해법으로 향하는 통합서사를 제시함으로써 개개인의 갈등요인이 됨 직한 분단 트라우마를 치유하고자 합니다. 그리고 우리 사회 전반에 자리 잡은 체제나 이념의 통합과 우리 실제 삶속에서 일어나고 가라앉는 사상·정서·생활 속의 공통성과 차이성 간의 조율을 통하여 삶으로부터의 통합이 사회통합으로 확산될 수 있기를 기대합니다.

이러한 취지에 따라 통일인문학은 철학을 기반으로 한 사상이념, 문학을 기반으로 한 정서문예, 역사와 문화콘텐츠를 기반으로 한 생활문화 등 세 가지 축을 기준으로 삶으로부터의 통합과 사회통합으로의 확산이라는 문제를 풀어가는 데 연구역량을 기울이고 있습니다. 그리고 이렇게 인문정신을 바탕으로 연구 생산한 성과들은 학계와 대중에게 널리 홍보되어 후속연구로의 발판 마련과 사회적 반향으로 이어지기를 기대합니다. 그와 관련된 노력은 우선 국내외의 통일 관련 석학들과의 만남을 통하여 선행연구의 흐름을 파악하거나, 한반도의 통일문제를 연구 화두로 삼고 있는 학자나 전문가들과의 학술심포지엄을 정기적으로 개최하는 등의 활동에서 이루어지기도 합니다. 그와 함께 분단 트라우마 진단을 위한 구술조사도 지속적으로 행하고 있으며, 통일인문학의 대중화를 위한 시민강좌나 교육프로그램 개발은 물론이고, 통일콘텐츠 연구개발 사업 등 다양한 방면의 모색과 실천을 거듭하고 있습니다.

그리고 이러한 다양한 활동과 사업의 성과들은 출판물로 외현되어 학계와 대중들이 적극 공유할 수 있는 장으로 옮겨집니다. 본 연구단에서 특히 출간기획에 주력한 것은 '통일인문학총서' 시리즈입니다. 현재 '통일인문학총서' 시리즈는 모두 네 개의 영역별로 분류되어 출간중입니다. 첫째, 본 연구단의 학술연구과정의 성과들을 주제별로 묶은 연구총서, 둘째, 분단과 통일 관련 구술조사 내용을 구술현장의 묘미를 잘 살려 정리한 구술총서, 북한연구 관련 자료와 콘텐츠들을 정리하고 해제·주해한 아카이브총서, 남북한 연구에 도움을 줄 수 있는 희귀 자료들을 현대어로 풀어낸 번역총서 등이 그것입니다.

통일인문학의 정립과 발전을 사명으로 알고 열의를 다하는 연구단의 교수와 연구교수, 연구원들께 고마움을 전합니다. 아울러 연구 사업에 기꺼이 참여해주시는 통일 관련 국내외 석학·전문가·학자들께도 심심한 감사를 드립니다. 그리고 무엇보다 자신의 소중한 체험과 기억을 구술해주신 분들께도 머리 숙여 고마움을 표합니다. 마지막으로 통일인문학의 취지를 백분 이해하시고 흔쾌히 출판을 맡아주신 출판사 관계자분들께도 감사드립니다.

사람의 통일, 인문정신을 통한 통일을 지향하며
건국대 통일인문학연구단장 김성민

이 책은 북한 애니메이션으로 알려진 북한 아동영화의 특성과 작
품 정보를 정리한 자료집이다. 북한 아동영화는 남한에서도 관심이
높은 분야이다. 어린이들에게 인기높은 만화영화 〈뽀롱 뽀롱 뽀로
로〉가 남북합작으로 만들어졌다는 사실이 알려지면서 많은 사람들
이 관심을 갖게 되었다. 사회적 관심에도 불구하고 북한 아동영화에
대한 연구는 아직 초보단계에 머물러 있다. 여러 이유가 있겠지만 무
엇보다 북한 아동영화에 대한 정보가 부족한 것이 일차적인 이유이
다. 어떤 작품이 있고, 어떤 내용이 있는 지도 제대로 파악되지 않았
다. 상황이 이렇다보니 연구자들 감당해야 할 부담도 적지 않은 상황
이다. 지금까지 이루어진 연구는 크게 다음 세 범주로 나누어진다.

첫째, 북한 아동영화의 특성에 대한 개략적 정리와 작품 소개이
다. 북한 아동영화에 대한 본격적인 소개는 1995년 한국문화정책개
발원에서 나온 『북한의 '아동영화' 연구』를 통해 이루어졌다. 『북한
의 '아동영화' 연구』는 북한 아동영화에 대한 개괄적인 정리와 주요
작품 43편을 소개하였다.[1] 서정남은 북한 애니메이션을 통하여 북
한 아동문화란 무엇인가를 밝히는 데 목적을 두고 북한 아동영화의

---

1) 장미진, 『북한의 '아동영화' 연구』(한국문화정책개발원, 1995).

역사, 아동영화의 장르분류, 작품내용 소개와 분석을 시도하였다.[2] 2005년에는 북한 애니매이션을 개괄적으로 소개한 『북한 애니메이션』이 살림출판사에서 문고판으로 나왔다.[3]

둘째, 작품과 주제의식을 분석한 연구이다. 류민우는 북한의 대표적인 애니메이션인 〈소년장수〉를 국가주의 관점에서 분석하였다.[4] 김은정은 북한 애니메이션의 현황과 작품분석을 통하여 북한 아동영화에 대한 이해를 높이는 데 목적을 두고, 북한 아동문학예술을 바라보는 북한의 관점, 북한 아동영화의 종류와 특징 그리고 〈아금랑〉에 나타난 조선민족제일주의에 대하여 분석하였다.[5] 김영숙은 1990년대 이후 창작된 아동영화를 대상으로 주제의식을 분석하였다.[6]

---

2) 서정남, 「애니메이션을 통해 본 북한 아동문화의 이해」, 『통일논총 제 18호』(숙명여대 통일문제 연구소, 2000).
3) 이대연·김경임, 『북한 애니메이션』(살림출판사, 2005).
4) 류민우, 「북한애니메이션 〈소년장수〉에 나타난 국가주의 연구」, 북한대학원대학교 석사학위논문, 2008.
5) 김은정, 「북한 아동영화의 현황과 애국주의: 「아금랑」을 중심으로」, 『외국문학연구』 제30호, 2008.
6) 김영숙, 「북한 아동영화에 나타난 아동 교양사상 연구」, 이화여자대학교 대학원 북한학협동과정, 석사학위논문, 2009.

셋째, 문화산업의 차원에서 남북교류의 가능성을 주제로 한 연구이다. 북한 애니메이션의 특성을 분석하고 남북교류 차원에서 가능성을 확인하는 연구이다. 김현주는 북한 애니메이션의 문화적, 산업적 특성과 그동안 진행되어 왔던 남북한 간의 애니메이션 관련 교류협력 사업을 분석하면서 남북 관계개선을 위한 효용성의 측면에서 분석하였다.[7] 전영선은 북한 아동영화의 창작 원칙과 유형, 북한 아동영화의 주제와 특성, 남북 애니메이션 교류 환경과 교류 방향을 분석하였다.[8]

나누어 놓고 보면 많은 것 같지만 실상 북한 아동영화에 대한 분석은 상대적으로 빈약하다. 연구를 위해서는 장님 코끼리 만지듯 작품을 찾아보아야 한다. 북한 아동영화에 대한 자료를 정리한 것은 『북한의 '아동영화' 연구』에서 43편('령리한 너구리' 시리즈 13편을 하나로 함)의 북한 아동영화를 소개한 것이 유일하다. 연구자들이 자료로 활용하기에는 내용도 빈약하고 작품 편수도 턱없이 부족하

---

7) 김현주, 「북한애니메이션의 특성과 활용에 대한 연구–남북한 문화산업 교류협력을 중심으로」, 경남대 북한대학원 석사논문, 2004.
8) 전영선, 「북한 아동영화의 창작적 특성과 남북교류방향」, 『예술콘텐츠연구』 1호 (예술콘텐츠학회, 2008).

다. 무엇보다 북한 아동영화 전체를 살필 수 있는 자료집이 절실하다. 이 책에 대한 고민도 여기에서 출발하였다. 줄거리를 비롯하여 작품에 대한 기본적인 정보가 있다면 부담을 덜 수 있으리라 생각하였다.

이 책에서는 북한 아동영화는 226편에 대한 정보를 가나다 순으로 정리하였다. 북한 아동영화에 대해 참고할만한 도서가 없는 상황에서 참고도서로서 기능을 갖추기 위해 가능한 한 상세한 정보를 정리하였다. 정보 내용은 작품 제작처와 제작년도, 런닝타임, 유형, 스탭정보, 주제, 줄거리를 기본으로 하고, 작품에 따라서 특별히 참고할 사항은 특기사항으로 정리하였다.

관련 자료를 동원하였지만 안타깝게도 작품 제작처와 제작 연도를 확인하지 못한 것은 비워 두었다. 유형은 만화영화, 인형영화, 지형영화, 컴퓨터3D 입체로 나누었다. 만화영화, 인형영화, 지형영화의 전통 분류에다 컴퓨터 3D를 추가하였다. 2000년 이후 컴퓨터입체영화가 만들어졌고, 점차 늘어나는 추세라 이를 반영하여 분류 기준으로 삼았다. 창작성원에 대한 정보는 아동영화의 엔딩크레딧 그대로 정리하였다. 표기방식, 표기순서, 이름 등의 표기 차이가 있는 것도 이 때문이다. 대중응모작품을 아동영화로 만든 경우에는 특별히 일반 작가와 달리 구분할 필요가 있기에 대중응모작품임을 밝혔다. 아동영화 줄거리는 최대한 상세하게 정리하였다. 북한 아동영화는 상영시간도 짧고 구조도 단순하여 정리할 내용이 많지 않다. 하지만 자료의 활용을 고려하여 최대한 상세하게 정리하고자 하였다.

좀 더 많은 자료를 모집하고 좀 더 많은 작품을 소개하고 싶었지만 한계가 있었다. 그렇다고 언제까지 마냥 붙들고 있을 수 없었다. 이 럭저럭 틈나는 대로 작품을 정리하기 시작한 것도 5년이 넘었다. 좀 더 붙들고 있기에는 여건도 허락지 않았다. 부족하지만 북한 애니메이션(아동영화)에 대해 관심을 둔 연구자들에게 폭넓게 활용되기를 기대한다.

어려움 속에서 출판을 맡아주신 선인출판사 윤관백 사장님과 원고 작업에 수고해주신 편집부 직원분들께 특별히 감사드린다.

2013년 겨울

전영선

차례

북한 아동영화 특성

1. 아동영화, 그림영화, 애니메이션

아동영화는 북한에서 아동을 대상으로 하는 영화일체를 의미한다. 우리가 흔히 만화영화라고 말할 때는 만화를 표현수단으로 하는 애니메이션을 말한다.[1] 원래 애니메이션은 라틴어의 'anima'에서 기원한 용어로 '정적인 그림에 인위적으로 생명을 불어넣어 움직이는 동적인 그림으로 살려내는 것'을 의미한다. 생명이 없는 물질을 이용하여 마치 생명체가 움직이는 것처럼 보이게 한다는 뜻이다.

애니메이션은 사용하는 재료와 기법에 따라서 여러 형태가 있다. 애니메이션 종류로는 '종이 애니메이션', '클레이 애니메이션', '인

---

1) 북한에서는 만화영화라는 표현대신 그림영화라고 하기도 하는데, 엄격한 장르 구분이 있는 것은 아니다. 북한에서 발간한 문학예술사전에는 '그림영화'와 '만화영화'를 각각 다음과 같이 규정한다. 『문학예술사전(상)』(과학백과사전종합출판사, 1988), '그림영화', 260쪽: "그림영화는 어린이들을 비롯하여 인격화된 동식물, 무생물 등이 등장하며 때로는 작가의 상상에 의하여 설정된 가상적인 물체들이 등장하기도 한다."
『문학예술사전(상)』(과학백과사전종합출판사, 1988), '만화영화', 690쪽: "만화적수법으로 그린 그림을 찍어서 만든 아동영화의 한 종류, 만화영화는 주로 아동들을 대상으로 하는것만큼 그들의 나이와 심리적특성에 맞게 만든다. 만화영화에는 주로 아동들의 생활고 의인화된 동물, 식물, 무생물들이 그려지며 심지어 창작가들의 환상에 의한 가상적인 물체까지도 그려진다. 만화영화에서 중요한 형상수단은 그림이며 그 담당자는 미술가이다."

형 애니메이션', '오브제 애니메이션', '컷아웃 애니메이션', '실루엣 애니메이션', '페인트 온 글래스', 'Pixillation', '다이렉트 애니메이션', '셀 애니메이션' 등 10가지 종류가 넘는다.[2] 이 중에서 만화영화가 대표적인 장르여서 만화영화라고 한다.

북한에서는 만화영화를 아동영화라고 한다. 만화영화가 표현 수단에 따라 구분한 것이라면 아동영화는 관객 대상에 따라 구분한 명칭이다. 즉 만화영화는 표현 수단이 무엇인가에 따라 구분한 것이고, 아동영화는 대상이 누구인가에 따라서 구분한 것이다. 우리로 치면 성인영화와 아동영화로 구분하는 방식이다. 남한에서 만화영화는 만화라는 표현 수단에 의한 분류일 뿐이다. 북한과 달리 성인을 대상으로 한 팀버튼 감독의 〈크리스마스 악몽〉이나 국내에서 제작된 〈아씨와 씨팍〉, 〈블루시걸〉, 어른을 위한 동화 〈마리이야기〉 같은 성인애니메이션도 있다.

문화성혁명사적관 안에 걸려 있는 아동영화 과학영화 전시판(좌), 김정숙이 들려준 이야기로 만들었다는 것을 알리는 아동영화 자막(우)

---

2) 한국문화정책개발원, 『북한의 아동영화연구』(한국문화정책개발원, 1995), 21~22쪽 참조.

엄격하게 말하자면 북한에서 아동영화는 애니메이션을 포함하여 아동을 대상으로 하는 영화 일체를 말한다. 북한 『문학예술사전』에서 아동영화는 '어린이들을 대상으로 하고 그들의 교양을 목적으로 만들어진 영화'로 규정한다.[3]

아동영화에는 '만화영화, 인형영화, 지형영화'를 포함하여, '아동들을 위하여 만들어진 예술영화, 기록영화'까지도 포함된다. 아동예술영화는 '주로 어린이들이 배역을 담당'하는데, '줄거리가 명확하고 사건구성이 비교적 단순'하다. 또한 간결한 화면에 어린이들이 좋아하는 이야기를 통하여 어린이들의 생활을 생동하게 반영'한다는 것이 특징이다. 이론적으로 아동영화에는 아동예술영화를 포함하고 있지만 실질적으로 아동예술영화 작품을 찾기란 쉽지 않다. 이런 이유로 아동영화라고 하면 곧 애니메이션으로 보아도 무방하다.

북한에서 아동영화라고 하여 특별히 연령을 기준으로 구분하는 이유는 간단하다. 아동들의 지적 발달 수준이 높지 않기 때문이다. 아동의 경우에는 아직은 이해력이 부족하기 때문에 복잡한 이야기나 심오한 사상을 표현하기에는 한계가 있다고 보기 때문이다. 북한의 모든 문학예술은 사회주의적 리얼리즘의 원칙에 입각하여 창작하는 것을 원칙으로 한다. 그런데 아동영화는 본질적으로 창작환경에 제약이 있다. 창작과정에서 현실적인 면을 충분히 살릴 수 없는 리얼리티의 한계가

---

3) 『문학예술사전(하)』(과학백과사전종합출판사, 1993), 449쪽: '아동영화', "어린이들을 대상으로 하고 그들의 교양을 목적으로 만들어진 영화. 만화영화, 인형영화, 지형영화 등이 속한다. 넓은 의미에서 아동들을 위하여 만들어진 예술영화, 기록영화들도 이에 속한다."

있다. 이런 한계를 가진 아동영화로는 복잡한 인간의 감정세계와 생활의 현상을 사실적으로 그려내지 못한다.[4] 그래서 북한 아동영화 창작에서 가장 중요한 원칙으로 강조하는 것은 아동의 나이와 심리적 특성에 맞는 작품을 창작하는 것이다.[5]

아동의 눈높이에 맞추어 만들기 때문에 아동영화는 스토리가 매우 단순하며, 교훈적인 내용으로 일관되어있다. 계급교양이나 반제교양과 같은 주제를 담지 않는다는 점에서 청소년영화와는 분명하게 대비된다. 북한에서 청소년은 '혁명의 후비대'로 규정한다. 청소년영화는 '주체형의 도덕적 공산주의자'로서 청소년들에 필요한 교양을 목적으로 만들어 진다. 따라서 내용에서도 반계급교양과 반제국주의 교양이 분명하게 드러난다. 그러나 아동영화는 〈달나라만리경〉이나 〈황새박사가 보낸 편지〉 등 예외적인 일부 작품을 제외한 대부분의 작품에는 직접적인 선동이나 선전의 내용이 없다. 아동영화의 대부분은 주로 수학이나 과학상식, 인성교양을 주제로 한다. 북한에서 아동영화는 지식교육과 인성교양 아동들의 길동무이자 교과서로 인식된다.[6]

---

4) 『문학예술사전(상)』(과학백과사전종합출판사, 1988), 260쪽: '그림영화', "그림영화는 생략된 선과 면에 의하여 모든 동작을 표현하는 만큼 인간의 복잡한 감정 세계와 생활의 제 현상을 섬세하고 면밀하게 묘사하지 못하는 제약을 가진다."

5) 장명희, 「아동영화문학에서 맺어지는 극적인물관계」, 『조선예술』 1999년 제12호 (문학예술출판사, 1999): "아동영화문학이 우리 어린이들의 친근한 길동무가 되자면 그들의 관심을 틀어잡고 시종일관 그들의 호기심을 자극하면서 견인력있게 줄거리가 뻗어나가야 한다."

6) 조달원, 「아동영화의 특성에 맞는 구성조직 몇가지」, 『조선예술』 2002년 제9호(문학예술출판사, 2002): "오늘 우리의 아동영화는 위대한 령도자 김정일동지의 현명한 령도밑에 일대 전성기를 맞이하고 있으며 그 내용의 과학성과 참신성, 예술적 흥미로 하여 어린이들의 훌륭한 길동무로, 참된 교과서로 되고 있다."

아동영화 방송안내를 알리는 텔레비전 타이틀

2. 애니메이션의 종류

북한 애니메이션은 수단에 따라서 만화영화, 인형영화, 지형영화
로 구분한다. 가장 많은 것은 셀 애니메이션인 만화영화이다. 만화
영화는 애니메이션 가운데 가장 많이 알려진 장르로 여러 장의 만화
를 이용하여 영화처럼 만든 것이다. 애니메이션을 만들 때 사용하는
만화 한 컷을 셀이라고 한다. 만화영화는 셀 애니메이션(Cell
Animation)의 우리식 번역이다. 컴퓨터 3D 입체 만화영화가 나오
기 이전까지 애니메이션의 대부분은 셀 애니메이션이었다. 월트 디
즈니사의 〈미키마우스〉를 비롯하여 우리나라의 〈로보트태권V〉에
이르기까지 상업용 애니메이션의 대부분이 셀 애니메이션이다. 이
렇게 만화영화가 널리 알려지다 보니 애니메이션 하면 곧 셀 애니메
이션(만화영화)를 떠올리게 된 것이다.

만화영화가 애니메이션을 대표하게 된 것은 제작환경과 관련된다. 셀 애니메이션은 정지된 화면을 순간적으로 여러 장을 연이어 보여주면서 마치 살아 움직이는 것처럼 보이게 만든 것이다. 우리가 보는 영화도 사실은 한 장 한 장 정지된 필름이다. 이 사진을 빠르게 돌려서 마치 움직이는 것처럼 보이는 것이다. 예전에 영화를 활동사진이라고 한 것도 이 때문이다. 눈을 통해 사물의 이미지가 망막에 비추어졌다가 사라지기 전에 다음 영상이 들어오면 마치 이어지는 것처럼 보이는 것이다. 애니메이션은 눈의 잔상효과를 이용하기 때문에 많은 그림이 들어갈수록 연결이 부드럽고 동작이 자연스럽게 느껴진다. 가장 이상적인 것은 1초당 24개의 프레임(Frame)이 들어가는 것이다. 눈의 잔상은 1/24초 동안 지속하기 때문에, 1초 동안에 24장 이상의 영상을 보여주면 자연스럽게 계속 움직이는 것처럼 느끼는 것이다.

이상적이기는 하지만 1초당 24프레임을 쓰기는 쉽지 않다. 1시간짜리 만화영화를 만들기 위해서는 86,400장의 밑그림이 필요하다. 애니메이션 제작에는 이처럼 상당한 비용과 시간이 소요된다. 상대적으로 만화를 이용하는 것이 경제적이기 때문에 애니메이션은 만화영화를 주로 사용하는 것이다. 애니메이션하면 곧 만화영화를 생각하는 것도 이 때문이다.

북한의 만화영화, 즉 셀 애니메이션으로는 〈령리한 너구리〉시리즈가 가장 널리 알려져 있다. 시리즈물이면서도 각 편이 독립적인 주제로 구성되어 있는데, 주인공인 너구리와 친구인 야옹이, 곰돌이가 경쟁을 통해 문제를 해결한다는 내용이다. 너구리는 야옹이처럼 빠르지도 못하고, 곰돌이처럼 힘도 세지 않지만 지혜롭게 문제를 해결해 나간다. 〈령리한 너구리〉 외에도 50부 연작물로 고구려 소년들의 용맹을 내용으로 하는 〈소년장수〉, 호동왕자와 낙랑공주 이야기를 장편 만화영화로 만든 〈호동왕자와 락랑공주〉, 〈나비와 수탉〉, 〈날개달린 룡마〉 등이 있다.

북한의 대표적인 만화영화(셀애니메이션)

인형영화는 찰흙이나 헝겊으로 만든 인형을 이용하여 만든 애니메이션이다. 대표적으로 〈웰레스와 그로밋〉, 〈치킨 런〉 등이 알려져 있다. 인형영화는 인형을 정지시키고 한 동작 한 동작을 찍어 완성하는데, 인형의 일시 정지된 동작을 이용하기에 스톱모션 애니메이션이라고 한다. 인형영화는 인형을 고정시켜서 한 장면 한 장면을 찍기 때문에 상대적으로 많은 노력과 시간이 필요하다. 촬영에서도 셀 애니메이션에 비하여 스피드 감을 표현하거나 감각적인 영상을 표현하는데 제약이 있다. 그러나 2차원적인 만화영화에 비해 3차원의 입체감을 살릴 수 있는 장점이 있다. 북한 인영형화로는 〈용감한 아동단원〉, 〈손해본 너구리〉, 〈꼬마곰네 비밀문〉 등이 있다.

인형이나 찰흙을 이용하여 만든 인형영화

지형영화는 관절 부위를 움직일 수 있도록 만든 종이인형을 이용하여 만든 애니메이션이다. 미술가들이 그린 그림들을 여러 형태로 본을 뜬 다음 턱이나 팔꿈치, 무릎 등의 관절 부분에 움직일 수 있는 조정장치를 달고, 이 조정장치를 이용하여 동작과 형태로 조정하면서 만든 영화이다. 지형영화는 캐릭터 인형의 관절을 움직이면서 제작하기에 상대적으로 적은 비용과 인원으로도 제작할 수 있다는 장점이 있다. 북한의 대표적인 지형영화로는 〈버들그네〉, 〈꾀있는 개미〉, 〈쇠도끼 금도끼〉 등이 있다.

종이를 오려서 만든 지형영화, 팔이나 목 등의 관절을 움직일 수 있다.

최근에는 컴퓨터를 아동영화에 적극 활용하고 있다. 컴퓨터를 화면처리나 합성에 이용하는 것에서 나아가 3D 입체영화도 나오고 있다.

컴퓨터로 화상처리와 화면처리, 합성작업을 한 아동영화의 엔딩 크레딧(위). 3D 아동영화 〈새로사귄동무 – 물에 빠진 곰〉과 〈저울형제가 일으킨 소동〉 (아래)

이 외에도 실사와 애니메이션을 결합한 아동영화도 있다. 실사와 애니메이션을 결합한 경우에는 실사의 사실감과 애니메이션 효과의 환상성을 활용할 수 있는 장점이 있기는 하지만 제작과정이 다소 복잡하다. 북한 아동영화 중에서는 〈음악회날 있었던 소동〉[7]이 있다.

3. 아동영화의 주인공들

아동영화는 만화나 인형을 이용하기 때문에 다양한 표현이나 사실적인 표현이 어렵다. 스토리 구조 역시 단순하고 간결하다. 또한 긍정적 인물과 부정적 인물의 대비도 선명하다. 주인공은 모범적인 인간상을 보여주어야 한다. 주인공은 '쾌활하고 낙천적이며 난관 앞에 굽힐 줄 모르며 앞으로 나아가려는 의지가 매우 강한 전형적인 새 인간'이어야 한다. 이러한 주인공의 모습은 '공산주의적 도덕형'에 맞는 인물이다. 아동영화를 통해 전형적인 인간상을 창조하고 이를 본받게 하는 것이다.

---

7) 온도에 따른 공기의 수축과 팽창 원리를 주제로 한 아동영화이다. 영남이가 학교에서 최우등을 하였다는 소식을 들은 영남이의 동물인형들은 한 영남이를 위해 음악회를 준비한다. 그때 영남이의 가방에서 나온 풍선코끼리가 코끼리가 춥다고 하자 다른 인형들이 보일러 밸브를 열어 방안의 온도를 높인다. 얼마후 풍선 코끼리는 배가 아프다고 하더니 몸이 점점 커지는 것이었다. 짐승인형들은 소화제도 먹여 보지만 효과가 없다. 코끼리가 답답하다면서 시원한 데로 데려다 달라고 말하자 냉장고 속에 넣는다. 냉장고에 코끼리를 넣고 난 다음 다람이는 동물백과를 보고 코끼리가 더운 곳에서 산다는 것을 알게된다. 다람이가 코끼리를 꺼내려고 냉장고 문을 열었더니, 코끼리가 조그맣게 꽁꽁 얼어 있었다. 동물인형들은 다시 보일러를 틀고, 따뜻한 수건으로 몸을 감싸 코끼리를 살리려 하는데, 코끼리 배가 다시 불러온다. 이때 영남이가 들어와 코끼리 인형을 보고는 밸브를 잠그고는 문을 열고 코끼리를 창문에 매달아 시원한 바람을 쏘이게 한다. 코끼리가 다시 살아나고 영남이를 음악회가 무사히 열린다.

29

아동영화의 주인공은 의인화된 동물이나 사물 그리고 사람이다. 의인화는 아동의 호기심을 자극하기 위해 가장 일반적으로 사용하는 수법이다. 가장 많이 의인화되는 동물은 토끼, 닭, 고양이, 돼지, 곰, 염소 등 작고 약한 동물이다. 동물이나 사물을 의인화 할 때는 동물들의 특성에 맞추어 인물을 설정한다. 토끼, 개미, 고양이, 다람쥐, 강아지, 고양이 같이 작은 동물은 긍정적인 캐릭터로 늑대, 여우, 쥐 등은 부정적인 캐릭터로 등장한다.

상대적으로 사람을 주인공으로 한 아동영화는 많지 않다. 사람을 주인공으로 한 아동영화는 주로 옛이야기를 소재로 한 아동영화이다. 최근 아동영화에서는 현대물에서도 인간캐릭터가 등장한다.

아동영화의 등장인물중 인간을 주인공으로 한 작품은 주로 고전을 소재로 한 작품에서 많이 보인다. 고전물이 아닌 경우에는 주인공의 대부분이 동물과 의인화된 사물이다.

동물캐릭터의 역할과 특성은 동물의 생태적 특성과 이미지에 따라서 역할이 거의 고정되어 있다. 주인공이 되는 동물들은 개나 고양이, 돼지 등 생활과 친숙한 동물들이다. 돼지는 다소 게으르면서도 착한 동물로 개는 친구들을 보호하고 지키는 동물로 나온다. 수염이 달린 염소는 늘 어른이나 공부를 많이 한 박사로 등장한다. 목이 긴 기린은 언제나 어른으로 나온다. 고양이는 민첩하고 빠른 캐릭터로 나온다. 여우, 승냥이, 쥐는 단 한 번도 좋은 인물로 등장하지 않는다. 미키마우스처럼 쥐를 귀엽거나 앙증맞은 캐릭터로 설정한 경우는 없다.

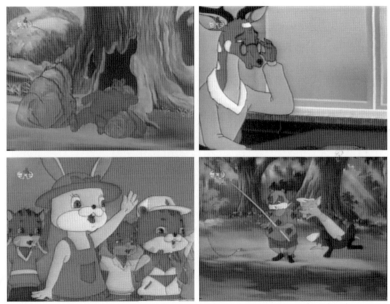

아동영화 속의 동물들은 캐릭터가 고정되어 있다. 힘은 세지만 미련하고 게으른 캐릭터의 곰, 어른으로만 등장하는 기린, 마음씨 착한 캐릭터로 나오는 작은 동물들, 항상 남을 꾀어 나쁜 짓만 하는 캐릭터로는 여우가 등장한다.

북한 아동영화의 가장 큰 특징은 '환상' 수법을 사용한다는 것이다. 그러나 북한에서 말하는 환상이란 우리가 알고있는 환상과는 개념이 다르다. 환상수법을 사용한다고 해서 〈요술공주 세리〉나 〈해리포터〉 같은 판타지가 등장하지 않는다. 이런 판파지는 과학성이 결여된 것으로 취급한다.

북한에서 말하는 환상이란 과학적인 사실을 토대로 한 환상, 공상과학을 의미한다. 해리포터의 마법이나 요술공주 세리처럼 빗자루를 타고 하늘을 날고 변신하는 것이 아니라 우주선을 타고 별나라를 모험하거나 번개를 모았다가 생활에 필요한 전기로 이용한다는 식의 환상이다. 북한 아동영화에서 환상은 신비한 마법의 세계를 보여주는 것이 아니라 과학적인 원리를 이해하고, 과학을 생활에 이롭게 적용할 수 있다는 지적 호기심을 일깨워주는 미래의 생활을 표현하는 것이다.[8]

옛이야기를 소재로 한 아동영화에서는 판타지에 가까운 장면이 등장한다. 이에 대해서는 민중의 염원을 강하게 드러내고 당대에는 실현될 수 없었던 인민들의 지향세계를 실현하기 위한 환상으로 설명한다. 즉 환상은 '당대에는 실현될 수 없는 인민들의 지향세계를 실현시키기 위한 조건적인 수법'으로 허용한다.[9] 이처럼 설화로 표현되는 환상을

---

8) 미래사회에 대한 과학적 호기심을 불어넣는 작품으로는 〈남수의 환상〉(조선과학교육영화촬영소 아동영화창작단, 1995)등이 있다. 최근에는 과학정치가 '과학중시사상' 등으로 이어지면서 이후 과학적 미래사회를 그린 〈환상 속의 세동무〉(조선4·26 아동영화촬영소, 2006) 작품도 등장하였다.

9) 김혜숙, 「아동영화의 매력-그림영화 〈산삼꽃〉을 보고-」, 『조선영화』 1991년 5호 (문학예술출판사, 1991): "아동영화는 영화계의 한떨기의 아름답고 향기짙은 꽃송이이며 하나의 기묘한 예술령역이다. 환산의 나래를 펼치고 생활의 바다우로 날아예는 동화세계를 향하여 아이들은 환성을 지르며 달려간다. 어른들도 맑은 공기를

'중세적 환상'이라고 한다. '중세적 환상'의 예로는 '사람이 변하여 수탉이 된' 〈선녀와 나무꾼〉이나 '인정없는 양반을 혼내주기 위하여 갑자기 물이 솟아 집이 잠기고 호수가 된'다는 〈애기바위전설〉(장자바위전설) 등이 있다.

'중세적 환상'은 인간관계를 계급관계로 보아야 하는데, 계급관계로 보지 못하고 권선징악의 선악관계로만 파악하였기 때문에 생기는 것으로 설명한다. 중세적 환상은 인간을 중심에 두고 인간으로서는 이루기 힘든 일을 도와주는 해결의 차원에서 생겼다는 것이다. 그래서 중세적 환상에는 인민들의 간절한 염원이 반영되어 있다고 보는 것이다.[10]

환상수법을 사용한 아동영화. 중세적 환상에는 인민들의 간절한 소망이 담겨 있다고 본다.

한껏 들이키기 위해 심호흡하듯 이 동화세계에 심취된다. 봄잔디밭인양 부드럽고 싱그러운 동화세계에 뛰여들어 딩굴며 높뛰며 장난치는 아이들, 온 세상이 내것인 듯 상쾌한 그 향기에 자신을 잊어버리는 아동영화의 동화세계야말로 얼마나 신비스럽고 아름다운가. 상쾌하고 아름다운 동화세계, 영화계의 이 향기짙은 꽃송이는 사람들을 얼마나 매혹시키고있는가. 아동영화의 동화세계야말로 어린이들을 계발시키고 마음속을 아름답게 물들여주며 지식을 넓혀주고 고상하고 건전한 사상감정을 배양시켜준다."

10) 리동원, 『조선구전문학연구1』,(예술종합출판사, 1993), 110쪽: "위대한 령도자 김정일동지께서는 다음과 같이 지적하시였다. 전설은 많은 경우 환상적으로 펼쳐집니다. 전설은 비록 환상적인 이야기이기는 하지만 그속에는 인민대중의 넘원과 생활감정, 그들의 재능과 지혜가 그대로 반영되여있습니다.

4. 아동영화의 주제

1) 과학상식주제 아동영화

북한 아동영화에서 가장 많은 비중을 차지하는 주제는 과학상식이다. 북한에서는 이를 '지적 교양 주제'라고 한다.[11] 수학이나 과학의 원리들이 실제 생활에서 어떻게 적용되고 있는 지를 알려준다.[12]

과학상식 주제를 대표하는 아동영화로 〈령리한 너구리〉가 있다. 〈령리한 너구리〉는 각 편마다 독립된 구조로 이루어진 시리즈물이다. 뚱뚱하여 다소 비만기가 있어 보이는 주인공 너구리가 과학 원리를 이용하여 숲속 친구들과의 시합에서 이긴다는 줄거리이다.

〈령리한 너구리〉 '높이재기'편을 보자. 너구리, 곰, 야옹이 친구들이 시합을 벌인다. 나무기둥 위의 깃발까지 높이를 정확히 재는 시합이었다. 짧은 다리와 뚱뚱한 배를 가진 너구리가 선수로 나오자 곰돌이 친구들과 야옹이 친구들은 손가락질을 하며 웃는다. 시합이 시작되자 곰돌이와 야옹이는 나무기둥의 높이를 재기 위해 줄자를 가지고 나무기둥으로 올라간다.

---

11) 장명희, 「지적교양주제의 아동영화문학 창작에서 종자탐구」, 『조선예술』 1999년 제8호(문학예술출판사, 1999): "위대한 령도자 김정일동지께서는 아동영화 창작에서 기본은 아이들이 학교에서 배운 수학, 물리, 화학, 생물과 같은 자연과학지식을 공고히 하는데 필요한 지적교양주제의 작품을 많이 만드는것이라고 가르쳐주시였다."

12) 북한 아동영화의 주제의식에 대해서는 김영숙, 「북한 아동영화에 나타난 아동교양사상 연구」(이화여자대학교 대학원 북한학협동과정, 석사학위논문, 2009) 참고.

너구리도 사이에 끼어 몇 번 올려가려고 애를 쓰지만 포기한다. 잠시 무엇인가 생각하던 너구리는 나무기둥의 그림자를 잰 다음 제일 먼저 돌아와 기록판에 높이를 적어 일등을 한다. 그림자의 비례원리를 이용한 것이다. 너구리는 일 미터 자를 세워두고 그림자 길이를 잰 다음, 나무 그림자를 재어서 나무에 올라가지도 않고 나무 높이를 정확히 잰 것이다. 나무에 올라가지 않고도 그림자 길이를 이용하여 높이를 잴 수 있다는 비례원리를 보여준 것이다. 〈령리한 너구리〉시리즈는 '높이재기' 편에서 알 수 있듯이 관성의 법칙, 무게중심의 원리, 가속도 등 학교에서 배운 과학 원리를 이야기로 꾸민 만화영화이다.

이 외에도 바다 깊이와 수압의 차이를 이용하여 바닷속 나쁜 물고기들을 혼낸다는 〈지혜로운 붉은 거부기〉, 빛의 반사원리와 잠망경을 이용하여 어려움을 해결하는 〈너구리가 만든 잠만경〉, 온도계의 원리와 정확한 온도를 재는 방법을 알려주는 〈꿀꿀이가 본 온도계〉, 물체의 관성법칙을 알려주는 〈차에서 떨어진 승냥이〉, 오뚝이의 쓰러지지 않는 원리를 설명한 〈깡총이가 푼 숙제문제〉, 물에 뜨는 힘을 알려주는 〈물 우에 뜬 돌꽃〉 등이 과학이나 수학 원리를 응용한 만화영화이다.

장수풍뎅이는 몸집은 작지만 자기보다 훨씬 무거운 것을 들 수 있다는 주제의
아동영화 〈힘장수〉, 과학지식을 이용하여 문제를 해결한다는 내용의 시리즈 〈령
리한 너구리〉

2) 생활도덕주제 아동영화

과학상식 다음으로 많은 비중을 차지하는 주제는 생활도덕이다.
아동에게 생활도덕이나 예절, 기초 질서를 잘 지키자는 내용을 주제
로 한 작품이다. 생활도덕이나 기초질서가 왜 필요한 지를 구체적인
사건을 통해 보여준다. '글씨를 잘 쓰자' 는 주제의 〈멍멍이가 쓴 글
씨〉, '전화예절을 잘 지키자' 는 〈전화소동〉, '공부를 잘하려면 폭넓
은 공부를 해야한다' 는 〈꿀꿀이의 자랑〉, '책을 함부로 찢지 말자'
는 〈꿀꿀이가 만든 연〉, '남을 도우려면 가식적으로 하지 말고 진심
에서 우러나오는 마음으로 도와야 한다' 는 〈빌려단 방울〉, '어른들
에게 인사를 잘 하자' 는 〈잘못낀 안경〉 등이 있다.

최근에는 생활예절 중에서도 교통질서를 강조한 작품이 많아졌다.
2006년에 조선4·26아동영화촬영소에서 만든 '교통질서를 잘 지키
자요' 시리즈는 〈별이와 훈이〉, 〈동생이 쓴 축하편지〉, 〈야옹이의 지
름길〉, 〈꼬마거부기〉, 〈번개썰매 나간다〉 등으로 구성되어 있는데,

각각 '교통신호를 잘 지키자', '트럭에 올라타지 말자', '육교로 건너자', '찻길 근처에서 썰매를 타지 말자'는 주제로 교통질서와 관련된 아동영화이다.

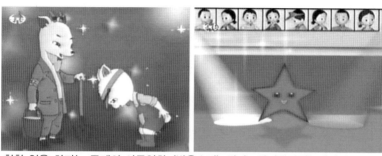

착한 일을 하자는 주제의 아동영화 〈방울소리〉 시리즈와 〈빨간별〉 시리즈

삶의 지혜나 교훈을 주제로 한 아동영화도 많다. 살아가는 데 필요한 삶의 지혜를 주제로 한 아동영화다. 낙숫물이 바위를 뚫는다는 이야기인 〈천년바위를 이긴 물방울〉, 자기 힘만 믿고 대비를 하지 않았다가 혼이 난다는 주제의 〈봉변당한 거부기〉, 자기 힘만 믿고

친구들을 위해 자신을 희생하는 주제의 〈착한마음〉, 욕심을 내지 말라는 주제의 〈욕심많은 개〉

경계를 게을리 하다가 봉변을 당한다는 〈메돼지네 담장〉, 아무리 힘이 약하더라도 여럿이 힘을 합치면 큰 힘이 된다는 〈세상에서 제일 큰 힘〉, 친구 사이에 서로 욕심을 내서는 안 된다는 〈손해 본 너구리〉, 욕심내다가 자신이 물고 있던 뼈다귀를 물에 떨어뜨린다는 〈욕심많은 개〉 등이 이에 해당한다.

3) 애국사상 주제 아동영화

조선민족제일주의를 포함한 애국주의 사상을 담은 아동영화도 있다. 〈소년장수〉, 〈아금랑〉, 〈날개달린 룡마〉 등의 작품이다. 〈소년장수〉는 고구려의 소년장수 이야기를 그린 50부작 만화영화이다. 고구려의 용감한 소년들이 온 몸을 던져 조국을 지킨다는 내용이다. 애국주의 사상의 이야기는 외적의 침입을 막아내고 자기가 사는 땅을 지킨다는 주제를 담고 있다. 애국주의 주제 영화는 특히 선군정치를 강조한 이후 강조하고 있다. 2006년에 창작된 〈초동이와 아버지〉(4·26아동영화촬영소)와 같은 작품에 대해 백성들이 군사들을 우선적으로 생각하는 이른바 '선군원호' 정신이 반영된 작품으로 평가하기도 하였다.

민족제일주의를 주제로 한 아동영화 〈아금랑〉, 〈손장수와 발장수〉

4) 사상교양 주제 아동영화

북한 아동영화의 주제는 궁극적으로 아동의 공산주의 교양과 관련된다. 북한 아동영화가 직접적으로 혁명적인 내용을 보여주지는 않지만 공산주의 인간형의 기본적인 교양과 인성을 목적으로 창작된다. 학교나 탁아소에서 이루어지는 교양사업이 일상에서 방송매체를 통해 이루어지는 것이다.

북한 아동영화의 창작은 북한의 교육목표와 정책에 입각하여 아동을 미래의 공산주의를 짊어지고 나갈 혁명의 수비대로 인식하고 아동들을 주체적이며, 사회주의 애국사상과 공산주의 도덕품성을 지닌, 지덕체를 겸비한 공산주의적 인간으로 키우기 위한 기본 교육의 출발인 셈이다.[13] 아동영화를 발전시키는 것은 혁명의 계승자인 어린이들의 미래와 관련된 일이므로, 향후 혁명의 주체가 될 어린이들을 육성하고 교양하기 위해 아동영화를 발전시키는 것을 중요한 일로 여기고 있다.[14]

---

13) 『조선영화년감』, 「1991년도 조선영화개관」, (평양: 문학예술출판사, 1992), 14~15쪽: "아동영화의 근본목적은 어린이의 지덕체교양이다. 어린이들의 년령적 특성과 심리를 잘알고 그들의 기호와 취미에 맞으면서도 우리의 후대인 어린이 교육에 의의가 있는 아동영화들을 더 많이 만들어내는것이 중요하다."

14) 박혜숙, 「주체적 아동영화발전의 진로를 밝혀주시여」, 『조선예술』2004년 5호(평양:문학예술출판사, 2004), 7~8쪽 : "위대한 령도자 김정일동지께서는 다음과 같이 지적하시였다. 〈아동교양에 좋은 영화를 많이 만들어야 하겠습니다.〉 경애하는 장군님께서는 새 세대들을 사회주의 건설의 믿음직한 후비대로 키우는데 이바지하는것을 아동영화의 기본사명으로 보시고 그 교양대상을 유치원원아로부터 소학교학생들이라고 밝혀주시였다. 그리하여 아동영화창작의 목표와 방향이 뚜렷해지고 그 내용과 형식을 꾸리는데서 기준이 정해졌으며 창작적시점 문제를 비롯하여 창작실천에서 나서는 리론실천적문제들을 과학적으로 정확하게 풀어나갈수 있는 출발점이 마련되게 되었다."

15) 4·26아동영화촬영소의 대표 작품으로는 〈다람이와 고슴도치〉가 있다. 용감한 다

상대적으로 남한에 대한 비판을 담은 아동영화는 많지 않다. 남한 사회에 대한 비판을 주제로 한 아동영화로는 〈달나라 만리경〉(조선과 학교육영화촬영소 아동영화창작단, 1996) 정도가 있다. 〈달나라 만리경〉은 달나라에 사는 토끼형제가 몸이 아파서 맑은 아침의 나라 남쪽과 북쪽으로 내려왔다가 겪는 이야기이다. 처음 남쪽으로 내려온 토끼는 지옥같은 환경을 경험하고 돌아간다. 다시 북쪽으로 내려온 토끼는 북쪽에서 낙원을 경험한다는 내용이다. 하지만 2000년 이후에는 만화영화의 정치성이 강화되고 있다. 〈황사박사〉시리즈처럼 북한체제를 선전하거나 〈다람이와 고슴도치〉를 선군시대 상무정신을 강조한 것으로 평가하는 등 아동영화에서도 정치성이 강화되고 있다.

5) 주제구성 방식

북한 아동영화의 특징 가운데 하나는 로봇이 등장하지 않는다는 것이다. 로봇이 주인공인 아동영화는 없다. 지구를 정복하려는 악의 무리도 없고, 맞서 싸우는 용감한 '로보트 태권V'도 '마징가 제트',

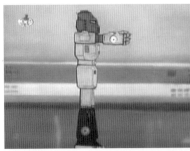

재미있는 이야기 〈남수의 환상〉(왼쪽)과 〈우쭐대던 개구리〉의 로봇. 북한 아동영화에서 볼 수 있는 거의 유일한 로봇이다.

'철인 28호'도 없다. 로봇이 전혀 없는 것은 아니다. 수 백편의 아동 영화 중에서 로봇이 등장하는 것은 두 편이 있었다. '재미나는 이야 기 연속편' 〈남수의 환상〉에서 주인공 남수가 바다 속을 탐험하면서 고래의 살점을 채취할 때 게모양의 로봇이 등장하고, 〈우쭐대던 개구 리〉에서 철로 만든 개구리가 나온다. 싸우려고 나온 것은 아니다. 〈남수의 환상〉에서 등장한 로봇은 해양탐사에 이용하기 위해 개발한 로봇이다. 〈우쭐대던 개구리〉에서 개구리 로봇은 나무로 만든 닭, 천 으로 만든 사슴과 함께 나오는데 힘이 세다고 우쭐거리다 물에 빠져 허우적 거린다. 철, 나무, 헝겊의 물질적 특성을 설명하기 위해 설정 한 것이다.

로봇이 없으니 로봇끼리 싸우는 것도 없다. 로켓주먹이나 레이저 빔, 미사일 발사도 없다. 로봇이 없지만 지구를 어떻게 지킬 것인가 고민하지 않아도 된다. 지켜야 할 땅은 어린 친구들이 살고 있는 꽃 동산이나 푸른동산, 작은 연못이 전부이다. 거창하게 지구를 파괴하 는 괴물악당과의 싸움은 없다.

개미나 나비와 같은 작고 힘이 약한 친구들이 살고 있는 동산이나 연못을 지키기 위해 힘을 모은다. 상대는 메기, 여우, 승냥이 등이다. 처음에는 나쁜 짐승을 피해 다른 곳으로 이사를 가기도 하고, 적당한 희생을 당연한 것으로 받아들이지만 싸우지 않으면 안 된다는 것을 깨닫고 힘을 합쳐 맞서기 시작한다. 때론 희생도 있지만 힘을 합쳐야 이길 수 있다는 것을 알게 된다.

힘이 센 적과 싸우는데서 가장 중요한 것은 용기이다. 힘을 합쳐 싸워야 한다는 용기를 쉽게 내지는 못한다. 용기의 발원은 분노와 사랑이다. 적이 나쁘다는 것을 알고 분노하고, 동료에 대한 사랑으로 용기를 낸다. 용기를 내는 것이 쉽지 않지만 그 길만이 내가 사는 길이요, 친구들이 사는 길임을 깨닫는다. 작은 짐승들이 용기를 내고 서로의 힘과 지혜를 모은다. 그렇게 힘을 합쳐 자신이 살고 있는 동산을 지켜낸다. 작고 힘이 약해도 지혜를 발휘하고 힘을 모으면 이길 수 있다는 믿음이 만화영화를 통해 전달하고자 하는 궁극적인 메시지이다.

물고기들이 힘을 모아 여우를 물리친다는 내용의 아동영화 〈착한마음〉, 참게들이 힘을 모아 왁새를 물리친다는 〈참게와 왁새〉

5. 아동영화 제작 기관과 제작 수준

북한의 아동영화는 1960년 〈신기한 복숭아〉와 〈금도끼 쇠도끼〉를 시작으로 연간 대략 20여 편 정도 제작한다. 북한 아동영화는 아동영화촬영소에서 제작한다. 아동영화촬영소는 1956년 국립영화촬영소 내에 설치되었던 만화영화연구원으로부터 시작하였다. 이후 조선과학교육영화촬영소에서 창작하였다. 조선과학교육영화촬영소는 과학영화와 교육영화를 전문으로 촬영하는 창작단이다. 대외적으로 알려진 북한의 대표적인 아동영화 대부분이 조선과학교육영화촬영소에서 제작된 것이다. 아동영화창작 공로로 1975년에 김일성 훈장을 받았다.

1997년 무렵 조선과학교육영화촬영소에서 과학영화촬영소와 아동영화촬영소를 분리하여 아동영화를 전담하는 '4·26아동영화촬영소'로 독립하였다. 4·26아동영화촬영소는 북한 최고, 최대의 아동영화제작소로 아동영화 대부분을 제작한다. 알려진 바로는 촬영소에는 모두 13개의 창작단이 있는데, 이 가운데 2개 창작단이 북한 내부용 작품을 만드는 '국내 창작단'이고, 하나는 컴퓨터 미술을 담당하는 '컴퓨터 3D창작단'이며, 나머지 10개 창작단은 해외 하청 작업을 하는 합작창작단이다.

4·26아동영화촬영소는 북한 최고의 제작소에 걸맞게 대규모의 인원과 전문화된 애니메이터들을 보유하고 있다. '4·26아동영화촬영소'에는 김철진 총장, 최만선 부총장, 오성훈 실장, 인민예술가 손종권 연출가, 김일성상 김준옥 연출가 등을 비롯하여 연출가와 미술가, 원도가(原圖家)를 비롯한 1천 명이 넘는 젊은 창작가들이 일하고 있는 것으로 알려져 있다.[15] 북한에서 애니메이터가 되기 위해서는 대체로 중학교의 미술소조, 미술대학, 4·26아동영화촬영소의 기술학교를 거치는데, 애니메이터로서 마지막으로 거쳐야 할 관문이 바로 4·26아동영화촬영소의 기술학교이다.[16]

람쥐 다람이와 고슴도치가 꽃동산을 지배하려는 족제비와 쥐의 음모를 물리치는 첩보영화이다. 〈다람이와 고슴도치〉는 1977년부터 1982년까지 4부작으로 방영되어 큰 인기를 끌었는데, 후속편 제작 요구에 따라 1997년부터 총 52부를 목표로 제작하고 있다.
16) 이대연·김경임, 『북한 애니메이션』(살림, 2005), 62쪽.
17) 평양영화축전은 1983년 10월 평양에서 개최되었던 제1차 비동맹 교육·문화장관

북한의 만화영화 제작수준은 상당히 높은 것으로 알려져 있다. 1987년 9월 평양에서 열린 제1회 평양 비동맹 국제아동영화제에 〈도적을 쳐부신 소년〉이 만화영화부문 금상을 차지하기도 하였다.[17] 원도 수준은 이미 유럽에서 디즈니에 못지않다는 평가를 받고 있다.

북한의 아동영화는 주요 수출산업이기도 하다. 1985년경부터 프랑스, 이탈리아, 폴란드에서 만화영화를 수주하여 원화를 수출하였다. OEM방식으로 해외에서 수주해 제작한 만화영화로는 이탈리아에서 수주한 〈사자왕 실바〉를 비롯하여 〈라이언킹〉, 〈레미제라블〉, 〈피프의 모험〉, 〈헤라클레스〉, 〈포카혼타스〉, 〈검은 해적선〉 등이 있고, 프랑스에서 수주한 〈고양이 빌리〉, 〈토르갈〉, 〈트리스탄과 이

영문자막이 들어 있는 령리한 너구리, 컴퓨터로 제작한 3D아동영화

회의에서 영화제를 평양에서 개최키로 합의하였다. 이후 1986년 9월 있었던 제8차 비동맹정상회의에서 확정되어 2~3년 주기로 개최되었다. 제1차 평양영화축전은 1987년 9월 1일부터 13일까지 열렸는데, 29개국이 참가하여 장편예술영화 46편, 단편예술영화 42편, 만화영화 22편 등 110편 출품하였었다. 지금은 2년마다 정기적으로 열리고 있다.

졸데의 전설〉, 〈카스토르 영감의 이야기〉, 〈산도칸〉(26부작), 〈토로미로의 아이〉(26부작), 스페인의 〈나이고타〉 등이 있다.

최근 과학기술의 도입과 함께 3D제작도 활발해지고 있다. 스캔과 원도 및 배경의 채색, 동화, 특수효과를 포함한 편집·합성을 컴퓨터로 작업한 작품도 많아졌다.

또한 컴퓨터로 만화영화를 제작할 수 있는 소프트웨어를 개발하여 적극 활용하고 있다. 소프트 웨어 '초고 동화 프로그램' 같은 컴퓨터 프로그램은 만화영화 제작에서 인력과 시간을 절감하면서 오작동으로 인한 자재와 필름 낭비를 줄인 프로그램이다. 초고 동화 프로그램을 이용하면 영화제작 과정이 축소된다. 초고 동화 프로그램은 미술가들이 그린 그림을 스캐너로 입력받는 촬영 단계, 입력된 화상을 연출대본에 따라 배열해 촬영표를 만드는 편집 단계, 촬영표에 기초해 움직이는 화면을 만드는 동화상 단계로 구성되어 있다고한다. 앞으로도 과학기술을 응용한 프로그램은 더욱 확대될 것으로 전망된다.

참고문헌

김영숙, 「북한 아동영화에 나타난 아동 교양사상 연구」, 이화여자대학교 대학원 북한학협동과정, 석사학위논문, 2009.

김은정, 「북한 아동영화의 현황과 애국주의: 「아금랑」을 중심으로」, 『외국 문학연구』 제30호, 2008.

김종세, 「남북 합작 애니메이션 제작 사례」, 『최근 10년간 북한 문화예술의 흐름과 남북문화교류 전망』, 한국문화관광정책연구원, 2004.

김현주, 「북한애니메이션의 특성과 활용에 대한 연구-남북한 문화산업 교류협력을 중심으로」, 경남대 북한대학원 석사논문, 2004.

김혜숙, 「아동영화의 매력-그림영화 〈산삼꽃〉을 보고-」, 『조선영화』 1991 년 5호, 문학예술출판사, 1991.

류민우, 「북한애니메이션 〈소년장수〉에 나타난 국가주의 연구」, 북한대학원대학교 석사학위논문, 2008.

서정남, 「애니메이션을 통해 본 북한 아동영화의 이해」, 『통일논총』 18집. 숙명여자대학교 통일문제연구소, 2000.

서정남, 『북한영화탐사』, 생각의나무, 2002.

이정외, 『1999-2004 남북 애니매이션 교류백서』, 영화진흥위원회, 2004.

이경호, 「북한 어린미 만화에 나타난 덕목분석」, 청주교육대학교 교육대학원 석사학위논문, 2004.

이대연·김경임, 『북한 애니메이션』, 살림출판사, 2005.

장명희, 「아동영화문학에서 맺어지는 극적인물관계」, 『조선예술』 1999년 제12호, 문학예술출판사, 1999.

장명희, 「지적교양주제의 아동영화문학 창작에서 종자탐구」, 『조선예술』 1999년 제8호, 문학예술출판사, 1999.

장미진 외, 『북한의 아동영화연구』, 한국문화정책개발원, 1995.

전영선, 「북한 아동영화의 창작적 특성과 남북교류방향」, 『예술콘텐츠연구』 1호, 예술콘텐츠학회, 2008.

전영선·김영숙, 「북한 아동교육정책과 아동영화 창작 원칙 연구」, 『남북예술연구』 제8집, 2011.

조달원, 「아동영화의 특성에 맞는 구성조직 몇가지」, 『조선예술』 2002년 제9호, 문학예술출판사, 2002.

한국문화콘텐츠진흥원, 『북한의 문화콘텐츠산업 실태와 교류협력 방안』, 2003.

한정미, 「북한의 문예정책과 구비문학의 활용 양상 연구」, 숙명여자대학교 박사학위논문, 2004.

[일러두기]

북한 아동영화에 대한 정보는 다음과 같은 기준에 따라 정리하였다.

첫째, 작품명은 북한의 표기대로 하였으며, 가나다 순으로 하였다.

둘째, 제작 정보는 아동영화를 제작처와 제작연도를 담았다. 제작연도를 확인
　　할 수 없는 경우에는 별도로 표기하지 않았다.

셋째, 시간은 런닝타임으로 실제 시간을 분 단위로 기록하였다.

넷째, 분류는 만화영화, 인형영화, 지형영화, 3D로 구분하였다.

다섯째, 스탭정보는 아동영화 엔딩 크레딧 순서와 표기를 따랐다. 표기방식이
　　나 인명 등은 모두 원작표기대로 하였다.

여섯째, 등장인물은 주요 등장 인물(캐릭터)을 정리하였다.

일곱째, 주제는 한 가지를 원칙으로 하되, 필요에 따라 이면적인 주제도 밝혔다.

여덟째, 줄거리는 가능한 상세하게 기록하는 것을 원칙으로 하였다. 아동영화
　　가 간단한 줄거리 구성으로 되어 있지만 참고자료로서 활용도를 고려
　　하여 최대한 상세하게 정리하였다.

아홉째, 작품에 따라서 특별한 내용이 있는 경우에 한하여 '특기' 사항을 정리
　　하였다.

북한 애니메이션(아동영화)의
특성과 작품정보

개구리 보초

- **제작** : 조선4·26아동영화촬영소
- **시간** : 10분 • **분류** : 지형영화
- **스탭** : 영화문학: 김화성 / 연출: 손종권 / 책임미술: 리경철 / 촬영: 장철호 / 작곡: 백인선 / 연주: 영화및방송음악단 / 노래: 평양률곡고등중학교
- **등장인물** : 개구리, 사마귀, 벼벌레, 독나비, 독거북.
- **주제** : 개구리는 나쁜 벌레를 잡아먹는 유익한 동물이므로 개구리를 잘 보호해야한다.

- **줄거리**

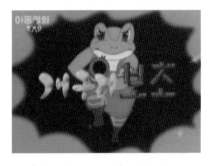

풍년골에 벌레들의 습격이 잦아지면서 보초들이 경계를 철저히 하라는 방송이 나왔다. 풍년골 보초초소에도 벌레 경계주의보가 내려졌다. 풍년골을 지키다 배추골로 간 메뚜기는 새로 온 개구리 보초가 걱정이었다. 메뚜기는 개구리 보초에게 비상 상황이 생기면 언제든지 경보벨을 누르라고 거듭 당부하고 배추골로 갔다.

벼벌레들은 처음 보초를 서는 개구리를 얕잡아 보고 개구리가 지키는 시험포전으로 몰려왔다. 벌레들이 벼를 갉아먹기 시작하였다. 개구리는 벌레들과 맞서 용감하게 싸웠다. 개구리를 얕잡아 보고 덤볐던 벌레들은 개구리의 공격으로 떼죽음을 당하고 일부만 겨우 도망쳤다.

도망친 벼벌레 대장은 독나비에게 독을 이용하여 개구리의 눈을 멀게 해달라고 부탁하였다. 벼벌레 대장의 부탁을 받은 독나비는 나뭇잎으로

몸을 가리고 개구리 보초가 지키고 있는 곳으로 날아가 개구리에게 독가루를 뿌렸다. 독나비에게 기습을 당한 개구리는 앞을 제대로 보지 못하였다. 그 사이 벼벌레들이 다시 포전으로 쳐들어 왔다. 벌레들이 벼 잎을 공격하여 갉아먹기 시작하였다. 앞을 제대로 볼 수 없게 된 개구리는 비상벨을 눌러 사마귀의 도움을 청하려하였다. 그러나 배추밭을 지키는 사마귀가 개구리를 구하려 오게 되면 배추밭이 비게 될 것을 생각하고는 혼자 물리치기로 하였다.

개구리는 청각을 이용하여 침착하게 벌레들이 움직이는 소리를 듣고 벌레들을 공격하였다. 개구리의 공격에 놀란 벌레들은 다시 도망쳤다. 개구리가 청각능력도 뛰어나다는 것을 안 벌레 대장은 이번에는 독거북벌레에게 개구리를 공격해 달라고 부탁하였다. 독거북벌레의 공격을 받은 개구리는 위기에 처했지만 용기를 내서 맞서 싸우고 독거북벌레를 물리쳤다. 이때 개구리가 지키는 포전이 걱정되어서 왔던 사마귀는 개구리가 죽인 벌레들을 보고 깜짝 놀랐다. 사마귀는 개구리가 하루에도 수 십 마리의 벌레를 물리치는 것을 몰랐다면서 칭찬하였다.

마지막은 "이런 개구리를 어떻게 해야 할 까요? 잘 보호해야하지 않을까요"라는 나레이션으로 끝난다.

개구리가 그린 그림

• **제작** : 조선4·26아동영화촬영소, 1998년

• **시간** : 20분 • **분류** : 인형영화

• **스탭** : 영화문학: 최태형 / 연출: 손종권 / 책임미술: 정효섭 / 촬영: 서광 / 작곡:
한상철 / 조종: 신상철·김은영 / 연주: 영화및방송음악단 / 노래: 평양
률곡고등중학교 / 지휘: 김산동

• **등장인물** : 개구리, 두더지, 자라.

• **주제** : 나침반의 원리를 알자. 하나를 배워도 제대로 배워야 실수하지 않는다.

• **줄거리**

개구리가 전람회에 작품을 출
품하려고 준비하고 있었다. 개구
리는 전람회의 주제가 '구름봉의
가을풍경'이라는 소식을 듣고,
전람회에 출품할 그림을 그리러
구름봉으로 떠났다.   이때 자라
가 나타나 개구리에게 구름봉에 가려면 나침반 사용법을 잘 배워서, 나
침반이 가리키는 방향으로 찾아가라고 조언하였다.

하지만 개구리는 자라의 말을 제대로 귀담아 드지 않았다. 헬기를 타
고 북쪽으로 가던 개구리는 그만 방향을 잃어버렸다. 헬기 아래에는 고
압선이 지나고 있었는데, 고압선 때문에 나침반이 제대로 작동하지 않았
던 것이었다. 방향을 잃고 제멋대로 작동하던 헬기가 추락하였다. 개구
리는 고장 난 나침반을 따라 엉뚱하게 남쪽으로 향하였다. 구름산 반대
방향으로 헤매던 개구리는 자기 마을 뒷산을 구름봉으로 알고 뒷산을 그

려왔다. 그림을 잘못 그려 온 개구리는 나침반이 자철광산이나 발전소에서 나오는 자력에 영향을 받으면 제대로 작동하지 않는다는 것을 몰라서 실수하였다는 것을 알게되었다. 개구리는 자라의 말을 귀담아 듣지 않았던 것을 후회하면서 하나를 배워도 제대로 배워야겠다고 다짐하였다.

개미 삼형제

- **제작** : 조선4·26아동영화촬영소, 2005년
- **시간** : 17분 • **분류** : 지형영화
- **스탭** : 영화문학: 김수화 / 연출: 리종호 / 책임미술: 김은하 / 촬영: 김창호·서광 /
  조종: 신상철·김은영 / 미술: 림영철·안봉렬 / 컴퓨터화상처리: 한성국·김
  은정·한철수 / 컴퓨터합성: 맹순정·윤련숙·한금희·김철호 / 작곡: 문예영
  / 대사: 원정숙·림운영 / 편집: 방인영 / 록음: 강시현 / 연주: 영화및방송음
  악단 / 노래: 평양률곡중학교 아동음악반 / 가사: 오영옥 / 지휘: 려명기
- **주제** : 새로운 지식을 배워야 한다.

- **줄거리**

개미 삼형제가 딸기 주스를 만
들기 위해서 딸기를 싣고 집으로
가고 있었다. 둘째 개미는 열심히
책을 보고 있었다. 책에는 효소를
이용하면 더운 날씨에도 딸기가
짓무르지 않고 맛있는 주스를 만들 수 있는 방법이 적혀 있었다.

둘째 개미는 첫째 개미에게 효소를 이용하여 주스를 만들자고 말한다.
하지만 첫째 개미는 '잘못해서 실패하면 어떻게 하느냐'고 하면서 확인
되지 않은 방법을 사용하는 것은 위험하다면서 둘째 개미의 말을 듣지
않았다. 첫째 개미는 옛날부터 해오던 방법대로 딸기를 하나씩 갈아서
주스를 만들기로 한다.

개미 삼형제가 딸기를 만든다는 소문이 퍼지자 방송국에서 촬영하겠

는 연락이 왔다. 둘째 개미는 더운 날씨에 산더미 같이 쌓인 딸기를 보면서 "딸기가 저렇게 많은데, 어떻게 손으로 다할 수 있겠느냐"면서 걱정한다. 하지만 첫째 개미는 "열심히 하면 된다"면서 딸기를 하나씩 손으로 갈아서 주스를 만들기 시작하였다. 개미삼형제는 열심히 주스를 만들었지만 산더미 같은 딸기는 줄어들지 않았다.

첫째 개미가 잠깐 쉬는 사이 둘째 개미는 책에서 본 방법대로 주스를 만들기 시작하였다. 첫째 개미는 딸기를 하나씩 넣고 손으로 돌려 짜서 주스를 만들었지만 둘째 개미는 딸기에 효소를 집어넣어 주스를 만들었다. 이때 날씨가 더워질 것이라는 방송이 나왔다. 둘째 개미가 딸기에 효소를 집어넣은 것을 보고 놀란 첫째 개미는 딸기가 짓물러져서 '단물(주스)을 만들지 못할 것'이라고 걱정하였다.

마침 방송국에서 찾아오고 베짱이촬영가가 촬영을 시작하려고 하자 첫째 개미는 '딸기가 짓물러졌다'고 말하였다. 이때 둘째 개미가 나서서 '효소를 이용해서 단물을 만들었다'면서 딸기주스를 보여주었다.

개미와 꿀차

- **제작** : 조선4·26아동영화촬영소, 1995년
- **시간** : 10분 **분류** : 인형영화
- **스탭** : 영화문학: 박태술 / 연출: 조재광 / 책임미술: 리경철 / 촬영: 리경철·서광 / 조종: 신상철·김은영 / 작곡: 함철 / 노래: 평양률곡고등중학교 / 연주: 영화 및방송음악단 / 지휘: 김산동
- **등장인물** : 똘똘이 개미, 똘똘이 친구 개미, 집게장수.
- **주제** : 남의 힘만 빌리려 해서는 안 되며, 배운 지식을 잘 활용하여 문제를 풀어야 한다.

- **줄거리**

꽃동산에 꿀을 옮기는 날이 되자 개미들이 꿀을 옮길 준비를 하고 있었다. 똘똘이 개미는 도움을 받지 않고 자기 힘으로 꿀을 옮기자고 하였다. 하지만 다른 개미들은 '우리 힘으로 할 수 없다' 면서 힘이 센 집게장사 (집게벌레)의 도움을 받자고 말하였다. 똘똘이 개미는 도르레를 이용하면 집게장수의 도움을 받지 않고도 꿀을 옮길 수 있다고 말하면서 스스로 해결하려고 하였다.

한편 똘똘이 개미를 도와주러 왔던 집게장사는 자기에게 도움을 청하지 않는 똘똘이를 보고는 기분이 상하였다. 똘똘이 개미가 꿀을 따러 차를 타고 가버린 사이 다른 개미들은 밧줄을 이용하여 꿀단지를 옮기려 하였다. 하지만 꿀단지를 옮기는 것이 생각한 만큼 잘 되지 않았다. 옆에

서 지켜보던 집게장사가 나서서 꿀단지를 옮겨다 주었다. 꿀단지를 옮겨 준 집게장사는 '개미는 개미일 뿐'이라고 하면서 힘 센 자신이 도와주어야 꿀단지를 옮길 수 있다면서 우쭐거렸다.

한편 꿀차에 꿀단지를 싣고 오던 똘똘이 개미는 무당벌레가 떨어뜨린 딸기를 피하려다 그만 웅덩이에 빠졌다. 개미들은 꿀차를 꺼내려고 힘써 보지만 꺼내지 못하였다. 개미들은 자신의 힘으로 꺼내지 못하자 집게장사에게 도움을 청하였다. 하지만 이번에는 집게장사의 힘으로도 꿀차를 빼낼 수 없었다. 그러자 똘똘이 개미는 책에서 본 힘의 합산과 분해 원리를 생각하였다. 꿀꿀이 개미는 나무와 나무 사이에 밧줄을 걸고는 옆에서 당겨 웅덩이에 빠진 꿀차를 옮겼다. 이를 본 개미들은 똘똘이 개미가 제일이라고 칭찬한다. 개미들은 '자기 힘을 믿지 못한 것이 어리석었다'고 후회하면서 열심히 배우겠다고 다짐하였다.

고와지는 약

- **제작** : 조선4·26아동영화촬영소, 2009년
- **시간** : 15분 · **분류** : 인형영화
- **스탭** : 원작: 최충웅 / 각색: 한기만 / 연출: 손종권 / 촬영: 김창호 / 조종: 신상철
  · 김은영 · 김광혁 / 미술: 리경철 · 변희성 · 림영철 · 리성갑 · 김형주 · 고성길
  · 안봉렬 · 박금철 · 사상근 / 합성: 황용흠 · 황미옥 · 김경일 / 작곡: 한상철 /
  대사: 원정숙 · 김대홍 · 김미경 · 리은주 / 편집: 방인영 / 록음: 강시현 / 조
  명: 강성락 / 연주: 영화및방송음악단 / 지휘: 려명기 / 가사: 오영옥 / 노래:
  평양률곡중학교 아동음악반 · 황금성
- **등장인물** : 멧돼지, 오소리, 곱슬이(양), 염소할아버지, 여우.
- **주제** : 얼굴이 예쁜 것보다 마음이 예쁜 것이 중요하다.

- **줄거리**

여러 동물들이 살고 있는 동산에는  힘도 세어지고 얼굴도 예뻐지는 약샘물이 있었다. 어린 동물들은 약샘물에 대한 이야기를 듣고는 열심히 약샘물을 먹고 힘을 길러서 자기들을 괴롭히는 여우와 싸울 결심을 하였다. 어린 동물의 이야기를 들은 여우는 어린 동물들이 약샘물을 먹지 못하게 큰 돌로 샘물을 막아 버렸다.

오소리와 곱슬이가 힘을 합하여 샘물의 돌을 들어내 보려고 하였지만 힘이 달려 돌을 들어내지 못하였다. 오소리와 곱슬이는 힘이 센 멧돼지에게 도움을 청하였다. 하지만 멧돼지는 관심이 없었다. 멧돼지는 동산에서 열매를 따고 놀면서도 약샘터를 고치는 데는 나가지 않았다. 오소

리가 약샘터를 고치자고 부탁했지만 멧돼지는 "약샘을 먹지 않아도 힘이 세다"고 하면서 거절하였다.

멧돼지의 관심사는 얼굴이 예뻐지는 것이었다. 멧돼지는 사진에 잘 나오도록 몸을 가꾸는 것에만 신경 썼다. 이런 멧돼지에게 오소리는 같이 사진 찍지 않겠다고 말하였다. 멧돼지는 염소할아버지를 찾아가서 도움을 청하였다. 멧돼지는 염소할아버지에게 친구들이 자신에게 '밉다고 하면서 사진도 같이 찍어주지 않겠다'고 말했다면서 '얼굴이 고와지는 약이 있냐'고 물어보았다.

염소할아버지는 한 가지 꾀를 냈다. 염소할아버지는 멧돼지에게 '세상에 얼굴이 고와지는 약이 있는데, 이 약은 좋은 일을 한 다음에 먹어야 효과가 있다'면서 '약샘터를 꾸미는 친구들을 도와주라고' 말하였다. 염소할아버지의 말을 들은 멧돼지는 약샘터로 가서 여우가 메워놓은 돌을 치워주었다. 돌을 치운 멧돼지는 염소할아버지에게 얼굴이 고와지는 약을 타러 갔다. 그 사이 여우가 나타나 동물들을 잡아먹으려고 덤볐다. 여우가 나타나자 친구들은 멧돼지를 찾고, 친구들이 여우에게 쫓기는 것을 본 멧돼지는 여우를 물리치고 친구들을 구해주었다.

염소할아버지가 와서 멧돼지에게 '얼굴이 고와지는 약은 친구들을 위해서 일을 하는 것'이라고 말하였다. 동물친구들도 '멧돼지가 곱다'고 칭찬하자 멧돼지도 기뻐하면서 친구들과 함께 사진을 찍었다.

곰동산과 토끼동산

- **제작** : 조선과학교육영화촬영소 아동영화창작반
- **시간** : 19분 **분류** : 만화영화
- **스탭** : 각색: 박태술 / 연출: 김영철 / 책임미술: 윤영길 · 김경수 / 미술: 김인철 · 유복순 · 김영남 / 촬영: 함인철 · 리일석 / 작곡: 조성수 / 연주: 영화및방송음악단 / 노래: 평양률곡고등중학교 아동음악반 / 지휘: 장명일
- **등장인물** : 토끼형제, 곰형제.
- **주제** : 나무를 많이 심어야 열매도 얻고, 자연재해도 방지할 수 있다.

- **줄거리**

강을 사이에 두고 갈라진 동산에 각각 토끼와 곰이 살고 있었다. 토끼들은 동산을 아름답게 꾸미며 살고 있었지만 곰들은 동산이야 어떻게 되든 상관없이 살고 있었다.

봄이 되자 토끼들은 동산을 아름답게 가꾸기 위해 나무도 심고, 마을도 아름답게 가꾸었다. 하지만 곰들은 아직 잠에서 깨어나지도 않았다. 게으른 곰들은 창문에 구멍이 나도 고치지 않고 잠만 잤다.

토끼들이 흥겹게 나무 심을 준비를 하자, 토끼동산의 막내 토끼는 곰동산에 살고 있는 막내 곰을 깨워서 같이 나무를 심자고 말한다. 곰들은 토끼들이 나무심기 준비를 하는 소리에 잠에서 깨어난다. 하지만 나무심을 생각을 하지 않는다. 도리어 함께 나무를 심자는 토끼들에게 '우리는 큰 나무가 많아서 나무를 심을 필요가 없다' 면서 화를 냈다.

토끼동산의 형제들이 열심히 나무를 심고 가꾸어 동산은 울창하고 푸른 숲이 되었다. 토끼동산의 숲이 우거지지자 곰동산에 살던 새들도 숲이 우거진 토끼동산으로 옮겨왔다. 새들이 토끼동산으로 몰려오자 토끼동산에 있던 벌레들은 새들이 없는 곰동산으로 옮겨갔다.

곰동산의 나무들은 곰들이 돌보지 않아 열매도 제대로 열리지 않았다. 열매가 열리지 않는 것을 보면서도 곰들은 숲 가꾸기를 게을리 하였다. 시간이 흘러 열매 딸 때가 되었다. 토끼들은 동산에서 첫열매를 따서 들놀이를 하면서 잔치를 벌였다. 토끼들이 열매를 따는 것을 본 곰들도 열매를 따서 잔치를 벌이기로 하였다. 하지만 곰동산의 나무에서는 열매가 얼마 열리지 않았다. 열매가 얼마 되지 않는 것을 본 곰들은 나무를 뽑아서 열매를 따지만 신통치 않았다. 그나마 열매의 대부분이 벌레먹은 것들뿐이었다.

여름이 되자 먹구름이 몰려오고 홍수가 나자 헐벗은 곰동산은 홍수와 산사태로 폐허가 되었다. 하지만 나무를 심고 동산을 잘 가꾼 토끼동산은 끄떡없었다. 그제서야 곰들도 후회를 한다. 곰들도 토끼들처럼 곰동산을 아름답게 가꾸고 행복하게 살았다.

곰이 찾은 진짜 약

- **제작** : 조선4·26아동영화촬영소, 2007년
- **시간** : 17분 **분류** : 인형영화
- **스탭** : 영화문학: 오명철(군중문학통신원) / 연출: 리종호 / 촬영: 김창호·서광 / 조종: 김은영·신상철 / 미술: 김은하·리성갑·김형주·안봉렬·박금철·두애숙 / 합성: 황용흠·황미옥·윤련숙·맹순정 / 작곡: 한상철 / 대사: 원정숙·림복희 / 편집: 방인영 / 록음: 강시현 / 조명: 강성락 / 연주: 영화및방송음악단 / 지휘: 허상혁 / 가사: 오영옥 / 노래: 평양률곡중학교 아동음악반
- **등장인물** : 오소리, 여우, 곰돌이.
- **주제** : 공부를 열심히 해서 지식을 늘려야 한다.

- **줄거리**

　물가에서 오소리가 열심히 낚시를 하고 있었다. 오소리가 열심히 잉어 낚는 것을 몰래 보고 있던 여우가 물고기를 훔쳐 달아났다. 하지만 마침 길을 가던 곰돌이에게 걸려 혼쭐이 났다. 곰돌이는 관절이 아픈 동생을 위해 수박을 가지고 가던 길이었다. 오소리는 곰돌이에게 고맙다면서 '동생 관절에 쓰라'고 잉어를 주었다.

　오소리의 물고기를 훔치다 도리어 곰에게 혼쭐난 여우는 승냥이를 찾아갔다. 승냥이는 물고기를 훔쳐오지 못한 여우를 혼내고는 다시 곰돌이 집에 가서 훔쳐오라고 시켰다. 하지만 이번에도 여우는 물고기를 훔치지 못하고 다시 곰돌이에게 쫓겨 났다. 곰돌이 집에서 쫓겨난 여우는 길에서 오소리를 만났다. 오소리는 자전거를 타고 바구니에 물고기를 싣고 가고 있었다. 오소리가 자전거를 세우고 냇가에서 손을 씻는 사이 여우

가 물고기 바구니를 훔쳐 달아났다.

한편 승냥이는 여우가 물고기를 훔쳐 몰래 혼자 먹을 것이라고 의심하고는 여우를 찾아 나섰다. 여우를 만난 승냥이는 여우가 훔친 물고기를 빼앗아 먹다. 물고기를 먹던 승냥이가 갑자기 배를 잡고 쓰러진다. 오소리가 잡은 물고기는 복어였는데, 독에 중독된 것이었다.

복어에 독이 있다는 것을 안 여우는 곰돌이가 친 그물에 복어를 잔뜩 풀어 놓았다. 다음날 곰돌이가 물고기 그물을 거두자 여우가 풀어넣은 복어가 잔뜩 걸려 나왔다. 복어를 본 곰돌이 동생이 곰돌이에게 복어에 대해 물어보지만 곰돌이는 제대로 대답하지 못하였다. 복어를 먹으려던 곰돌이는 문득 자신에게 잉어를 주었던 오소리가 생각났다.

곰돌이는 잡은 물고기를 오소리와 같이 먹을 생각으로 오소리를 불렀다. 오소리는 곰돌이가 복어 요리하는 것을 보고는 '복어는 독이 있어서 함부로 먹어서는 안 된다' 고 알려주었다. 오소리는 곰돌이가 잡은 복어를 보고는 어제 자기가 가져오다가 잃어버린 복어라는 것을 알고는 여우가 꾸민 짓임을 알아냈다. 곰돌이는 거짓으로 죽은 척하여 여우를 꾀어내서는 크게 혼을 내서 쫓아 버렸다. 복어에 대한 공부를 많이 한 오소리는 복어의 독을 우린 물로 곰돌이 동생의 관절염을 고쳐주었다.

곱등어를 길들이는 소년

- **제작** : 조선4·26아동영화촬영소, 2007년
- **시간** : 17분 •**분류** : 지형영화
- **스탭** : 영화문학: 차계옥 / 연출: 마죽희 / 책임미술: 김연수 / 촬영: 강기권 / 작곡: 정일영 / 조종: 리준기 / 대사: 국립연극단 / 연주: 영화및방송음악단 / 노래: 평양률곡녀자고등중학교
- **등장인물** : 영철이, 남이, 곱등어(돌고래).
- **주제** : 곱등어(돌고래)의 습성, 과학탐구를 열심히 하자.

- **줄거리**

영철이와 남이는 바다양식장을 만들면 사철내내 싱싱한 물고기를 길러낼 수 있을 것이라고 생각하였다. 바다양식장을 만드는 데 가장 큰 문제는 사나운 물고기를 막는 것이었다.

영철이와 남이는 곱등어(돌고래)를 길들여 사나운 물고기를 막기로 하였다. 영철이와 남이가 곱등어들을 훈련시키는데, 유독 곱등어 3호가 말을 잘 듣지 않았다. 곱등어 3호를 길들이던 남이가 훈련을 포기할 정도였다.

영철이는 먼저 곱등어 3호의 상태부터 파악하였다. 음파탐지를 통해 곱등어 3호의 상태를 파악한 영철이는 곱등어 3호가 산만하다는 것을 알았다. 영철은 곱등어 3호의 훈련을 위해 다양한 방법을 적용해 보았다. 영철이는 음파를 이용하여 반복적으로 훈련하였다. 마침내 곱등어 3

호를 훈련시키는데 성공하였다.

곱등어 3호를 훈련시키는데 성공한 영철이가 바다에서 실전 훈련을 할 때였다. 물고기를 지키던 남이는 곱등이들이 물고기를 잡아먹으려는 것으로 오해하고 창을 휘둘러 상처를 입혔다. 영철이는 남이에게 조심하라고 충고하지만 남이는 새겨듣지 않는다.

얼마 후 곱등어들이 지키던 양어장의 물고기를 노리던 망챙이와 문어, 칼상어 등이 쳐들어왔다. 바닷속 양어장으로 쳐들어오는 사나운 물고기들을 막기 위해 곱등어들이 출동하였다. 남이의 창에 몸을 다쳤던 곱등이 1호도 출동하고, 물고기를 지키기 위해 남이도 출동하였다. 곱등이와 남이의 활약으로 상어와 문어들을 물리쳤다.

사나운 물고기들의 습격이 있은 지 얼마 후였다. 물고기를 잡기 위해 남이가 친 그물 속으로 문어가 덤벼들었다. 물고기를 지키려는 남이와 문어 사이에 싸움이 벌어지고, 남이는 긴급 구조를 요청하였다. 남이는 긴급 출동한 곱등어들의 도움으로 위기를 모면하였다. 곱등이의 도움으로 위기에서 벗어난 남이는 곱등어를 함부로 대했던 것을 반성하였다. 남이는 철이와 함께 과학탐구를 더욱 열심히 하여 더욱 훌륭한 양어장을 만들 것을 다짐하였다.

교통질서를 잘 지키자요(2부) : 별이와 훈이

- **제작** : 조선4·26아동영화촬영소, 2006년
- **시간** : 13분 • **분류** : 만화영화
- **스탭** : 영화문학 : 윤 옥 / 연출 : 오신혁 / 책임미술 : 오성철·성운남·김명길 / 미술 : 리문철·김성준·백만식·림출일·김광춘·문성숙 / 컴퓨터 배경 : 김성철 / 컴퓨터 합성 : 설일영 / 컴퓨터 화상처리 : 윤건일 / 작곡 : 함철 / 대사 : 장춘옥·원정숙 / 편집 : 최승애 / 록음 : 강시현 / 컴퓨터채색 : 정경희·장금순 / 연주 : 영화및방송음악단 / 노래 : 평양률곡중학교 아동음악반 / 가사 : 오영옥 / 지휘 : 허상혁
- **등장인물** : 훈이, 별이, 할머니, 교통보안원.
- **주제** : 교통신호를 숙지하고, 교통보안원의 신호를 잘 준수하자.
- **특기** : 소학교 3년 '사회주의 도덕' 제26과 '교통보안원의 지휘신호에 따라 길을 건너자'는 내용을 만화형태로 구성한 아동영화.

• **줄거리**

시골에서 할머니와 별이 형이 온다는 전보를 받은 훈이가 역으로 급하게 뛰어가고 있었다. 열차 도착 시간에 쫓긴 훈이는 급한 마음에 교통신호를 무시하고 달려갔다.

훈이가 할머니와 별이 형과 함께 집으로 돌아올 때였다. 시내 거리에서 교통보안원들이 수신호 하는 것을 본 별이 형이 훈이에게 무슨 신호인지 물어보았다. 하지만 교통신호를 제대로 배우지 않은 훈이는 제대로 대답하지 못하고, 엉터리로 대답하였다.

다음날 훈이와 함께 유희장으로 가던 별이는 훈이가 교통신호를 잘 모른다는 것을 알았다. 마침 아이들이 교통신호를 배우러 가는 것을 보고, 훈이에게 교통신호를 배우자고 하였다. 하지만 훈이는 교통신호는 어린 아이들이나 배우는 것이라면서 무시하였다.

별이가 교통신호를 배우러 간 사이에 훈이가 별이 형을 위해 얼음보숭이(아이스크림)를 사러 갔다. 얼음보숭이를 사가지고 오던 훈이는 교통신호를 지키지 않아, 큰 사고가 날 뻔하였다. 그제서야 훈이는 도시에 살아 교통규정을 잘 안다고 생각하면서 교통신호를 배우지 않았던 자신의 잘못을 반성하였다.

교통질서를 잘 지키자요(3부) : 동생이 쓴 축하장

- **제작** : 조선4·26아동영화촬영소, 2006년
- **시간** : 11분 **분류** : 만화영화
- **스탭** : 영화문학: 한영 / 연출: 김혁철 / 책임미술: 리성진 / 미술: 리문철·김성준·림춘일·강혁·김명일·김영금·김금숙 / 컴퓨터 배경: 김석철 / 컴퓨터 합성: 설일영 / 작곡: 함철 / 대사: 송영숙·원정숙 / 편집: 최승애 / 록음: 강시현 / 컴퓨터채색: 김현미·박인숙·주광순 / 연주: 영화및방송음악단 / 노래: 평양률곡중학교 아동음악반 장 철·전단심 / 지휘: 허상혁
- **등장인물** : 윤손, 오빠.
- **주제** : 탁아소 유치원생들과 길을 갈 때는 손을 꼭 잡고 보호하면서 가야 한다.

- **줄거리**

아직 유치원에 다니는 윤순이 설을 맞이하여 연하장을 보내고 싶었다. '새해를 축하합니다' 라고 쓰려던 윤순은 '축하' 라는 글자를 어떻게 쓰는지 몰랐다. 윤순은 '추카' 라고 쓴 축하장을 오빠에게 보여주면서 체신소(우체국)에 가서 연하장을 보내자고 졸랐다.

윤순의 오빠는 연날리기 경기에 나갈 준비를 하고 있었다. 시간이 얼마 남지 않았다. 어린 윤순이 따라 나서면 경기시간에 늦을 것 같았다. 오빠는 윤순에게 자기가 연하장을 보내주겠다고 하였지만 윤순은 자기가 보내겠다면서 기어코 오빠를 따라 나섰다.

오빠는 동생 윤순의 손을 잡고 보호하면서 걷지 않았다. 어린 윤손은 길거리 풍경이 마냥 신기하였다. 체신소로 가는 동안 윤순은 오빠의 연을 가지고 놀기도 하고, 숨바꼭질 하면서 신이났다. 거리 풍경이 신기한 윤순과 달리 오빠는 연날리기 시합에 늦을까 걱정 되었다. 시간이 늦어

지자 오빠는 꾀를 냈다. 윤순에게 술래놀이를 하자고하면서 체신소로 뛰어갔다.

술래잡기 놀이를 하자는 오빠를 따라 가던 윤순은 그만 횡단보도를 다 건너지 못하고, 횡단보도 가운데서 빨간신호등에 걸렸다. 횡단보도 가운데서 윤순은 축하엽서가 날라가자 엽서를 잡으려고 도로 가운데로 뛰어들었다, 놀란 자동차들이 급정거하였다. 동생이 위험에 처하게 된 것을 본 오빠는 윤순을 지켜주지 못한 것을 반성하였다. 윤순오빠는 다음부터는 꼭 손을 잡고 동생을 보호하면서 길을 가기로 결심하였다.

교통질서를 잘 지키자요(4부) : 야옹이의 지름길

- **제작** : 조선4·26아동영화촬영소, 2006년
- **시간** : 15분   • **분류** : 만화영화
- **스탭** : 영화문학: 김태모 / 연출: 윤영길 / 책임미술: 성운남 / 미술: 김인철·김준일
  ·곽창호·백만식·김성준·김경희 / 컴퓨터 배경: 하련순 / 컴퓨터 합성: 홍
  철일 / 작곡: 백인선 / 대사: 림복희·원정숙 / 편집: 최승애 / 록음: 강시현
  / 컴퓨터채색: 함성애·정현이 / 연주: 영화및방송음악단 / 가사: 오영옥 /
  노래: 평양률곡중학교 아동음악반 / 지휘: 허상혁
- **등장인물** : 깡총이, 야옹이.
- **주제** : 달리는 자동차에 올라타지 말자.

- **줄거리**

  아침이 되자 동물들이 학교를 가고
있었다. 깡총이가 야옹이를 찾아가 같
이 가자고 불렀다. 야옹이는밥을 안
먹었다면서 먼저 가라고 말하였다. 깡
총이는 꾸물거리는 야옹이가 지각하
지 않을까 걱정하면서 학교로 갔다. 학교에 온 깡총이는 깜짝 놀랐다.

  밥을 먹고 오겠다던 야옹이가 먼저 와서 청소를 하고 있었다. 수업이
시작되자 담임선생님은 야옹이가 아침 일찍 먼저 와서 공부도 하고 청소
도 하였다면서 칭찬하였다. 깡총이는 야옹이에게 '어떻게 된 일이냐'고
물어보지만 야옹이는 '하늘을 날아서 지름길로 왔다'면서 알려주지 않
았다.

다음날 아침 깡총이는 선생님에게 칭찬받을 마음으로 일찍 집을 나섰다. 야옹이보다 먼저 학교에 가서 칭찬받고 싶었던 깡총이는 야옹이가 일어나는 것을 보고 학교로 달려갔다. 하지만 이번에도 야옹이가 먼저 와서 운동장 눈을 치우고 있었다.

야옹이가 어떻게 오는지 궁금해진 깡총이는 야옹이가 지름길로 오는 것으로 생각한다. 깡총이는 야옹이의 뒤를 쫓아 보았지만 지름길을 찾지 못했다. 궁금해진 깡총이는 과일을 들고 야옹이를 찾아갔다. 숙제를 하고 있던 야옹이는 수학 문제 하나를 풀지 못하고 있었다. 깡총이는 수학 문제를 알려주는 대신 지름길을 알려달라고 말하자 야옹이는 아침에 길모퉁이로 나오라고 하였다.

다음 날 아침 깡총이는 길모퉁이서 야옹이를 만났다. 야옹이는 깡총이에게 빨리가는 비밀을 알려주었다. 야옹이가 알려준 지름길은 몰래 차에 올라 학교에 가는 것이었다. 길모퉁이에 있다가 커브를 돌면서 자동차가 느려지면 그때 몰래 차 위에 올라 학교에 가는 것이었다. 깡총이가 위험하다고 만류하지만 야옹이는 깡총이의 말을 듣지 않았다.

자동차에 몰래 올라 탄 야옹이는 자동차가 학교 앞을 지나자 차에서 내리려 하는데, 학급 동무들이 학교 앞에 서 있는 것을 보고는 내리지 못하였다. 학교 앞을 지나서 화물차에서 뛰어 내린 야옹이는 다시 반대편에서 오는 자동차를 몰래 타고 학교 방향으로 되돌아 왔다. 자동차가 학교 근처에 다다르자 자동차에서 뛰어 내렸다. 하지만 야옹이의 옷이 걸리면서 큰 사고를 낼 뻔했다. 교통사고를 당할 뻔 했던 야옹이는 그제서야 자신의 잘못된 행동을 깊이 반성하고, 다시는 몰래 자동차 위에 올라타서 학교에 오지 않겠다고 다짐하였다.

교통질서를 잘 지키자요(5부) : 꼬마 거부기

- **제작** : 조선4·26아동영화촬영소, 2006년
- **시간** : 11분 **분류** : 만화영화
- **스탭** : 영화문학: 한기만 / 연출: 리철 / 책임미술: 리성진 / 미술: 리문철·한옥순
·김명길·리성화·림춘일·최혜성 / 컴퓨터 배경: 김철학 / 컴퓨터 합성: 설
일영 / 작곡: 백인선 / 대사: 장춘옥·원정숙 / 편집: 최승애 / 록음: 강시현
/ 컴퓨터 화상처리: 손동수·박성일 / 컴퓨터채색: 김미혜·문광옥·박영희 /
연주: 영화및방송음악단 / 가사: 오영옥 / 노래: 평양률곡중학교 아동음악반
강현주 / 지휘: 허상혁
- **등장인물** : 토끼, 꼬마 거부기(거북이).
- **주제** : 길을 건널 때는 육교(구름다리)를 이용하자.

- **줄거리**

'꽃망울 동산 음악경연'에서 꼬마
거부기가 손풍금 연주로 1등을 하였
다. 1등 한 꼬마 거부기는 할아버지에
게 1등 상장과 트로피를 보여주고 칭
찬받을 생각에 마음이 들떴다. 이때
지나가던 토끼들이 기뻐하는 꼬마 거

부기에게 '굼뜨기로 소문난 거부기가 어떻게 1등을 했을까'하면서 놀렸
다. 토끼들이 놀리는 소리를 들은 꼬마 거부기는 토끼들에게 달리기 내
기를 하자고 하였다.

꼬마 거부기는 토끼들을 이겨보겠다고 열심히 뛰었지만 뜀박질로 토
끼들을 따라 잡을 수 없었다. 뒤처져 가던 꼬마 거부기는 도로를 가로질
러 결승점에 먼저 도착하였다. 꼬마 거부기가 도로를 가로질러 가는 것

을 본 형 거부기는 '위험하다'면서 다시는 길을 건너지 말고 구름다리
(육교)를 이용하라고 말해 주었다.

이때 건너편에서 친구들이 가고 있는 것을 본 꼬마 거부기는 형 거부
기 말대로 구름다리로 건너가 친구들에게 1등 상을 받은 것을 자랑하려
고 하였다. 친구들에게 자랑하던 꼬마 거부기는 건너편으로 버스가 들
어오는 것을 보자 육교를 놔두고 도로 위를 건넜다. 느린 걸음으로 길을
건너던 꼬마 거부기는 화물차에 부딪쳤다. 다행히 꼬마 거부기를 본 운
전수는 급정차를 하였다.

꼬마 거부기는 운전수에게 혼이 날까 겁을 내고는 몸을 숨겼다. 운전
수는 꼬마 거부기를 알아보지 못하고, 화물차에서 떨어진 돌로 알고 차
에 실었다. 화물차 뒤에 실린 꼬마 거부기는 자동차 뒤에서 동움을 청하
였다. 다행히 형 거부기가 꼬마 거부기를 알아 보고 경찰에 신고하였다.
경찰의 도움으로 화물차에서 내린 꼬마 거부기는 자신의 잘못을 반성하
고 앞으로는 반드시 구름다리로 건널 것을 약속하였다.

교통질서를 잘 지키자요(6부) : 번개썰매 나간다

- **제작** : 조선4·26아동영화촬영소, 2006년
- **시간** : 13분 **분류** : 만화영화
- **스탭** : 영화문학: 김화성 / 연출: 김준옥 / 책임미술: 김원일·김성준 / 미술: 김정훈
  ·한금성·강혁·김명수·신성진·리성화·김영금 / 배경: 최춘남 / 합성: 박철
  진 / 작곡: 문예영 / 대사: 원정숙·리은주 / 편집: 권은 / 록음: 강시현 / 채
  색: 김미옥·박혜영·한옥림 / 행정연출: 정충실 / 연주: 영화및방송음악단 /
  가사: 오영옥 / 노래: 평양률곡중학교 아동음악반 / 지휘: 허상혁
- **등장인물** : 얼룩곰, 얼룩곰 삼촌, 다람이, 야옹이, 토끼.
- **주제** : 길가에서 눈썰매를 타지 말자.

- **줄거리**

눈 덮힌 얼음판 위에서 동물 친구
들이 모여서 썰매를 타면서 놀고 있
었다.

얼룩곰은 삼촌이 사준 번개썰매를
가지고 친구들에게 자랑하였다. 얼룩
곰이 가지고 온 번개썰매는 날렵한 형태에 운전대도 있고, 제동기도 있
는 최신형 썰매였다. 얼룩곰의 번개썰매를 본 친구들은 타보겠다고 줄을
섰다. 얼룩곰은 동물 친구들을 차례차례로 돌아가면서 태워주었다.

얼룩곰은 언덕 높은 곳에 올라가 멋있게 내려오는 것을 보여주겠다면
서 언덕 위로 올라갔다. 동물 친구들이 위험하다며 얼룩곰을 말리지만
얼룩곰은 제동기가 있다면서 동물 친구들의 말을 듣지 않았다. 높은 곳

에 올라간 얼룩곰은 썰매를 타고 찻길까지 내려갔다. 길을 지나가던 얼룩곰 삼촌은 '차가 다니는 길에서 썰매를 타는 것은 위험하다' 면서 얼룩곰에게 '다시는 찻길에서 썰매를 타지 말라' 고 말하였다.

하지만 얼룩곰은 대담성을 길러야 한다면서 더 높은 곳으로 올라갔다. 친구들의 만류에도 제동기가 있다고 고집 피웠다. 아주 높은 곳에 올라간 곰돌이는 번개썰매를 타고 신나게 내려온다. 가속을 받은 썰매를 멈추려고 제동기를 썼지만 가속력이 붙어 제동기가 작동하지 않았다. 썰매는 얼음판을 지나 도로 가운데까지 내려왔다. 도로 가운데로 얼룩곰의 눈썰매가 들어오면서 지나가던 차들이 놀라 급정거를 하고, 차들이 서로 뒤엉키는 사고가 났다.

큰 교통사고가 난 것을 본 얼룩곰은 길 옆에서 썰매를 탄 잘못을 반성하고, 위험한 썰매놀이를 하지 않겠다고 다짐하였다.

교통질서를 잘 지키자요(7부) : 뒤길에서 있었던 일

- **제작** : 조선4·26아동영화촬영소, 2006년
- **시간** : 14분 **분류** : 만화영화
- **등장인물** : 멍멍이, 꿀꿀이, 기자.
- **주제** : 자동차가 많이 다니지 않는 길이라도 길에서 함부로 장난치는 것은 위험하다.

- **줄거리**

은방울 소학교의 멍멍이는 멋진 철봉 솜씨와 체육 솜씨를 발휘해 반 대표로 신문에 실리게 되었다. 신문에 실을 사진을 찍기 전에 멍멍이는 체육복으로 갈아입기 위해 집으로 가고 있었다.

집으로 가던 멍멍이는 교통사고 위험에 처한 꿀꿀이를 구해주었다. 꿀꿀이를 구해 준 멍멍이는 자동차들이 많이 다니는 길에서 노는 것은 위험하다면서 조심하라고 일러 주었다. 멍멍이를 지켜보고 있던 기자 아저씨는 멍멍이를 칭찬해 주었다.

꿀꿀이를 데리고 뒷길로 가던 멍멍이는 뒷길에서 아이들을 만났다. 기자 아저씨의 칭찬에 신이 난 멍멍이는 아이들을 즐겁게 해 줄 생각으로 자전거 묘기를 보여주었다. 이때 갑자기 차가 달려오면서 멍멍이는 차에

치일뻔 하였다. 다행히 사고는 일어나지 않았지만 멍멍이는 깜짝 놀랐다. 이때 기자 아저씨가 나타나 멍멍이와 아이들에게 '차가 많이 다니지 않는 뒷길이라도 함부로 장난치고 놀아서는 안 된다'면서 주의를 주었다. 멍멍이와 아이들은 반성하면서 뒷길에서도 교통질서도 잘 지키는 아이들이 되겠다고 다짐하였다.

그릇탓인가

- **제작** : 조선4·26아동영화촬영소, 2006년
- **시간** : 14분 · **분류** : 인형영화
- **스탭** : 영화문학: 박유라 / 연출: 리종호 / 미술: 김은하 / 촬영: 서광·김창호 / 조종: 김은영·신상철 / 미술: 장순길·리성갑 / 콤퓨터화상처리: 황미욱·김은정 / 콤퓨터합성: 신혜남·맹순정·윤련숙·한금희 / 작곡: 한사철 / 대사: 원정숙·림운영 / 편집: 방인영 / 록음: 강시현 / 행정연출: 조영애 / 연주: 영화및방송음악단 / 지휘: 려명기 / 가사: 오영옥 / 노래: 평양률곡중학교 아동음악반
- **등장인물** : 곰돌이, 야옹이, 멍멍이, 염소아저씨.
- **주제** : 다른 사람을 잘 도와주어야 한다.
- **특기** : 인영형화에 컴퓨터 합성 처리한 아동영화.

- **줄거리**

곰돌이가 지붕 위에 올라가 물고기를 잡으러 간 삼촌을 기다리고 있었다. 삼촌을 기다리는 곰돌이에게 까치가 나타나 할머니 편지를 전해 주었다.

할머니가 보낸 편지에는 향기골에 과일들이 잘 익어가고 있으니 언제든지 놀러 오라고 쓰여 있었다. 할머니 편지를 받은 곰돌이는 내일 아침에 삼촌이 잡아 온 물고기를 가지고 가야겠다고 생각하였다. 곰돌이는 까치에게 '내일 아침에 생선을 가지고 가겠다' 고 전해달라고 부탁하였다.

곰돌이는 삼촌이 잡은 물고기를 가지고 할머니 집에 갈 생각을 하니 신이 났다. 곰돌이는 야옹이와 멍멍이에게 '삼촌이 맛있는 물고기를 가득

가져올 것'이라고 자랑을 하였다. 곰돌이의 말을 들은 야옹이와 멍멍이가 자기들도 물고기를 얻을 수 있느냐고 물었다. 곰돌이는 그럴 것이라고 대답하였다. 곰돌이의 말을 들은 야옹이와 멍멍이는 물고기를 받아 갈 양동이를 가져왔다. 곰돌이도 물고기를 받을 커다란 양동이를 가져왔다. 이때 멀리서 자동차 소리가 들리고, 세 친구는 곰돌이 삼촌의 차로 생각하고 양동이를 가지고 달려갔다.

하지만 그 차는 염소아저씨의 자동차였다. 염소아저씨의 자동차에는 커다란 물통이 있었고, 물통 속에는 작은 물고기들이 실려 있었다. 세 친구들은 염소아저씨를 도와주겠다면서 양동이에 시냇물을 담아 왔다. 큰 양동이를 가져간 곰돌이도 염소아저씨를 도와주겠다고 나서기는 했지만 양동이가 크다는 핑계를 대면서 제대로 일하지 않았다.

염소아저씨는 야옹이와 멍멍이의 도움으로 물고기들을 죽이지 않고 무사히 마을로 갈 수 있었다. 염소아저씨가 차를 고치고 떠나자 세 친구는 곰돌이 할머니에게 가져갈 물고기를 잡기로 하였다. 이때 염소아저씨가 곰돌이와 야옹이, 멍멍이를 불렀다. 곰돌이는 다시 물을 길어야 하는 줄 알고 작은 그릇을 가지고 나갔다. 반면 야옹이와 멍멍이는 큰 그릇을 들고 나갔다. 염소아저씨는 세 친구에게 고맙다면서 새끼물고기를 살려준 보답으로 큰 물고기를 나누어 주었다.

야옹이와 멍멍이는 큰 그릇 하나 가득 물고기를 받았지만 작은 그릇을 가지고 나온 곰돌이는 몇 마리밖에 담을 수 없었다. 멍멍이와 야옹이는 까치에게서 할머니 집에 가게 되었다는 이야기를 들었다면서 자기들이 받은 물고기를 곰돌이에게 주었다. 친구들의 선물을 받은 곰돌이는 일할 때는 작은 그릇, 먹을 때는 큰 그릇을 찾은 자신을 반성하였다.

금붕어가 물어온 무우씨

- **제작** : 조선과학교육영화촬영소 아동영화창작단, 1992년
- **시간** : 17분 • **분류** : 만화영화
- **스탭** : 각색: 최태형 / 연출: 류충웅 / 책임미술: 조제철 / 촬영: 고병화·조광철 / 조종: 류숙영 / 작곡: 한준석 / 연주: 영화및방송음악단 / 노래: 평양률곡중학교
- **등장인물** : 은동이, 할아버지, 예봉이.
- **주제** : 금붕어 같은 물고기도 사랑해야 한다.

• **줄거리**

　은동이는 금붕어를 사랑하는 마음 착한 소년이다. 은동이가 할아버지와 함께 무밭을 가꾸고 있을 때였다. 산에서 돌덩이가 떨어지는 것을 보고는 금붕어를 위해 할아버지와 힘을 합쳐 돌덩이들을 다른 곳으로 치워주었다.

　얼마 후 은동이가 몸이 아프게 되었다. 할아버지는 은동이를 위해 물고기를 잡으러 갔다. 하지만 물고기를 잡지 못하였다. 빈손으로 돌아오던 할아버지는 길 웅덩이에서 금붕어를 잡았다. 은동이는 할아버지가 낚시를 간 사이에 친구 예봉이가 준 떡을 먹고 기운을 차리고 일어났다.

　은동이는 할아버지가 가져온 금붕어를 보고는 '새끼를 배었다'면서 금붕어를 연못에 풀어주고 정성으로 금붕어를 돌보아 주었다. 은동이는 금붕어가 상처 입은 것을 알았다. 은동이는 금붕어 상처 치료에는 '박주가리 잎'이 좋다는 예봉이의 말을 듣고는 박주가리 잎을 구하러 산으로 갔다. 산 속에서 길을 잃고 헤매던 끝에 할아버지를 만나 박주가리 잎을 구해와 금붕어를 치료해 주었다. 은동이의 치료를 받은 금붕어는 병도

고치고 새끼도 낳았다.

　그러던 어느 날 큰 홍수가 나고 마을도 큰 피해를 입었다. 물에 떠내려온 무를 본 금붕어는 은동이네 무밭이 엉망이 된 것을 알았다. 금붕어는 무지개를 타고 밭에다 무씨를 뿌려주었다. 그러자 무가 금방 자라 집채만 하게 커졌다. 은동이와 마을 사람이 힘을 모아 무를 뽑았더니 그 속에서 마을 사람들이 겨울내내 먹고도 남을 양식이 나왔다.

금속표본들이 오는 날

- **제작** : 조선4·26아동영화촬영소
- **시간** : 14분 **분류** : 3D 입체
- **스탭** : 영화문학: 김수화 / 연출: 리인철 / 미술: 리경철·김영렵·독고철영·장혁철
  ·리성림·리효정·리광영·류정남·리광진·김춘일 / 배경: 손영삼·전충렬 /
  합성: 박명심·한철수 / 작곡: 백은호 / 대사: 원정숙·리은 / 편집: 방인영 /
  녹음: 강시현 / 연주: 영화및방송음악단 / 지휘: 허상혁 / 가사: 오영옥 / 노
  래: 평양률곡중학교 아동음악반
- **등장인물** : 회로시험기, 금속표본(철, 금, 동, 크롬, 수은), 컴퓨터 박사.
- **주제** : 수은은 비록 액체지만 금속의 하나이다.

- **줄거리**

　새마을 학교 안내를 맡은 회로시험기는 금속연구소 컴퓨터 박사로부
터 내일 금속 표본들이 도착할 것이라는 연락을 받았다. 컴퓨터 박사는
회로시험기에게 잘 가르쳐 주라고 일러주었다.

　다음 날 새마을 학교에 여러 금속들이 도착하고, 회로시험기는 친절하
게 여러 금속들을 안내하였다. 철, 금, 동의 금속 표본들을 표본실로 안
내하는데, 수은이 들어오는 것이었다. 회로시험기는 비금속 친구들은 어
제 다 왔는데, 수은이 왜 금속표본들과 함께 왔는지 의아해 하면서 맨 위
층 비금속실로 안내하였다.

　회로시험기가 금속표본실에서 금속표본들 앞에서 설명을 하고 있을
때 수은이 찾아왔다. 수은은 자기도 금속인데, 비금속표본실로 갔다고
하였다. 회로시험기는 액체인 수은이 금속이 아니라고 생각하였다. 수은

에게 비금속표본실이 맞으니 그 방으로 가라고 말하였다. 하지만 수은은 자신이 금속이 분명하다고 주장하였다.

그러자 회로시험기는 금속의 특성을 설명하겠다면서 쇠망치를 가져와서 금속들을 두드렸다. 여러 금속을 쇠망치로 내려치면서 금속은 단단한 고체여야 한다고 하였다. 회로시험기는 수은이 금속이라면 단단해야 한다면서 쇠망치로 수은을 내려치려 한다. 놀란 수은은 그만 표본실 아래로 떨어졌다. 아래로 떨어진 수은은 여러 방울조각으로 부서졌다가 다시 뭉쳤다. 이것을 본 회로시험기는 방울로 부서지는 수은은 금속이 아니라고 확신하였다.

회로시험기는 이어서 전기를 통해야 금속이라고 하면서 여러 금속 표본들을 가지고 전기가 통하는지 실험한다. 전기 시험대에 올라선 수은에게 강한 전기를 통과시킨다. 통과하지 않을 것이라는 예상과 다르게 수은은 전기를 통과한다. 수은이 비금속이라고 생각한 회로시험기는 강한 전류로 시험하다가 그만 회로시험기 속을 태워버린다. 이때 박사선생이 와서 수은은 특수한 액체금속이라는 사실을 알려주었다.

까치와 여우

- **제작** : 조선과학교육영화촬영소 아동영화창작단, 1995년
- **시간** : 19분 · **분류** : 만화영화
- **스탭** : 각색: 김용권 / 영화문학: 김용권 / 연출: 류충웅 / 책임미술: 리철묵 · 리기섭
  / 촬영: 장철호 / 조종: 류숙영 / 지휘: 한학철 / 노래: 평양률곡고등중학교 /
  작곡: 백인선
- **등장인물** : 까치, 여우.
- **주제** : 겁이 난다고 해서 맞서 싸우지 않으면 더 큰 피해를 입는다.

- **줄거리**

평화로운 새동산에 여우가 나타나 메추리 새끼를 잡아갔다. 메추리 새
끼를 잡아간 여우는 메추리에게 매일 알을 바치지 않으면 새끼들을 잡아
먹겠다는 경고장을 남겼다. 여우의 경고장을 본 새들이 회의를 했다. 새
들은 여우와 맞서 싸우자고 하지만, 까치는 겁이 났다. 그 날 까치에게
여우가 알을 바치라는 경고장을 보냈다. 여우의 경고장을 본 까치는 여
우를 피하여 다른 곳으로 도망쳤다.

한편 다른 새들은 여우가 올 것에 대비하여 곳곳에 함정을 설치하고
맞설 준비를 했다. 하지만 다른 곳으로 도망갔던 까치는 다시 여우에게
쫓기게 되었다. 까치가 새동산으로 몸을 피하였다. 까치를 쫓아 새동산
으로 들어온 여우는 새끼 꿩을 잡아먹으려다 새들의 공격을 받고 쫓겨났
다. 여우를 쫓아낸 새들은 까치에게 함께 여우와 맞서 싸우자고 하였다.
하지만 까치는 혼자 살겠다면서 새들의 말을 듣지 않고 다른 곳으로 숨
었다.

하지만 까치는 여우에게 숨은 곳을 들켰다. 여우는 까치에게 알을 하

나만 주면 다시는 오지 않겠다고 협박하였다. 까치는 알 하나만 주면 다시는 오지 않겠다는 여우의 말에 속아 알을 하나 내어 주었다. 하지만 다음날 여우가 다시 찾아왔다. 여우는 배가 아프다고 하면서 '배가 아플 때는 까치 알을 먹어야 한다' 면서 알 하나를 다시 빼앗아 갔다.

　까치는 여우가 찾아오지 못하도록 마을 어귀 높은 나무에 숨었지만 교활한 여우는 까치가 있는 곳을 알아냈다. 여우는 까치가 있는 나무 밑에서 죽은 체 하였다. 까치는 여우가 정말 죽은 줄로 알고 여우에게 다가갔다가 여우에게 잡히게 되었다. 여우는 까치의 발에 줄을 매달아 묶고는 알을 가져오게 하였다.

　줄이 엉키면서 까치의 둥지가 뒤집어졌다. 둥지에는 알에서 깨어난 까치 새끼들이 있었다. 둥지에서 떨어진 까치 새끼들은 여우에게 밟혀 죽고 한 마리만 살아남았다. 이때 새들이 나타나 여우를 공격하였다. 새들의 도움으로 여우를 물리친 까치는 그제서야 동무들의 말을 듣지 않고 혼자 숨어 살다가 알과 어린 새끼를 빼앗긴 것을 후회하였다. 그 후 까치는 부끄러워 새들이 사는 동산으로 돌아가지 못하고 혼자 살게 되었다.

깡총이가 준 약

- **제작** : 조선과학교육영화촬영소 아동영화창작단, 1996년
- **시간** : 15분 **분류** : 인형영화
- **스탭** : 영화문학: 김화성 / 연출: 조재광 / 책임미술: 리경철 / 촬영: 서광·김창호 / 작곡: 김영성 / 조종: 김은영·신상철 / 연주: 영화및방송음악단 / 지휘: 한학철 / 노래: 평양률곡고등중학교.
- **등장인물** : 깡총이, 꿀꿀이, 야옹이, 멍멍이.
- **주제** : 거짓말을 하지 말자.

- **줄거리**

  깡총이가 학습반으로 갈 준비를 하면서 어머니가 말한 외할아버지께 드릴 약을 챙기고 있었다. 학습반이 끝나고 오는 길에 외할아버지 댁에 들려서 약을 드리려 하였다. 깡총이는 꿀꿀이에게 학습반에 같이 가자고 하였다. 꿀꿀이는 밤을 따러 가야한다고 하였다. 꿀꿀이는 깡총이에게 선생님에게 '꿀꿀이가 아프다'고 말해 줄 것을 부탁하였다. 깡총이가 거절하자 꿀꿀이는 말을 들어주지 않는다고 화를 냈다. 깡총이는 꿀꿀이가 화내는 것을 보자 그렇게 하겠다고 약속했다.

  학습반에 간 깡총이는 친구들에게 꿀꿀이가 아프다고 말하지만 야옹이는 '꿀꿀이가 어제까지 괜찮았다'면서 깡총이를 의심하였다. 당황한 깡총이는 외할아버지에게 드릴 약을 보여주면서 꿀꿀이의 약이라고 말했다. 그러자 야옹이와 멍멍이는 같이 가서 꿀꿀에게 약을 가져다주자고 말하였다. 어쩔 수 없이 야옹이, 멍멍이와 함께 꿀꿀이 집으로 가게 된 깡총이는 밤골을 지나면서 큰 소리로 노래를 불러 꿀꿀이에게 친구들이 병문안 간다는 사실을 알려 주었다.

깡총이의 노래를 들은 꿀꿀이는 급히 집으로 와서는 이불을 쓰고 아픈 척 하였다. 꿀꿀이 집에 온 친구들은 누워있는 꿀꿀이를 보고는 빨리 약을 먹이자고 재촉하였다. 깡총이는 사실대로 말하지 못하고 외할아버지에게 드릴 잠자는 약을 먹였다.

꿀꿀이 집에서 나온 깡총이 친구들은 오미자를 따서 꿀꿀이에게 약을 만들어 주자고 하였다. 오미자골을 가기 위해서는 밤골을 지나야 하는데, 깡총이는 혹시 꿀꿀이가 다시 밤골로 밤을 따러가지 않을까 걱정되었다. 오미자 담을 바구니를 가지러 집으로 가던 깡총이는 꿀꿀가 밤 따러 갔다는 사실을 알게 되었다.

밤골에서 밤을 따던 꿀꿀이는 밤을 구워먹으려고 불을 피웠다가 약기운을 이기지 못하고 잠이 들었다. 꿀꿀이가 잠든 사이 꿀꿀이가 피운 불이 번지면서 산불이 났다. 멍멍이와 야옹이, 깡총이가 불을 끄다 불 속에 쓰러져 있는 꿀꿀이를 발견하였다. 친구들의 힘을 모아 산불을 껐다. 다음 잠에서 깨어난 꿀꿀이는 자기 때문에 산불이 난 것을 알고 놀랐다.

깡총이는 꿀꿀이에게 준 약이 사실은 외할아버지에게 드릴 잠자는 약이었다고 말하였다. 사실을 알게 된 멍멍이는 진정한 우정이란 잘못을 감싸주는 것이 아니라 결함을 바로 고쳐주는 것이라고 충고하였다. 깡총이와 꿀꿀이는 거짓말했던 것을 반성하고 다시는 거짓말을 하지 않겠다고 결심하였다.

깡총이가 푼 숙제 문제

- **제작** : 조선과학교육영화촬영소, 1989년
- **시간** : 10분 **분류** : 지형영화
- **스탭** : 영화문학: 한종억 / 연출: 김하벽 / 책임미술: 리경철 / 촬영: 강기권 / 작곡: 한준석 / 조종: 류숙영 / 연주: 영화및방송음악단 / 지휘: 홍승학
- **등장인물** : 깡총이(토끼), 맴매(염소), 꿀꿀이(돼지).
- **주제** : 쓰러뜨려도 넘어지지 않은 오뚝이의 원리.

- **줄거리**

꿀꿀이는 학교에서 낸 숙제를 풀고 있었다. 숙제는 '오뚝이는 왜 넘어지지 않을까?' 라는 문제였다. 꿀꿀이는 빨리 숙제를 풀고 호박을 따러 갈 생각에 마음이 급하였다.

꿀꿀이는 깡총이에게 도움을 청하러 갔다. 마침 깡총이는 할아버지를 도와주러 나가던 참이었다. 깡총이는 급하게 할아버지 짚을 가지러 가야 한다면서 꿀꿀이에게 좀 더 생각해 보라고 하였다.

꿀꿀이는 숙제를 포기하고 호박을 따러 갔다. 꿀꿀이가 커다란 호박을 가져온다. 수레에 싣고 크고 무거운 호박을 오던 꿀꿀이는 그만 길에서 사고를 내고 수레바퀴도 부서지고, 길에서 어쩔 줄 몰라 하던 꿀꿀이는 짚단을 싣고 오든 깡총이에게 호박을 실어달라고 부탁하였다. 하지만 깡총이는 호박을 실으려면 짚단 밑에 실어야 하는데, 짚단을 싣고 있어서

실어줄 수 없다고 거절하였다.

꿀꿀이는 맴매가 짚단을 싣고 오는 것을 보고 호박을 실어달라고 부탁하였다. 맴매는 무거운 것이 위에서 누르면 안정감이 있을 것이라고 생각하고는 짚단 위에다 호박을 싣고 호박 위에 꿀꿀이까지 태웠다. 그러자 수레는 마구 흔들리다 넘어졌다. 이때 깡총이가 수레에 실었던 짚을 내리고 다시 왔다. 깡총이는 꿀꿀이에게 오뚝이의 원리를 알려주었다.

꼬마 화가

- **제작** : 조선4·26아동영화촬영소, 2003년
- **시간** : 14분 • **분류** : 만화영화
- **스탭** : 영화문학: 황민·오철남 / 연출: 윤영길 / 책임미술: 홍영남·정동철 / 미술: 김성준·리정철·김경희 / 컴퓨터합성: 리은히 / 작곡: 한상철 / 연주: 영화및 방송음악단 / 노래: 평양률곡중학교
- **등장인물** : 별이, 옥이, 영남이
- **주제** : 자기에게 맡겨진 일은 책임지고 완성해야 한다.

- **줄거리**

학교 체육대회를 앞두고 학급 간 축구시합이 열렸다. 별이네 반에서는 축구선수들을 응원하는 게시판을 만 들기로 하고, 각자 그림을 나누어 오 기로 하였다. 그림재간둥이 별이는  솜씨전람회에 출품할 그림 그리는 데만 신경 쓰느라, 자기가 맡은 그림 은 제대로 그리지 않았다.

친구인 옥이가 각자 맡은 그림을 잘 그려야 한다고 독촉하지만 옥이는 대충 그리면 되지 않겠느냐면서 대충 그림을 그렸다. 옥이는 '솜씨전람 회에 그림을 그리는 것도 중요하지만 조직의 분공도 중요하다' 면서 별 이가 그린 그림을 붙일 수 없다고 하였다.

별이가 그린 그림의 선수들은 옷도, 신발도 제각각이었다. 하지만 별 이는 '그깟 그림 한 장 없다고 축구경기에 지기야 하겠느냐' 고 생각하고

는 맡은 그림을 완성하지 않고 잠이 들었다.

잠이 든 별이는 축구시합하는 꿈을 꾸었다. 꿈속에서 별이가 그린 1반 선수들과 5반 선수들의 축구시합이 열렸다. 별이가 그린 선수들은 옷 색깔도 제각각이고, 신발도 맞지 않았다. 공격수들은 뚱뚱해서 제대로 뛰지도 못하였다. 결정적인 찬스를 맞지만 옷 색깔을 보고 상대편으로 착각한 자기편 선수에게 걸려 넘어지기도 하였다. 경기는 엉망이 되었고 결국 별이 팀은 0 : 3으로 졌다.

꿈에서 깬 별이는 자신의 잘못을 뉘우치고 자기가 맡은 그림을 정성껏 다시 그렸다. 별이네 반 축구선수들은 별이가 그린 그림을 보고 힘을 내었다. 마침내 시합에서 별이네 팀이 1등을 하고, 별이는 꼬마화가로 유명해졌다.

꼬마곰네 비밀문

- **제작** : 조선과학교육영화촬영소 아동영화창작단, 1995년
- **시간** : 16분 **분류** : 인형영화
- **스탭** : 영화문학: 라향옥(영화문학통신원)·리광영 / 연출: 조재광 / 촬영: 김창호 / 책임미술: 리경철 / 조종: 신상철 / 작곡: 윤정호 / 노래: 평양률곡고등중학교 / 연주: 영화및방송음악단 / 지휘: 한학철
- **등장인물** : 곰 형제, 승냥이.
- **주제** : 비밀이 새면 단단한 돌담도 흙담보다 못하므로 비밀을 잘 지켜야 한다. 자랑 속에 비밀이 샌다.

- **줄거리**

승냥이의 침입을 막기 위해서 큰 곰은 창고 안에 비밀 문을 만들어 놓았다. 창고에 가짜 문을 만들어 놓고는 곰 인형을 세워 두었다. 큰 곰은 동생 곰에게 누구에게도 비밀로 할 것을 당부하였다.

곰 형제가 잠든 틈을 타서 몰래 창고로 들어오던 승냥이는 창고를 열다가 곰이 서 있는 것을 보고는 깜짝 놀라 혼비백산하여 도망쳤다.

한밤중에 들려온 소리를 들은 곰 형제는 승냥이가 속은 것을 알고는 한바탕 웃었다. 큰 곰은 동생 곰에게 절대 문에 대한 이야기를 하지 말라고 거듭 당부 하였다. 하지만 자랑하기를 좋아하는 동생 곰은 입이 근질근질 하였다. 동생 곰은 멍멍이에게 창고문의 비밀을 자랑하려다가 형 곰에게

들켜 주의를 받았지만 친구들에게 자랑하고 싶었다.

한편 승냥이는 문에 비밀이 있다고 말하는 동생 곰의 이야기를 들었다. 승냥이는 까마귀에게 비밀을 알아오도록 시킨다. 까마귀는 동생 곰을 찾아가 비밀문을 알아내기 위해 접근하였다. 동생 곰은 까마귀가 승냥이와는 다니지 않는다는 말만 믿고는 비밀을 말해 주었다. 말을 뱉은 동생 곰은 까마귀가 들었을까 걱정하는데, 까마귀가 무슨 말인지 못 들었다면서 능청을 떨었다.

그날 밤 곰의 집에 몰래 들어 온 승냥이와 까마귀는 창고로 가서 생선을 훔쳐 나왔다. 인기척에 놀란 동생 곰이 까마귀와 승냥이를 뒤쫓아가지만 도리어 까마귀와 승냥이에 잡혀 나무에 묶이게 되었다. 꼬마 곰은 비밀을 말했던 것을 후회하였다. 이때 물고기를 잡으러 갔던 형 곰이 승냥이와 까마귀를 혼내고는 동생 곰을 구하였다. 형 곰은 동생 곰에게 '비밀이 새면 든든한 돌담도 물 먹은 흙담보다 못하다'고 주의를 주었다. 곰 형제는 창고에 새로운 비밀 문을 만들고, 동생 곰도 반드시 비밀을 지키겠다고 다짐하였다.

꼬마염소가 일으킨 소동

- **제작** : 조선과학교육영화촬영소 아동영화창작단
- **시간** : 20분 **분류** : 지형영화
- **스탭** : 영화문학: 장은석 / 연출: 류충웅 / 책임미술: 리기석·리정철 / 촬영: 리영호
  / 작곡: 김명희 / 조종: 류숙영 / 대사: 국립연극단 / 연주: 영화및방송음악
  단 / 노래: 평양률곡녀자고등중학교
- **등장인물** : 염소할아버지, 맴매, 자라할아버지, 자라.
- **주제** : 바닷물에서 소금을 만드는 염전의 원리.

- **줄거리**

천둥 번개와 함께 장대비가 쏟아지
자 강물이 넘쳐 산사태가 나면서 소
금동굴이 흙 속에 묻혔다. 비가 그치
자 소금동굴을 찾아보지만 돌소금은
장마에 다 녹아 없어지고 없었다.

소금 없이는 하루도 살기 어려운 염소할아버지는 크게 걱정을 하였
다. 소금동굴이 없어지자 토끼와 사슴을 비롯한 동물들은 소금을 찾아
마을을 떠났다.

이때 염소할아버지네 집으로 바다에 사는 자라가 찾아왔다. 자라는 병
이 걸린 손자를 위해 서해에서 산삼을 구하러 왔다. 자라는 한 달 동안이
나 산삼을 찾아 다니는 중이었다. 자라는 염소할아버지가 소금 때문에
걱정하는 것을 알고는 바다소금을 주겠다고 말하였다. 자라의 말에 염소
할아버지는 크게 기뻐하면서 백년 묵은 산삼을 꺼내주었다.

자라는 소금을 주겠다면서 염소할아버지에게 바닷가 마을에 있는 자기 집으로 찾아오라고 하였다. 염소할아버지는 마을을 떠났던 동물들에게 소금을 구하였으니 다시 돌아오라고 하였다. 그리고는 맴매에게 소금을 찾아 오라고 시켰다. 한편 자라는 염소할아버지가 준 산삼을 손자에게 주면서 맴매가 찾아오면 소금을 주라고 하였다.

　할아버지의 말대로 맴매는 자라 집으로 찾아가 소금을 달라고 말하였다. 자라는 해가 나지 않아서 소금을 만들지 못했다면서 기다리라 말하였다. 그리고는 할아버지를 데리러 나갔다. 자라의 말을 들은 맴매는 자라를 의심하였다. 바다는 소금창고라고 하였는데, 소금이 없다고 한 것은 자기를 속인 것이라고 생각하였다. 맴매는 할아버지가 주었던 산삼을 다시 가지고 돌아왔다.

　한편 맴매가 산삼을 가져 간 것을 안 자라는 맴매의 집을 찾아 왔다. 맴매를 만난 자라는 소금이 만들어지는 과정을 설명하지만 맴매는 믿으려 하지 않았다. 자라는 의심하는 맴매에게 소금이 만들어지는 과정을 보여주었다. 소금이 만들어지는 과정을 알고 난 맴매는 비로소 오해를 풀었다.

꼬마염소와 금관

- **제작** : 조선과학교육영화촬영소 인형지형영화제작단
- **시간** : 18분 • **분류** : 인형영화
- **등장인물** : 꼬마염소, 염소할아버지, 사자왕.
- **주제** : 물질과 부피의 관계.
- **특기** : 아르키메데스의 일화를 소재로 한 아동영화.

- **줄거리**

대장장이 염소할아버지가 호랑이 왕의 주문을 받고 금관을 만들고 있었다. 호랑이 왕은 염소할아버지에게 금관을 만들면 평생 먹고살 수 있는 상을 주겠다고 약속하였다. 염소할아버  지는 꼬박 일 년 동안 작업 한 끝에 금관을 만들었다.

염소할아버지가 금관을 바치자 호랑이 왕도 크게 기뻐하였다. 호랑이 왕은 염소할아버지가 만든 금관을 보고 크게 마음에 들어 하였지만 상을 주고 싶지 않았다. 호랑이 왕은 염소할아버지가 금을 떼어먹지 않았다는 것을 증명하기 전까지는 상을 줄 수 없다면서 염소할아버지를 옥에 가두었다.

금관의 부피를 재서 금을 떼어먹지 않았다는 것을 증명하기 위해 고민하던 꼬마 염소는 물이 넘치는 것을 보고 부피의 원리를 생각하였다. 꼬마 염소는 모든 동물들이 모인 자리에서 물통에 물을 채우고 금관을 넣은 다음 넘쳐나는 물을 통해서 금을 떼어먹지 않았다는 것을 증명하고 상을 받았다.

꼭 지키자요

- **제작** : 조선4·26아동영화촬영소, 2009년
- **시간** : 14분 **분류** : 만화영화
- **스탭** : 영화문학: 김수화 / 연출: 리철 / 미술: 김명길·박정철·리성화·리영일·리문철·홍태혁·김명일·리원근·김영수·김명수·한옥순·김경화·정광훈·리원옥 / 배경: 최춘남 / 합성: 박철진 / 작곡: 함철 / 대사: 원정숙·림복희·김룡철·리은주·김미경 / 편집: 권은 / 록음: 강시현 / 채색: 서영이 / 연주: 영화및방송음악단 / 지휘: 허상혁 / 가사: 량지향 / 노래: 평양률곡중학교 아동음악반
- **등장인물** : 명수, 약병사, 병균, 약병사.
- **주제** : 의사의 지시대로 시간에 맞추어 약을 먹어야 한다.

- **줄거리**

명수는 백일홍 팀의 골키퍼였다. 축구 결승경기를 앞두고 연습을 하던 명수는 갑자기 배를 잡고 쓰러졌다. 의사선생님은 대장염에 걸렸다면서 지시한 대로 약을 먹으면 나을 수 있다고 알려주었다.

명수의 배 속으로 들어간 약 병사들은 병균들과 싸울 준비를 하고 있었다. 약 병사들이 싸울 수 있는 시간은 6시간이었다. 병균들은 세포분열로 숫자가 엄청나게 불어났다. 병균 숫자가 많은 것을 본 약 병사들이 걱정을 하였다. 그러자 대장은 6시간마다 새로운 병사들이 들어올 것이라면서 걱정하지 말고 싸우라고 격려해 주었다. 명수가 침대에 누워 있는 동안 약 병사들은 용감하게 병균을 물리쳤다.

배가 아프지 않자 명수는 다시 경기장으로 나갔다. 의사선생님이 6시간마다 약을 먹으라는 말하였지만 다 나았다고 생각하고는 약을 챙겨가지 않았다. 6시간이 지나자, 약 병사들은 탄환이 떨어져 싸울 수가 없었다. 병균들이 다시 엄청나게 불어나서 장을 공격하였다. 배가 다시 아프기 시작한 명수는 손쉬운 볼도 처리하지 못하고 쓰러졌다. 병원으로 실려 간 명수가 다시 약을 먹자 약 병사들도 다시 기운을 차리고 병균을 물리쳤다.

꽃다리

- **제작** : 조선과학교육영화촬영소 아동영화창작단
- **시간** : 10분 • **분류** : 지형영화
- **스탭** : 영화문학: 방순룡 / 연출: 류충용 / 책임미술: 조제현 / 촬영: 조광철 / 작곡: 신근철 / 조종: 류숙영 / 연주: 영화및방송음악단 / 노래: 평양률곡녀자고등중학교 / 지휘: 홍승학
- **등장인물** : 깜장이 형, 깜장이 동생, 곤충.
- **주제** : 매사에는 안전이 제일이다.

- **줄거리**

깜장이 형을 비롯하여 숲속 곤충들이 과일을 따오는 골짜기에는 골짜기를 이어주는 다리가 있었다. 하루는 큰 바람이 불면서 다리가 끊어졌다.

숲속 곤충들이 모여서 다리를 새로 만들기로 하였다. 깜장이 형은 튼튼한

새 열매깍지로 다리를 놓기로 하였다. 하지만 깜장이 동생은 새 열매깍지로 자동차 짐칸을 크게 만들 생각을 하였다. 그리고는 오래된 열매깍지에 색을 입혀서 새것처럼 만들었다. 오래된 열매까지인 줄 모르는 다른 곤충들은 깜장이 동생이 준 열매깍지로 다리를 만들었다. 다리가 완성되고, 곤충들은 다시 골짜기에서 과일을 따오기 시작하였다. 깡총이의 자동차가 다리를 건너는데 오래된 열매깍지로 만든 다리가 무게를 견디지 못하고 중간에서 끊어졌다. 다리가 끊어진 것을 본 깜장이는 잘못을 반성하고 튼튼한 새 열매깍지로 다리를 놓았다.

꾀꼴새가 부른 노래

- **제작** : 조선4·26아동영화촬영소, 2007년
- **시간** : 15분   • **분류** : 만화영화
- **스탭** : 영화문학: 박유라 / 연출: 리철 / 책임미술: 김원일 / 미술: 리문철·림춘일·김명수·강영일·김광춘·한옥순·백만식·김준일·리남철·오명수·홍태혁·최혜성·정광훈·강향미 / 배경: 장순남 / 합성: 홍일남·안경미 / 작곡: 한상철 / 대사: 리은주·장춘옥·원정숙 / 편집: 권은 / 녹음: 강시현 / 채색: 리승희 / 연주: 영화및방송음악단 / 지휘: 장명일 / 가사: 오영옥 / 노래: 장복미·평양률곡중학교 아동음악반 강현주·최명금
- **주제** : 남을 부러워하면서 따라하다가는 자신이 가진 좋은 것을 잃어 버리게 된다.

• 줄거리

숲 속에서 새들이 모여서 노래경연대회를 준비하고 있었다. 꾀꼬리는 예쁜 목소리 덕분에 대표로 선발되었다. 노래연습을 하던 꾀꼬리는 다른 동네 대표 선수는 왜가리가 연습하는 것을 보러 갔다. 꾀꼬리와 왜가리가 노래하는 것을 들은 새들은 꾀꼬리의 목소리를 부러워 하였다. 하지만 꾀꼬리는 왜가리 목소리가 기가 막힌다면서 부러워 하였다. 꾀꼬리는 자기 목소리를 버리고 왜가리가 노래하는 것을 따라 배우려고 연습하였다. 꾀꼬리는 왜가리 목소리를 배우면서 자기의 고운 목소리를 잊어버렸다.

노래경연 대회가 열리고 왜가리, 청제비가 노래를 불렀다. 청제비는 자신의 목소리로 노래를 불러 새들의 환호를 받았다. 꾀꼬리는 차례가 되어서 무대에 올랐다. 꾀꼬리는 자기의 목소리를 버리고 왜가리 목소리로 노래를 불렀다. 꾀꼬리의 예쁜 목소리를 기대했던 동물들은 다들 놀랐다.

새들의 반응을 본 꾀꼬리는 다시 부르겠다고 요청하였다. 꾀꼬리의 요청에 따라 다시 기회가 주어졌지만 자기 목소리를 내지 못하고 왜가리 목소리를 내고 말았다. 심사결과 자기 목소리로 노래를 부른 왜가리와 청제비가 선발되고 꾀꼬리는 떨어졌다. 꾀꼬리에게 친구들이 찾아와 고운 꾀꼬리 목소리로 노래를 부르라고 부탁하였다. 꾀꼬리도 열심히 노력하여 마침내 자기 목소리를 찾아 노래 부르게 되었다.

꾀있는 개미(1부) : 딸기 따는 날

- **제작** : 조선과학교육영화촬영소 아동영화창작단, 1987년
- **분류** : 지형영화
- **스탭** : 영화문학: 김황덕 / 연출: 류충웅 / 촬영: 강기권 / 미술: 리경철 / 작곡: 리경훈
- **등장인물** : 빨간개미, 깜장이(검은개미), 장수풍뎅이.
- **주제** : 튐성(탄력성)의 원리와 응용.
- **특기** : 군중창작현상응모당선작품

- **줄거리**

큰비가 내릴 것이라는 소식을 들은 빨간개미, 깜장이(검은개미), 장수풍뎅이들이 모여 장마철 동안에 먹을 열매를 따러나갔다. 차를 타고 열매를 찾던 개미와 장수풍뎅이는 딸기밭을 발견하였다.

하지만 딸기밭 앞에는 넓은 물웅덩이가 있었다. 장수풍뎅이는 날개를 펴서 날아가 딸기를 실컷 먹었다. 뒤에 남아있던 개미들은 물웅덩이를 건너뛰지 못하였다. 웅덩이를 건널 방법을 생각하던 빨간개미는 풀대의 튐성(튀는 성질)을 생각하였다. 개미들은 풀대를 튐성을 이용하여 차례차례로 웅덩이를 건넜다.

개미들은 딸기밭에 도착하였지만 이번에는 올라가는 것이 문제였다.

딸기 위에 있던 장수풍뎅이는 날개가 없는 개미가 올라와 딸기를 따지 못할 것이라고 생각하였다. 장수풍뎅이는 한잠 자고 나서 딸기를 딸 생각으로 잠을 청하였다.

한편 빨간개미는 높이 올라갈 방법을 생각하였다. 딸기 덩굴이 용수철 모양인 것을 보고는 용수철의 탄성을 이용하여 올라갈 생각을 하였다. 딸기 덩굴의 탄성을 이용해 올라간 개미들이 딸기를 따기 시작하였다. 잠이 들었던 장수풍뎅이는 딸기 따는 소리에 놀라 깨어났다. 장수풍뎅이는 개미들이 딸기를 따놓은 것을 보고 깜짝 놀랐다.

꾀있는 개미(2부) : 무지개다리

- **제작** : 조선과학교육영화촬영소 아동영화창작단, 1988년
- **분류** : 지형영화
- **창조성원** : 영화문학: 서승민 / 연출: 김하벽 / 책임미술: 리경철 / 촬영: 리준기 / 작곡: 리경훈 / 조종: 류숙영 / 대사: 방송연극단 / 연주: 영화및방송음악단 / 지휘: 장조일
- **등장인물** : 장수풍뎅이, 개미, 딱정이.
- **주제** : 힘의 집중과 분산의 원리.
- **특기** : 군중창작 현상응모 당선작품.

- **줄거리**

장마를 앞두고 먹거리를 준비하던 곤충들은 앵두 빨리 실어오기 시합을 벌였다. 딸기 따기에서 망신을 당한 장수풍뎅이는 큰 차로 앵두를 실어 오려고 하였다. 하지만 계곡의 다리 가 끊어져 자동차를 이용할 수 없었  다. 장수풍뎅이는 다른 길로 돌아가서 앵두를 가져오기로 하였다.

하지만 개미는 딱정이와 힘을 모아 무지개다리를 놓기로 하였다. 빨간 개미가 시키는 대로 다리 놓을 재료를 찾으러 갔던 딱정이는 장수풍뎅이 가 곧은 다리를 놓고 지나가는 것을 보았다. 딱정이는 장수풍뎅이가 곧 게 다리를 놓았다면서 곧은다리를 놓고 지나가자고 말한다. 그러나 빨간 개미는 그렇게 해서는 견디지 못한다고 말하였다. 빨간개미가 말렸지만 딱정이는 장수풍뎅이가 놓은 곧은 다리로 건너갔다. 장수풍뎅이와 딱정

이는 빨간개미가 쓸데없이 무지개다리를 놓는다면서 흉을 보았다. 장수풍뎅이와 딱정이가 앵두를 싣고 곧은 다리를 건너자 다리는 무게를 이기지 못하고 무너졌다. 장수풍뎅이는 튼튼하게 지은 다리도 견디지 못하는데, 빨간개미가 놓은 다리는 약해서 금방 무너질 것이라면서 먼 길을 돌아갔다.

다시 앵두를 싣고 돌아오는 길에서 빨간개미가 놓은 무지개다리를 만난 장수풍뎅이는 다리가 무너질까봐 건너지 못하였다. 건너지 못하는 장수풍뎅이를 본 빨간개미가 먼저 차를 몰고 건넜다. 장수풍뎅이는 굵은 나무로 지은 직선다리는 부러지고, 가는 나무로 지은 무지개다리는 왜 부러지지 않는지 궁금해 하였다. 그러자 빨간개미가 힘의 집중과 분산의 원리를 설명해 주었다.

꾀있는 개미(3부) : 물우에 뜬 감자

- **제작 :** 조선과학교육영화촬영소 아동영화창작단, 1989년
- **분류 :** 지형영화
- **창조성원 :** 영화문학: 최태형 / 연출: 류충웅 / 책임미술: 리경철 / 촬영: 강기권 / 작곡: 리경훈 / 조종: 류숙영 / 대사: 방송연극단 / 연주: 영화및방송음악단
- **등장인물 :** 빨간개미, 장수풍뎅이, 물매미.
- **주제 :** 물질(토마토와 감자)의 밀도.

- **줄거리**

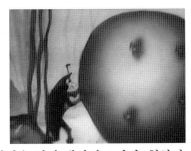

빨간개미가 꽃잎을 타고 가다가 회오리를 만나 물속으로 떨어졌다. 위험에 처하였던 빨간개미는 물매미의 도움을 받아 물 밖으로 나왔다. 물매미는 빨간개미에게 자기는 물속이나 물 밖이나 다 잘 생활할 수 있다면서 어려운 일이 생기면 도움을 청하라고 말하였다.

토마토를 싣고 가던 장수풍뎅이는 굽이길을 돌다 토마토를 떨어뜨렸다. 장수풍뎅이와 물매미는 힘을 합쳐 토마토를 들어 올려보려고 하지만 실패하였다. 이때 빨간개미가 나타나 물의 부력을 이용하여 토마토를 꺼내 주었다.

한편 길을 가던 물매미는 검은개미를 만났다. 검은개미들은 감자를 빠트렸는데, 빨간개미에게 꺼내달라고 부탁하러 가던 길이었다. 물매미는

자기가 꺼내오겠다면서 물속에 들어가 감자를 꺼내보지만 무게를 이기지 못하였다. 이때 빨간개미가 검은개미와 함께 물속에 소금을 넣었다. 물속에 있던 물매미는 갑자기 몸이 가벼워지면서 감자와 함께 물 위로 떠오르기 시작하였다. 물 밖으로 나온 물매미는 자기가 감자를 꺼냈다고 자랑하였다. 하지만 빨간개미가 물질의 밀도의 원리를 이용하였다는 사실을 알고는 빨간개미의 지혜에 감탄하였다.

꾀있는 개미(4부) : 강을 넘겨온 과일물

- **제작** : 조선과학교육영화촬영소 아동영화창작단, 1989년
- **분류** : 지형영화
- **창조성원** : 영화문학: 최태형 / 연출: 김하벽 / 책임미술: 리경철 / 촬영: 강기권 /
  작곡: 한준석 / 조종: 류숙영 / 연주: 영화및방송음악단 / 지휘: 김병선
- **등장인물** : 빨간개미, 물매미, 검은 개미.
- **주제** : 연통관의 원리(수평을 유지하려는 물의 원리).

- **줄거리**

장대비가 내려서 과일물 저장창고
가 있는 섬으로 가는 다리가 끊어졌
다. 불어난 강물로 섬으로 갈 방법이
없어지자 검은개미는 빨간개미에게
도움을 요청하였다. 빨간개미가 방법
을 찾지 못하자 검은개미는 다시 물매미에게 도움을 청하였다.

물매미는 물통으로 하나씩 실어 나르려고 하였다. 한 번 나르고 지친
물매미는 물을 달라고 부탁한다. 검은개미가 물주전자를 가져오자 주전
자를 본 빨간개미는 호스를 이용하여 한 번에 과일물을 나를 방법을 생각
해낸다. 과일물 창고와 호수를 연결하였지만 과일물이 나오지 않았다. 원
인은 과일물통의 위치가 건너편보다 낮았기 때문이었다.

빨간개미가 도르레를 이용하여 과일물통의 위치를 높였다. 그러자, 반
대편으로 과일물이 나오기 시작하였다. 새로운 방법을 보고 놀란 물매미
에게 빨간개미는 아까 물을 마실 때 생각했다고 하면서 아무리 작은 것이
라도 주의깊게 살펴야 한다고 일러 주었다.

꿀꿀이가 마신 보약

- **제작** : 조선4·26아동영화촬영소, 2004년
- **시간** : 16분 • **분류** : 만화영화
- **스탭** : 영화문학: 허정연 / 연출: 리철 / 책임미술: 조정철·정동철 / 미술: 리문철·김성준·백만식·강성민·김영금 / 컴퓨터 배경: 김정수 / 컴퓨터 합성: 안경미 / 작곡: 함철 / 대사: 원정숙 / 편집: 방인영/ 록음: 강시현 / 컴퓨터채색: 독고은희·김경희 / 연주: 영화및방송음악단 / 노래: 평양률곡중학교 / 가사: 오영옥 / 지휘: 장명일
- **등장인물** : 꿀꿀이, 꼴꼴이, 복작노루, 염소선생.
- **주제** : 일상생활에서 식사예절을 잘 지키야 한다.

- **줄거리**

씨름을 잘하는 꿀꿀이는 꽃나무 동산 대표로 대회에 나가게 되었다. 꿀꿀이 가족들은 꽃동산 대표로 나가게 된 꿀꿀이를 자랑스럽게 생각하였다.

가족 식사시간이 되자 동생 꼴꼴이는 어른들이 먼저 식사하기를 기다리지만 꿀꿀이는 할머니가 오기도 전에 먼저 밥을 먹었다. 꿀꿀이의 아버지와 엄마는 오늘 염소선생님과 같이 식사를 하게 되었으니 식사 예절을 잘 지키라고 주의를 주었다. 꿀꿀이 할머니는 염소선생님에게 주라면서 분지보약을 챙겨주었다. 보약을 본 꿀꿀이는 씨름시합에서 힘을 내려면 보약을 먹어야 한다면서 분지보약에 욕심을 냈다.

씨름대회가 열리고 꿀꿀이는 결승까지 오른다. 결승상대는 복작노루였다. 결승을 앞둔 식사시간에 꿀꿀이는 할머니가 염소선생님에게 주라고 한 분지보약을 내놓았다. 꿀꿀이는 염소선생님이 자리를 비운 사이 분지보약을 몰래 마셨다.

복작노루와 결승전이 열리는데, 꿀꿀이의 배가 아파오기 시작했다. 꿀꿀이가 복작노루를 엎어치려는 순간 꿀꿀이는 복통을 호소하면서 쓰러졌다. 병원에 실려 간 꿀꿀이는 복통의 원인이 분지보약 때문이라는 것을 알게 되었다. 분지보약은 소금에 절여 만든 것이어서 꿀꿀이가 마시면 독약과 같은 위험이 있었다. 이후로 꿀꿀이는 아무 것이나 함부로 먹는 식사습관을 고치겠다고 다짐하였다.

꿀꿀이가 만든 연

- **제작** : 조선4·26아동영화촬영소
- **시간** : 10분 **분류** : 만화영화
- **스탭** : 영화문학: 오명철·허정연 / 연출: 박광진 / 책임미술: 조제현 / 촬영: 장철호 / 작곡: 한상철 / 조종: 류숙영·김철호 / 연주: 평양률곡고등중학교 / 지휘: 박미선
- **등장인물** : 꿀꿀이(돼지형), 꼴꼴이(돼지동생), 멍멍이.
- **주제** : 책을 아끼고 소중하게 관리하자.

- **줄거리**

꿀꿀이 동생 꼴꼴이가 연을 만들어 연을 날려보지만 연은 제대로 날지 못하고 떨어졌다. 꿀꿀이는 형 꿀꿀이에게 빨리 연을 만들어 달라고 졸랐다.

꿀꿀이는 꼴꼴이에게 자신이 연을 만드는 동안 혼자 놀라면서 책을 찢어 종이비행기를 만들어 주었다. 연이 완성되자 이번에는 꼴꼴이가 연에다 그림을 그려달라고 졸랐다. 그러자 꿀꿀이는 집에 있는 책을 꺼내 그림을 오려 붙였다. 그리고는 연이 완성되자 연을 만들었던 재료들을 밖으로 아무렇게나 던져 버렸다.

이때 멍멍이가 빌려갔던 책을 돌려주러 왔다. 멍멍이는 책을 깨끗하게 손질해서 돌려주었다. 멍멍이는 꿀꿀이가 만든 연에 붙어 있는 그림이 건강상식 책의 그림이라는 것을 알았다. 멍멍이는 꿀꿀이에게 책의 그림

을 함부로 찢어서는 안된다 충고하면서 책에 다시 붙여 놓으라고 말하였다. 꿀꿀이는 멍멍이의 충고에도 '일 년이 가도 감기 한번 걸리지 않는데, 건강상식이 무슨 소용이냐' 며 무시하였다.

이때 연을 가지고 놀러나가던 꿀꿀이는 멍멍이가 가져온 찰떡을 먹다가 목에 찰떡이 걸렸다. 멍멍이가 건강상식 책을 찾아왔지만 필요한 부분이 오려지고 없었다. 꿀꿀이가 연을 만들기 위해 오려 붙인 바로 그 부분이었다. 꿀꿀이가 연을 찾느라 한바탕 소동이 일어났다. 다행히 멍멍이가 책에서 오려낸 조각을 찾아 맞추었다. 멍멍이는 책에 나온 대로 꿀꿀이에게 식초를 먹여 꿀꿀이를 구하였다. 꿀꿀이는 모든 일이 책을 소중히 여기지 않아서 일어난 일이라며 크게 반성하였다.

꿀꿀이가 본 온도계

- **제작** : 조선과학교육영화촬영소 아동영화창작단, 1985년
- **시간** : 14분 · **분류** : 지형영화
- **스탭** : 영화문학: 림창규 / 연출: 마죽희 / 책임미술: 김관선 / 촬영: 리영호 / 조종: 류숙영 / 작곡: 배용삼 / 대사: 국립연극단 / 연주: 영화및방송음악단
- **등장인물** : 꿀꿀이(돼지), 깡충이(토끼), 염소할아버지.
- **주제** : 온도계는의 특성에 따라서 온도를 재는 방법도 다르다.
- **특기** : 군중창작 현상응모 당선작품.

- **줄거리**

꿀꿀이와 깡충이가 수박씨를 심고 수박모를 튼튼히 키우기로 약속하였다. 수박모를 키우는데 중요한 것은 적절한 온도를 유지하는 것이었다.

수박모판에서 싹이 나오자 꿀꿀이는 온도계를 찾으러 갔다. 온도계를 찾던 꿀꿀이는 체온계를 온도계로 알고 가져왔다. 체온계에는 수박모가 잘 자라는 온도인 25도가 표시되어 있지 않았다. 이때 깡충이가 꿀꿀이의 노트를 가져왔다. 노트에는 꿀꿀이가 온도 재는 방법을 배우는 시간에 졸다가 찍은 콧도장이 찍혀있었다. 깡충이는 꿀꿀이에게 온도계 재는 방법을 가르쳐 주겠다고 하였지만 꿀꿀이는 배우려 하지 않았다.

꿀꿀이와 깡충이는 염소할아버지에게서 기온계(온도계)를 가져오기로

하였다. 꿀꿀이는 토끼와 함께 염소할아버지를 찾아가 기온계를 빌려왔다. 하지만 꿀꿀이는 온도계 보는 방법을 몰랐다. 염소할아버지가 물 온도를 재는 물온도계를 물속에 꽂아 온도를 재는 것을 보고는 염소할아버지가 하듯이 땅에 꽂았다. 깡충이가 공중에 놓고 재어야 한다고 알려주었지만 듣지 않았다.

밤이 되어 온도가 궁금해진 꿀꿀이는 모판 온도를 보려고 기온계를 꺼내 온도를 보았다. 꿀꿀이는 눈금이 잘 보이지 않자, 기온계를 들고 나무 위로 올라가 달빛에 비춰 보았다. 나무 위에 올라가서 본 온도는 5도였다. 꿀꿀이는 급히 이불을 가져다 모판을 덮고는 환기구를 막아 온도를 높였다. 다음날 깡충이가 찾아오자 꿀꿀이는 간밤에 있었던 일을 이야기하였다. 꿀꿀이의 이야기를 들은 깡충이가 모판을 보니 수박모들이 시들어 있었다. 놀라는 꿀꿀이에게 깡충이는 온도계 보는 올바른 방법을 설명해 주었다. 반성하는 꿀꿀이에게 깡충이는 공부를 잘해야 식물도 잘 키울 수 있다고 말한다.

꿀꿀이의 자랑

- **제작** : 조선과학교육영화촬영소 아동영화창작단, 1990년
- **시간** : 14분 **분류** : 인형영화
- **스탭** : 영화문학: 엄성희 / 연출: 사상준 / 책임미술: 강도구 / 조종: 신상철 / 촬영: 김창호 / 작곡: 한준석 / 연주: 영화및방송음악단 / 지휘: 홍승학
- **등장인물** : 꿀꿀이, 꼴꼴이, 할아버지
- **주제** : 진정한 지혜는 교과서에서 배우는 것이 아니라 현실에 맞게 잘 활용하는 것이다.

- **줄거리**

성적증(성적표)을 받은 꿀꿀이는 차등(2등) 한 성적증을 할머니에게 자랑하고 싶었다. 꿀꿀이는 수학만 4점을 받고 나머지는 5점을 받았다. 할머니는 수박따러 밭에 가셨고 할아버지만 있었다.

할아버지는 동산놀이터 건설에 필요한 자재를 장부와 맞추고 있었다. 꿀꿀이는 할아버지를 도와주고 싶었다. 할아버지는 꿀꿀이 형제에게 쇠관과 비닐관의 개수를 세어보라고 시켰다. 꿀꿀이는 무거운 쇠관을 꼴꼴이에게 맡기고 자기는 비닐관을 세기로 하였다. 처음부터 하나씩 세어가던 꿀꿀이는 자꾸 헷갈려서 이런 방법 저런 방법으로 애를 써보지만 쉽게 세지 못하였다. 반면 꼴꼴이는 일을 금방 끝내고 텔레비전으로 축구를 보고 있었다. 얼마후 집으로 돌아온 할아버지는 꼴꼴이에게 개수를

물어보고는 개수를 확인하였다. 그리고는 꿀꿀이를 도와주러 나갔다.

　이런 방법, 저런 방법을 써보던 꿀꿀이는 마침내 쌓아두었던 비닐관을 무너뜨리고 하나씩 세기로 하였다. 이때 꼴꼴이가 왔다. 꼴꼴이는 꿀꿀이에게 처음 있었던 비닐관의 맨 아래 개수와 맨 위의 개수를 물어보고는 간단하게 전체 비닐관의 개수를 맞추었다. 꼴꼴이는 맨 아래 비닐관이 50개이고, 맨 위 비닐관이 1개라는 것을 알고는 51개 × 25단으로 계산하여 1,275개라는 것을 맞추었다. 꼴꼴이는 수학책에 있는 내용이라고 말하였다. 할아버지는 꿀꿀이에게 책을 폭넓게 봐야 공부를 잘할 수 있다고 말하였다.

나무할아버지가 준 선물

- **제작** : 조선4·26아동영화촬영소
- **시간** : 14분 **분류** : 만화영화
- **스탭** : 영화문학: 조상철 / 연출: 김혁철 / 미술: 김명길·리성진·림춘일·김영수 ·리성화·리영일·리원일·강영일·한옥순·황성희·김정환·서철성·손현숙 / 배경: 최춘남 / 작곡: 함철 / 대사: 원정숙·김대홍 / 편집: 권은 / 록음: 강시현 / 연주: 영화및방송음악단 / 지휘: 려명기 / 가사: 오영옥 / 노래: 평양 률곡중학교 아동음악반
- **등장인물** : 반달곰, 나무할아버지, 새.
- **주제** : 많은 것을 주는 나무를 아끼고 사랑하자.

- **줄거리**

반달곰은 나무의 소중함을 모르고 나뭇가지를 함부로 꺾고 다녔다. 벌레잡이 새들이 나무를 함부로 꺾지 말라고 충고하였지만 곰돌이는 듣지 않았다. 벌레잡이 새들에게서 반달곰에 대한 이야기를 들은 나무할아버지는 반달곰을 불렀다. 곰은 자기가 꺾은 것은 아주 작은 나뭇가지 하나일 뿐이라면서, 억울해 하였다. 곰돌이는 나무할아버지에게 가서 억울하다고 말하겠다면서 길을 나섰다.

나무할아버지가 있는 곳으로 가던 곰은 더위를 피하려 나무 그늘에 들어가려 하였다. 그러자 나무는 나뭇가지를 꺾은 아이에게 그늘을 줄 수 없다면서 그늘을 주지 않았다. 또 배가 고파서 사과를 먹으려고 할 때였

다. 열매나무는 나무를 사랑하지 않은 아이에게 열매를 줄 수 없다면서 먹지 못하게 하였다. 또 강을 건너려고 할 때였다. 나무로 만든 배는 곰을 태워주지 않았다. 어렵게 나무할아버지가 있는 곳까지 간 곰돌이는 나무할아버지에게 잘못을 빌었다.

　곰돌이가 잘못을 빌자 나무할아버지는 오는 동안 다른 나무들이 벌을 주었으니 자신은 상을 주겠다면서 온갖 과일과 책을 선물로 주었다. 기뻐하는 곰돌이와 동물친구들에게 나무할아버지는 나무는 맑은 공기도 주고, 홍수도 막아주는 것을 물론 온갖 과일과 종이를 비롯한 유익한 것들을 준다고 알려주었다. 나무가 주는 고마움을 알게 된 곰돌이는 앞으로 나무를 심고, 가꾸고 사랑하겠다고 다짐하였다.

나비와 수탉

- **제작** : 조선과학교육영화촬영소 만화영화제작단, 1977년
- **시간** : 18분   **분류** : 인형영화
- **스탭** : 연출: 리철 / 책임미술: 김명길 / 미술: 성운남·김광춘·허남수·홍태혁·리문철·한옥순·백만식·강향미·림춘일·안영복 / 배경: 장순남 / 합성: 홍일남 / 작곡: 백인선 / 대사: 원정숙·김대홍 / 편집: 권은 / 록음: 강시현 / 화상처리: 한성국 / 채색: 박성옥·안성순 / 행정연출: 정충실 / 연주: 영화및방송음악단 / 지휘: 려명기 / 가사: 오영옥 / 노래: 김 호·평양률곡중학교 아동음악반
- **등장인물** : 노랑이, 개미, 수탉, 개구리.
- **주제** : 자신의 힘을 믿고 지혜를 쓴다면 자기보다 큰 적도 이길 수 있다
- **특기** : 해외에서 호평받은 작품으로 배경음악과 화면의 조화가 뛰어난 작품이다. 김일성이 아동단원들에게 들려준 동화를 바탕으로 제작한 만화영화로 "이 영화는 경애하는 아버지 김일성원수님께서 1930년대 항일유격대원들과 아동단원들에게 몸소 들려주신 동화를 그대로 옮긴 것입니다"는 자막이 나온다.

- **줄거리**

나비들이 살고 있는 꽃동산에 수탉이 찾아와 어지럽혔다. 다른 나비와 달리 노랑이(노란나비)가 나서서 수탉과 싸우기로 결심하였다. 노랑이는 자기를 왕이라고 우쭐대는 수탉에게 덤벼들었다.

수탉은 노랑이를 가소롭게 여기면서 노랑이를 잡아먹으려 하였다. 노랑이는 이리저리 피하면서 수탉의 약을 올렸다. 약이 오른 수탉은 노

랑이의 꾀에 걸려 노랑이를 쫓다가 물에 빠졌다.

노랑이는 수탉이 혼이 났지만 그만두면 다음에 또 올 것이라고 생각하였다. 노랑이는 수탉을 없애기로 결심하고는 몸을 다친 척하여 수탉을 유인하였다. 약이 바짝 오른 수탉은 앞뒤 안 가리고 노랑이에게 덤벼들었다. 노랑이는 수탉의 약을 올리면서 벼랑으로 유인하였다. 잡힐 듯 말 듯한 수탉을 유인하던 노랑이는 벼랑 가까이 가서는 날개를 다친 것처럼 속여 수탉을 벼랑 아래로 떨어뜨렸다. 수탉을 물리친 노랑이는 나비친구들에게 자기 힘을 믿고 머리를 잘 쓴다면 어떤 원수도 물리칠 수 있다고 말하였다.

날개달린 룡마

- **제작** : 조선과학교육영화촬영소 아동영화창작단, 1983년
- **시간** : 60분(2부작)　**분류** : 만화영화
- **스탭** : 각색: 류시철 / 연출: 김준옥 / 책임미술: 김용찬·김택전 / 촬영: 고병화 /
  작곡: 김명희 / 대사: 국립연극단 / 연주: 영화및방송음악단 / 노래: 평양률
  곡녀자고등중학교
- **등장인물** : 첫째아들, 둘째아들, 셋째아들, 장손, 사슴골 노인.
- **주제** : 욕망만 가지고는 일을 이룰 수 없다. 나라를 위해 힘과 재주를 키워야 한다.
- **특기** : 김일성이 이야기하였다는 동명의 설화를 바탕으로 만든 만화영화.

- **줄거리**

　바닷가 마을에 왜적이 쳐들어오는
것을 알려주는 신기한 보석북채와 북
바위가 있었다. 왜적들이 호시탐탐 마
을을 약탈하러 왔지만 그때마다 북 바
위가 울려 왜적을 물리칠 수 있었다.
　왜적들은 북바위가 울리면 몸을 가
누지 못하였다. 북채와 북바위를 지키는 노인에게는 세 아들이 있었다.
큰형은 멧돼지를 때려잡을 정도로 힘이 장사였고, 둘째는 말타는 재주가
비상하였다. 막내는 어렸지만 형들을 보면서 밤낮으로 말타기 연습과 몸
단련을 게을리 하지 않았다.
　어느 날 도적들이 몰래 쳐들어 왔지만 북바위가 울려 왜적들이 정신을
차리지 못하였다. 그 사이 마을사람들은 왜적을 물리쳤다. 형제들도 용

감히 싸웠다. 물러난 왜적들은 북바위 때문에 졌다는 것을 알았다. 왜적들은 동산으로 쳐들어가 보석북채를 부러뜨렸다.

보석북채가 부러지자 마을사람들은 걱정에 빠졌다. 그러자 북지기 아들들이 보석북채를 구해오겠다고 나섰다. 북지기 아들들은 보석북채가 있는 구룡산으로 가는 길을 알려달라고 졸랐다. 북지기 노인은 구룡산으로 가는 길이 너무 험해서 보통 말로는 갈 수 없다고 알려주었다. 이 말을 들은 막내는 사슴골에 용마가 있는데, 용마를 키우는 우물집 노인이 그 용마를 탈 젊은이를 찾고 있다고 알려주었다.

형제는 모두 자기가 가겠다고 나섰다. 토의 끝에 힘 센 맏이가 가기로 하였다. 맏이는 마을 사람들의 배웅을 받으면서 길을 떠났다. 구룡산으로 가는 길은 험난하였다. 험난한 길을 뚫고 사슴 골에 도착하여 용마를 키우는 노인에게 용마를 얻어 타보았다. 하지만 말타는 솜씨가 서툴러 실패하였다.

첫째가 실패하자 둘째가 나섰다. 말을 잘 다루는 둘째는 어렵지 않게 사슴 골에 도착하였다. 말타는 재주가 뛰어난 둘째 역시 용마를 얻는데 성공하였다. 다음날 아침 용마를 타고 떠나는 둘째에게 노인이 북채구하는 방법을 일러주었다. 서른 세 고개 지나면 달맞이 골이 나오는데, 보름달이 뜬 후 가장 먼저 피어나는 달맞이꽃을 꺾어 오되 이슬을 떨어뜨리지 말아야 북채를 구할 수 있다는 것이었다. 쉬지 않고 말을 달린 둘째는 바다처럼 넓은 구룡강에 이르렀다. 둘째가 강을 건너려고 하였지만 강물에 겁을 먹고 주저앉고 말았다.

둘째가 떠난 사이 왜적들이 습격하였다. 왜적들이 침입하자 마을 사람들이 나서서 싸우지만 왜적들을 이기지 못하였다. 왜적의 침략으로 마을이 불타는 가운데 둘째가 돌아왔다. 빈손으로 돌아온 둘째를 보고 막내가 나섰다.

아직 어리다고 말리는 북지기 노인에게 셋째는 '나라를 위해 힘과 재주를 키우면 못할 일이 없다고 하지 않았느냐' 면서 반드시 북채를 가져오겠면서 길을 나섰다. 험준한 범산령을 넘던 중 호랑이를 만난 셋째는 호랑이에게 사정을 이야기 하였다. 셋째의 말을 들은 호랑이는 셋째를 등에 태워 사슴골로 데려다 주었다. 용마를 얻은 셋째는 곧바로 길을 떠났다.

구룡강에 이른 셋째는 강물의 방해를 받았다. 강물이 쏟아내는 천둥과 비바람을 이기지 못하고 쓰러지기도 하였다. 하지만 셋째는 장손할머니의 죽음과 아버지가 했던 말을 떠올리고 용기를 냈다. 힘을 낸 셋째가 용마와 힘을 합쳐 하늘을 날아오르자 셋째를 막았던 강물도 '이제야 용마가 진짜 주인을 만났다면서 어서 구룡산으로 가서 북채를 가지고 왜적을 물리치면서 길을 내주었다. 보름달이 떠오르고, 셋째는 가장 먼저 핀 달맞이꽃의 이슬을 갖고 구룡산에 도착하였다. 셋째는 절벽 위 돌부엉이 머리 위에 달맞이꽃 이슬을 떨어뜨리고 황금열쇠를 얻었다. 열쇠로 문을 열자 온갖 보석이 가득한 보석창고가 나왔다. 보석창고에서 보석북채를 찾은 막내는 용마를 타고 마을로 돌아왔다.

왜적들과 마을사람들이 싸우고 있는 사이에 셋째가 날아와 보석북채로 보석바위를 두드리자 북소리가 울렸다. 왜적들은 북소리에 놀라 혼비백산하고, 마을사람들은 왜적들을 물리쳤다.

셋째가 아버지에게 보석북채를 바치자, 북지기는 천리를 가는 용마가 있어도 힘과 재주와 의지를 갖추어야 힘을 발휘할 수 있다면서 셋째를 칭찬하였다.

남이가 띄운 배

- **제작** : 조선4·26아동영화촬영소
- **시간** : 14분 **분류** : 만화영화
- **스탭** : 영화문학: 심영택(군중문학통신원) / 연출: 김준옥 / 미술: 김인철·리성진
  ·류용일·림춘일·홍태혁·김명일·리성화·김경화·오진전·김영수·김준일
  ·선우희선·김명선·강정심·정광훈·허충혁·박영금·고정숙·리원일·서영이
  / 배경: 김경수 / 합성: 홍일남 / 작곡: 한상철 / 대사: 림운영·오류경·김대
  홍·허경희 / 편집: 권은 / 록음: 박정호 / 연주: 평양영화음악록음소 / 지휘:
  려명기 / 가사: 오영옥 / 노래: 평양률곡중학교 아동음악반
- **등장인물** : 남이, 감시원 할아버지.
- **주제** : 강가와 같이 위험한 곳에서 놀지 말아야 한다.

- **줄거리**

무선으로 조정하는 장난감 배를 갖
게 된 남이가 배를 띄우려 강으로 갔
다. 감시원 할아버지는 남이에게 준
설사업으로 강물이 깊어졌다고 알려
주면서 강에서 놀지 말라고 주의를
주었다.

감시원 할아버지의 말을 들은 남이는 친구들과 함께 물놀이장에 가서
배를 띄워보았다. 물놀이장에서 배를 띄우고 리모컨으로 배를 조정하면
서 놀던 남이와 친구들은 남이의 장난감 배를 부러워하였다. 친구들의
부러움을 산 남이와 친구들은 강으로 가서 배를 띄워보자고 말하였다.
선생님이 강가로 가지 말라고 하였지만 남이는 강물에 들어가지 않을 것

이라면서 강가로 나갔다.

남이는 감시원할아버지가 없는 사이에 강에다 장난감 배를 띄우고 놀기 시작했다. 강에는 오리들도 있었는데, 오리들 때문에 남이의 장난감 배가 뒤집혔다. 남이는 강아지 번개를 시켜서 배를 물어오게 하였다. 강물에 뛰어들어 배를 물어오던 강아지 번개는 오리를 보고는 배를 버리고 오리 떼를 쫓기 시작했다.

장난감 배가 떠내려가자 남이는 배를 잡으러 강물로 뛰어들었다. 하지만 남이는 깊어진 강물에 빠져 나오지 못하였다. 이때 감시원 할아버지가 나타나 남이를 구해 주었다. 감시원 할아버지의 도움으로 물속에서 나온 남이는 다시는 위험한 강가에서 놀지 않겠다고 다짐하였다.

너구리가 만든 잠망경

- **분류** : 인형영화
- **등장인물** : 야옹이, 곰, 너구리, 승냥이, 여우.
- **주제** : 잠망경의 원리, 힘과 지혜를 합하여야 이길 수 있다.

- **줄거리**

　야옹이와 곰, 너구리는 같은 반 친구들이다. 학교 수업을 마치고 야옹이 집으로 간 너구리와 곰은 야옹이집에 도둑이 들었다는 것을 알고는 발자국을 따라 숲으로 쫓아 갔다. 너구리와 친구들은 발자국을 따라 동굴까지 쫓아갔지만 범인을 찾지 못하고 돌아왔다.

　동물친구들은 범인 잡을 계획을 세운다. 곰은 범인을 잡아 혼내주겠다면서 열심히 체력단련을 하고, 너구리는 빛의 반사 원리를 이용하여 잠망경을 만들었다. 너구리는 동네 어귀 감자 구덩이에 숨어 잠망경으로 동정을 살폈다. 잠망경을 이용하여 동정을 살피던 너구리와 야옹이는 여우를 발견하였다. 너구리와 야옹이는 곰에게 여우를 잡으라고 말하였다, 곰은 자기 힘만 믿고 여우에게 덤벼들다 도리어 여우의 함정에 빠졌다. 함정에 빠진 곰을 구하려던 야옹이와 너구리도 같이 함정에 빠졌다.

　너구리와 친구들이 웅덩이에 빠진 것을 본 여우와 승냥이는 커다란 바위로 입구를 막으려 하였다. 위기의 순간 너구리는 잠망경을 이용하여 돌멩이로 승냥이를 맞혀 쓰러뜨리고 함정에서 빠져나왔다. 곰은 승냥이와 여우를 잡아 함정에 넣었다. 너구리와 곰은 지혜와 힘을 합하여 이길 수 있었다고 말하였다.

누가 척척박사일가?

- **제작** : 조선4·26아동영화촬영소
- **시간** : 17분　**분류** : 만화영화
- **스탭** : 영화문학: 강옥화 / 연출: 윤영길 / 책임미술: 리창일·한철 / 콤퓨터합성: 김대훈 / 촬영: 한영철 / 작곡: 한상철 / 미술: 방명국·림춘일·고은철 / 연주: 영화및방송음악단 / 노래: 평양률곡고등중학교 / 지휘: 김산동
- **등장인물** : 잠자리 대장과 곤충, 청개구리, 기름도치.
- **주제** : 컴퓨터를 이용하면 과학하고 정확한 일기예측이 가능하다.

- **줄거리**

벌과 곤충들이 살고 있는 아름다운 푸른 동산에 한 가지 걱정이 있었다. 때 없이 쏟아지는 비바람이 유일한 걱정이었다. 동물들은 홍수를 막기 위해 수문까지 만들어 놓았지만 비바람의 변덕을 예측하지 못하였다.

꿀 따기 할 때가 되자 푸른 동산에서는 날씨를 잘 알아맞힌다는 동물들을 초청하였다. 날씨 맞추기로 소문난 청개구리 박사와 컴퓨터를 이용하여 날씨를 맞추는 기름도치가 초청되었다. 청개구리박사는 하늘의 바람과 식물의 변화로 비가 올 것이라는 것을 알아맞히고, 곤충들의 꿀 따기도 무사히 진행되었다.

꿀 따기가 끝나자 곤충들이 야유회를 가기로 하고 청개구리에게 물어보았다. 청개구리는 당분간 비가 오지 않을 것이라면서 안심하고 야유회를

떠나도 된다고 알려 주었다. 그러나 기름도치는 위성통신을 확인하고는 바다 건너에서 먹구름이 몰려올 것이라며 말렸다. 하지만 청개구리는 비는 며칠 뒤에나 올 것이라고 말하였다. 곤충들은 청개구리 말을 믿었다.

그러나 청개구리의 예상과 달리 갑작스럽게 비바람이 몰려들었다. 비바람이 거세어지고 폭우가 내리면서 수문이 터지게 되었다. 기름도치는 컴퓨터를 이용하여 긴급 신호를 보냈다. 긴급 신호를 받고 출동한 왕게들이 수문을 열었고, 푸른 동산은 범람위기를 면하였다.

날씨를 알아맞추지 못한 청개구리는 타고난 감각만 믿고 컴퓨터를 무시했던 자신이 잘못하였다면서 컴퓨터를 이용한 기름도치야 말로 진짜 척척박사라고 말하였다. 이때부터 푸른 동산 곤충들은 모두 컴퓨터 척척박사가 되었고, 푸른 동산도 살기 좋은 곳이 되었다.

눈이 멀었던 사마귀

- **제작** : 조선4·26아동영화촬영소 아동영화창작단, 1996년
- **시간** : 18분   **분류** : 지형영화
- **스탭** : 영화문학: 김태모·김화성 / 연출: 손종권 / 책임미술: 조제현 / 촬영: 장철호
  / 작곡: 한상철 / 조종: 류숙영 / 연주: 영화및방송음악단 / 노래: 평양률곡
  곡등중학교 / 지휘: 김철의
- **등장인물** : 고슴도치, 사마귀, 7점벌레(무당벌레), 28점벌레(무당벌레).
- **주제** : 지식을 쌓자. 아는 것이 없으면 눈뜬 소경이 된다.

- **줄거리**

고슴도치는 책을 보면서 진딧물 잡
는 방법을 공부하고 있었다. 사마귀
도 열매를 파먹는 진딧물과 벌레들 때
문에 걱정이었다. 고슴도치가 사마귀
에게 전화를 해서 벌레 잡는 새로운
방법을 알려주겠다고 말하였다. 사마귀가 고슴도치 집으로 간다는 것을
알게 된 28점 벌레들도 사마귀를 미행하였다.

사마귀가 고슴도치 집으로 갔더니 고슴도치 오이 밭에 벌레들이 가득
하였다. 하지만 모두 같은 벌레들이 아니었다. 잔등에 점이 일곱 개 찍힌
7점 벌레들이었다. 7점 벌레들은 진딧물을 잡는 이로운 벌레이고, 28점
벌레들은 나쁜 벌레들이었다.

사마귀는 꽃동산에서 '7점 벌레를 데려왔다'는 것을 알고, 꽃동산으로
향한다. 고슴도치는 사마귀에게 책을 가져가서 자세히 공부하라고 충고

하지만 사마귀는 듣지 않았다. 사마귀는 7점 벌레는 좋은 벌레, 28점 벌레들은 나쁜 벌레라고 외우면 된다면서 책을 가져가지 않았다. 28점 벌레들이 등을 7점으로 칠하고 사마귀 앞에 나타났다. 그러자 사마귀는 7점 벌레로 변장한 28점 벌레들을 토마토 밭으로 데려왔다. 28점 벌레들이 토마토를 다 갉아먹고 난 다음에 고슴도치가 보낸 7점 벌레들이 도착하였다. 사마귀는 누가 토마토 밭을 망쳤는지 헷갈려 하면서 고슴도치에게 따졌다. 고슴도치의 말을 들은 사마귀는 토마토 밭으로 돌아와서는 물을 뿌려 7점 벌레와 28점 벌레를 가려낸다. 사마귀는 책을 자세히 읽지 않아 눈 뜬 소경이 되었다면서 반성하였다.

늙은 왕문어

• 제작 : 조선아동영화촬영소 만화영화제작단
• 시간 : 16분   • 분류 : 만화영화
• 등장인물 : 왕문어, 칼고기, 거북이할아버지.
• 주제 : 지식을 쌓자. 아는 것이 없으면 눈뜬 소경이 된다.

• 줄거리

바닷속 깊은 곳에 왕문어 사진이 떨어지자 물고기들이 모여서 왕문어 정체를 궁금해 하였다. 칼고기는 다리가 8개인 것을 보고는 왕문어라는 것을 알아챘다.

칼고기는 거북이할아버지에게서 왕문어가 나쁜 물고기라는 것을 들었다면서 조심시킨다. 칼고기는 왕문어가 나타나면 칼 같은 부리로 찔러서 물리치겠다고 말하였다. 그러자 다른 물고기들도 왕문어가 나타나면 각자의 재주를 가지고 왕문어와 맞서겠다고 하였다.

하지만 복어는 왕문어가 착한 물고기라고 주장하였다. 복어는 예전에 상어에게 쫓긴 적이 있었는데, 문어가 나타나 상어를 물리쳐 주었던 적이 있었다. 사실 문어는 복어보다 상어가 커서 욕심을 낸 것이었는데 복어가 자기를 도와주려는 것으로 생각했던 것이었다.

왕문어는 물고기를 잡아먹으러 호시탐탐 기회를 노리고 있었다. 마침 칼고기가 지나가자 왕문어는 칼고기를 잡아먹으려고 덤볐지만 실패하였다. 칼고기는 다른 물고기들에게 왕문어가 나타났으니 혼자 있지 말라고 주의를 주었다. 칼고기가 이웃마을에도 왕문어가 나타났다는 것을 알려주러 간 사이에 왕문어는 꾀를 냈다. 왕문어는 스스로 자기 다리를 자른 다음 상어로부터 복어를 지켜주려다가 다리를 다쳤다고 하면서 물고기들에게 접근하였다.

왕문어는 물고기들에게 멋있는 변신술을 보여주겠다면서 물고기들을 동굴로 꾀어낸다. 칼고기가 나타나 속지 말라고 말하였지만 물고기들은 칼고기의 말을 듣지 않았다. 동굴로 물고기를 꾀어낸 문어는 물고기들에게 덤벼들었다. 왕문어의 속셈을 알아챈 물고기들은 각자 자기가 가진 재주로 왕문어에 맞서 싸웠다. 복어는 왕문어가 어떤 놈인지 제대로 알지 못하고 아는 척했다가 큰일 날 뻔했다면서 후회하였다.

다시 돌아온 곰

- **제작** : 조선과학교육영화촬영소 아동영화창작단, 1987년
- **시간** : 19분 · **분류** : 만화영화
- **스탭** : 영화문학(각색): 박태숙 / 연출: 손종권 / 촬영: 고병화 / 책임미술: 김종철
  · 김영철 / 작곡: 김명희 / 대사: 방송연극단 / 영화: 영화및방송음악단 / 노
  래: 평양률곡여자고등중학교 / 지휘: 리수명
- **등장인물** : 꼬마 곰, 개구리, 토끼.
- **주제** : 근면하고 부지런하게 살아야 한다.

- **줄거리**

  어느 깊은 산 속에 집을 잘 가꾸지 않고 살아가는 게으른 꼬마 곰이 있
  었다. 아궁이가 막혀 연기는 집으로 나왔고, 집 앞의 풀도 뽑지 않아 집
  을 찾기도 어려울 지경이었지만 고치지 않았다. 보다 못한 토끼가 기와
  를 가져다 주었지만 그대로 쌓아 둘 뿐 고치려 하지 않았다. 게으른 곰은
  연기 나는 굴뚝을 부엌 쪽으로 옮기면 연기가 나지 않을 것이라고 생각
  하고는 굴뚝을 부엌으로 옮겨 버렸다. 굴뚝을 옮긴 곰은 아궁이 불을 지
  피려 하였지만 환기가 제대로 되지 않았다. 아궁이에서 나온 불이 마당
  에 가득한 풀로 옮겨 붙었다. 다행히 비가 내려서 더 이상 번지지는 않았
  지만 큰일 날 뻔 했다.

  비가 오자 꼬마 곰은 집안 침대에만 누워 있었다. 침대에 누워 천장에
  먹을 것이 든 자루를 매달아 놓고 떨어뜨려 먹으면서 집 밖을 나가려 하
  지 않았다. 비가 며칠 동안 계속 내렸다, 집안이 물로 가득찼다. 개구리
  들이 들어와 수영을 할 정도가 되었지만 별다른 대비를 하지 않았다. 그

러다 마침내 집이 무너졌다.

비가 개자 토끼가 꼬마 곰의 집으로 찾아와서 집 고치는 것을 도와주었다. 토끼는 꼬마 곰에게 기둥감을 베어 오라고 말하였다. 산으로 기둥감을 구하러 간 꼬마 곰은 산 속에서 구새통(한쪽은 막혀있고, 반대편은 뚫린 속이 빈 통나무)을 발견하였다. 꼬마 곰은 뚫린 쪽에 문짝을 달면 겨울 동안 지낼수 있다고 생각을 하였다. 그리고 무너진 집에서 문짝을 가져왔다.

구새통에 문짝을 달려고 하는데, 속에서 여우가 나왔다. 그 구새통은 여우가 굴뚝감으로 쓰려고 하였던 통나무였다. 여우가 굴뚝감으로 쓰겠다면서 베어 가려고 하였다. 꼬마 곰은 굴뚝감을 찾아 주겠다고 약속하고는 구새통을 얻어왔다.

꼬마 곰은 구새통에 문짝을 달고는 그 속에서 잠을 자면서 세월을 보냈다. 시간이 흘러 어느덧 여름이 가고 겨울이 되었다. 찬바람이 불면서 어설프게 매달아 놓은 문짝이 떨어졌다. 하지만 꼬마 곰은 고쳐달 생각도 하지 않고, 문짝을 몸에 묶어 두었다. 그때 갑자기 큰 바람이 불면서 꼬마 곰은 문짝과 함께 날아가 눈구덩이 속으로 떨어졌다.

문짝을 지고 집도 없이 눈보라 속을 헤매던 꼬마 곰은 토끼의 집을 찾아갔다. 토끼는 꼬마 곰을 반갑게 맞아주었다. 꼬마 곰은 게을렀던 자신의 잘못은 뉘우쳤다. 꼬마곰은 부지런히 집을 가꾸는 착한 곰이 되겠다고 결심하였다.

달나라 만리경

- **제작** : 조선과학교육영화촬영소 아동영화창작단
- **시간** : 19분 **종류** : 지형영화
- **스탭** : 영화문학(각색): 조상철 / 연출: 류충웅 / 촬영: 고병화·강기권 / 미술: 림병채 / 작곡: 류숙영
- **등장인물** : 토끼형제, 토끼대왕, 어린 사슴, 승냥이.
- **주제** : 맑은 아침의 나라 북쪽이 살기 좋다.
- **특기** : 아동영화로는 드물게 정치성이 반영된 작품이다. 형토끼를 통하여 남북을 대비하여, 이 세상에서 가장 살기 좋은 나라는 맑은 아침의 나라 북쪽 땅이라는 것을 강조한다.

- **줄거리**

달나라에 살고 있는 토끼형제가 토끼의 병을 고치는 '월계향'이란 약을 찧고 있었다. 월계향은 토끼의 병을 고치는 명약으로 토끼형제만이 만들 수 있는 약이다. 세상에서 제일 살기 좋은 나라가 어딘지를 연구하다 병이 든 토끼박사 할아버지의 병도 월계향으로 고쳤다. 토끼박사를 본 토끼형제들은 '우리 달나라보다 좋은 나라가 있겠느냐'면서 자신들이 하는 일을 자랑스러워 하였다.

그러던 어느 날 동생토끼가 병에 걸렸는데, '월계향'을 먹어도 낫지 않았다. 약이 몸에 익어서 듣지 않았던 것이었다. 달나라에서 회의가 열렸다. 토끼박사는 맑은 아침의 나라에 동생토끼를 고칠수 있는 약초가

많다고 알려주었다. 그러자 형토끼가 약초를 구하겠다며 떠나갔다.

형토끼는 토끼대왕이 준 구슬을 갖고 구름을 타고 맑은 아침의 나라에 도착하였다. 하지만 토끼박사가 말했던 것과는 많이 달랐다. 숲은 황폐화고, 동물들은 굶주려 있었다. 이때 총소리가 나면서 승냥이가 쫓아왔다. 형토끼는 잿빛토끼의 도움으로 위기를 면하였다. 잿빛토끼는 남쪽 땅의 모든 불행이 승냥이 때문이라고 일러 주었다. 잿빛토끼의 엄마도 약초를 구하려고 철조망을 넘다가 죽었다는 사실도 알게 되었다. 형토끼가 본 맑은 아침의 나라 남쪽 땅에는 철조망이 있었고, 공기는 공장연기로 오염되어 숨도 제대로 쉴 수 없었고, 물도 오염되어 마실 수 없었다. 동물들은 제대로 살지 못하고 하루에도 많은 짐승들이 죽어나갔다.

간신히 승냥이를 피하여 달나라로 돌아온 형토끼는 대왕토끼에게 있었던 일을 말하였다. 형토끼의 말을 들은 토끼박사는 맑은 아침의 나라를 다시 연구한 결과를 알려주었다. 맑은 아침의 나라는 남북으로 나뉘어져 있는데, 형토끼가 남쪽을 다녀온 것 같다고 말하였다. 동생의 병이 다시 위급해지자 형토끼는 다시 맑은 아침의 나라 북쪽으로 내려왔다.

형토끼가 내려온 맑은 아침의 나라 북쪽 땅은 달랐다. 맑은 물이 흐르고, 푸르고 아름다운 숲이 있었다. 이때 총소리가 났다. 놀란 토끼가 몸을 피하려다가 남쪽 땅에서 만났던 잿빛토끼를 만났다. 잿빛토끼는 총소리가 체육대회에서 울리는 소리라면서 놀라지 말라고 말하였다. 잿빛토끼는 철조망을 넘어 북쪽을 넘어왔고, 맑은 아침의 나라 북쪽짐승들이 잘 맞이해 주어서 행복하게 살고 있다고 하였다.

잿빛토끼에게서 달나라 토끼의 이야기를 들은 맑은 아침의 나라 북쪽

친구들은 약초를 구해 주었다. 형토끼가 토끼대왕이 준 구슬을 답례로 주려하였다. 잿빛토끼는 '이곳에서는 약값을 받지 않는다'면서 받지 않았다. 달나라 토끼는 잿빛토끼와 여러 친구들의 배웅을 받으면서 약초를 하나 가득 싣고는 달나라로 돌아왔다.

달나라로 돌아온 형토끼는 맑은 아침의 나라 북쪽에서 있엇던 일을 이야기 하였다, 그리고 북쪽에서 얻어 온 약초를 펼쳐 놓고는 이 많은 약초를 무료로 주었다고 하면서 맑은 아침의 나라 남쪽은 지옥과 같았지만 북쪽은 천국과 같았다고 말하였다.

달콤한 귀속말

- **제작** : 조선4·26아동영화촬영소
- **시간** : 18분 **분류** : 인형영화
- **스탭** : 영화문학: 리국화 / 연출: 리종호 / 촬영: 서광 / 조종: 신상철·김은영 / 미술: 강룡남·리성갑·사상근·장대렬 / 합성: 황미옥·맹순정 / 작곡: 함철 / 대사: 원정숙·림복희 / 편집: 방인영 / 록음: 강시현 / 조명: 강성락 / 연주: 영화및방송음악단 / 지휘: 려명기 / 가사: 오영옥 / 노래: 평양률곡중학교 아동음악반
- **등장인물** : 벼알(볍씨), 참새, 들쥐.
- **주제** : 달콤한 말에 속아 경계를 게을리 해서는 안 된다.

- **줄거리**

'벼알들의 집'에서 수많은 풍년씨앗들이 포전(논이나 밭)으로 나갈 준비를 하고 있었다. 풍년씨앗들이 머물고 있는 '벼알들의 집' 주변에는 참새가 호시탐탐 잡아먹을 기회를 노리고 있었다.

풍년씨앗 중에서 알찬이는 놀기만 좋아하고, 일과표 대로 하기를 싫어하였다. 알찬이가 일과표 대로 하기 싫어한다는 사실을 알아 낸 참새는 알찬이를 꾀어낼 궁리를 하였다. 그날 저녁 '벼알들의 집'으로 들쥐가 쳐들어가는 것을 본 참새는 들쥐와 함께 알찬이를 꾀어낼 계획을 세웠다.

다음날 아침 씨앗들이 체조하러 나간 사이에 참새는 알찬이를 밖으로

나오라고 꾀어냈다. 참새의 꾀임에 속은 알찬이는 공기구멍을 통해 밖으로 나왔다. 알찬이가 참새를 보고 놀라자 참새는 자신은 참새가 아니라 착새라고 속였다. 그리고 알찬이가 들쥐에게 쫓기자 구해주었다. 들쥐와 참새가 한 패라는 것을 모르는 알찬이는 자기를 구한 새가 참새가 아니라 착새라고 믿었다. 알찬이는 참새와 함께 신나게 놀다가 들어갔다.

몰래 밖으로 나가 참새와 놀다 들어온 알찬이는 다음날에도 참새와 함께 놀았다. 참새는 알찬이를 등에 태우고 하늘을 날면서 산너머 꽃동산에서 굉장한 잔치가 벌어지고 있다면서 친구들과 함께 구경하지 않겠느냐며 꾀어냈다. 참새에게 속은 알찬이는 친구들에게 잔치를 보러 가자고 말하였다.

알찬이의 친구 길쭉이는 밖에는 참새와 들쥐같은 짐승들이 우리를 노리고 있다고 말하면서 세상에 착새 같은 새는 없다고 알려주었다. 친구들을 데려오지 못한 알찬이가 혼자 나와서 참새에게 잔치에 구경가자고 말하였다. 알찬이가 혼자 온 것을 본 참새가 본색을 드러내면서 알찬이에게 덤볐다.

한편 알찬이가 나간 사이 길쭉이와 친구들은 알찬이가 분명 참새에게 속은 것이라고 생각하고는 그물포를 준비하고 알찬이를 찾아 나섰다. 참새를 피해 도망하던 알찬이가 들쥐 구멍으로 들어갔다가 들쥐에게 잡혔다. 알찬이를 잡은 들쥐가 혼자 먹겠다고 욕심을 부리자 참새가 달려들어 알찬이를 빼앗아 갔다. 알찬이를 빼앗은 참새는 '벼알들의 집' 앞에서 알찬이를 괴롭히면서 '벼알' 들을 불러냈다. 그때 길쭉이가 그물포를 준비해서 참새를 사로잡았다. 살아난 알찬이는 어리석었던 자신의 행동을 후회하고 잘못을 빌었다.

덕만이와 쇠돌이

- **제작** : 조선4·26아동영화촬영소, 1999년
- **시간** : 29분 **분류** : 만화영화
- **스탭** : 각색: 최대형·김수화 / 연출: 김영철 / 책임미술: 김인철·계훈 / 촬영: 한영철·전광훈 / 작곡: 김성희 / 미술: 권영길·김정훈·강성민 / 연주: 영화및방송음악단 / 노래: 평양률곡고등중학교 / 지휘: 박미선
- **등장인물** : 덕만이, 쇠돌이.
- **주제** : 열심히 공부해야 나라를 지킬 수 있다.

- **줄거리**

친구 사이인 덕만이와 쇠돌이는 열심히 공부하여 커서 훌륭한 사람이 되자고 약속하였다. 쇠돌이는 동네 친구들이 물고기를 잡으러 가자고 해도 공부를 하겠다고 결심했다. 하지만 아이들이 강에서 큰 물고기를 잡아오는 것을 보고는 숙제도 미루고 고기를 잡으러 강으로 나갔다. 하지만 쇠돌이의 친구 덕만이는 왜적에게 돌아가신 아버지의 말씀을 생각하면서 한눈팔지 않고 공부를 계속하였다.

밤늦게까지 물고기를 잡다가 돌아온 쇠돌이는 덕만이에게 숙제를 보여 달라고 조르다 잠이 들었다. 다음날 큰 비가 내리고 강물이 불어났다. 덕만이는 불어난 강물을 헤치고 서당으로 갔다. 덕만이는 빗속에서도 책이 젖지 않도록 감싸고 서당으로 갔다. 하지만 쇠돌이는 덕만이가 불어난 강물 때문에 강을 건너지 못했을 것이라고 생각하고는 서당 가는 것

을 포기하고 돌아왔다. 덕만이는 장차 큰 인물이 되겠다고 결심하고 열심히 공부하였지만 쇠돌이는 점점 공부하기를 싫어하면서 숙제도 하지 않았다.

훈장선생님은 아이들을 데리고 성을 쌓는 곳으로 가서 아버지들이 성을 쌓는 것을 보여주면서 왜적에 대한 방비를 튼튼히 해야한다고 일러주었다. 선생님의 말씀을 들은 덕만이는 자연산천을 꼼꼼하게 살피면서 앞날을 위해 준비를 하였다. 하지만 쇠돌이는 산을 살피러 다닌다고 하면서 밤이나 까먹고 다람쥐나 잡아 오면서 지형지물 살피기를 게을리 하였다. 훈장선생님은 바다건너에서 왜적들이 호시탐탐 침략의 기회를 노리고 있다면서 곧 나라를 위한 인재를 뽑을 것이니 준비를 잘하라고 일러주었다.

세월이 흘러 청년이 된 쇠돌이와 덕만이는 인재를 구하는 시합에 참가하였다. 덕만이는 일등으로 합격하였다. 덕만이는 장수가 되어서 왜적들을 물리치고 방어사가 되어서 고향으로 돌아왔다. 한편 쇠돌이는 시험에 떨어지고, 고향으로 돌아와 병장기를 만들고 있었다. 방어사가 된 덕만이가 왜적의 침략을 대비하여 성을 쌓고 있을 때, 왜적이 쳐들어 올 준비를 하고 있다는 정보가 접수되었다. 덕만이는 거중기를 만들어 빠른 속도로 성을 쌓아 올렸다. 또 덕만이는 바닷가 모래를 파고, 성을 높이 쌓아 왜적의 침입에 대비하였다.

덕만이는 쇠돌이에게 왜적이 쳐들어 왔을 때 위험을 알릴 수 있는 커다란 종을 만들 것을 부탁하면서 종을 만드는 방법이 적힌 책을 주었다. 쇠돌이는 종을 만드는데 별 방법이 있겠느냐고 하면서 책을 보지도 않고 그냥 쇠를 녹여 종을 만들었다. 왜적이 쳐들어왔다. 쇠돌이는 종을 쳐서 마을 사람들에게 알리려 하였다. 하지만 종소리는 멀리 퍼지지 않았고, 종도 깨졌다. 급한 마음에 쇠돌이는 마을사람들에게 왜적이 쳐들어 왔다는 사실을 알리러 나가다가 화살을 맞고 쓰러졌다. 다행히 소식을 듣고 온 덕만이가 왜적을 물리쳤다. 도망갔던 왜적들이 다시 쳐들어 왔지만 덕만의 지략에 걸려 크게 패하고 물러갔다.

왜적이 물러 간 다음 쇠돌이는 종을 잘못 만든 죄로 끌려왔다. 덕만이는 쇠돌이에게 자신이 제대로 된 종을 만들도록 감독을 잘해야 하는데 잘못했다고 하면서 용서하였다. 그리고는 다시 종을 만들라고 지시하였다. 자신의 잘못을 크게 뉘우친 쇠돌이는 밤낮으로 열심히 공부를 하여 멀리까지 소리가 퍼지는 훌륭한 종을 만들었다.

두 번째 경기

- **제작** : 조선4·26아동영화촬영소
- **시간** : 22분 **분류** : 3D 입체영화
- **스탭** : 영화문학: 최인성·김화성 / 연출: 김광성 / 책임미술: 김인철·정동철
- **등장인물** : 산양, 곰돌이.
- **주제** : 컴퓨터를 잘 이용하여 과학적으로 일을 하자.
- **특기** : 컴퓨터를 활용하여 권투시합에서 승리를 거둔다. 아동영화에서 컴퓨터 활용의 중요성을 강조한 아동영화로 컴퓨터를 이용한 3D 입체 영화이다.

- **줄거리**

동물들이 참가한 권투시합인 1차 은방울꽃 경기대회가 끝나고 시상식이 열렸다. 곰이 1등을, 산양이 2등을 하였다. 감나무 동산의 곰과 소나무 동산의 산양이 2차 대회를 앞두고 있을 때였다. 1등한 곰은 우쭐거리면서 연습을 게을리 하였다. 반면 1차 대회에서 2등을 한 산양은 단단히 준비를 하였다. 곰은 샌드백을 두들기면서 열심히 연습할 때, 산양은 컴퓨터에 앉아 지난 번 경기를 분석하고, 대비하였다.

지난 경기를 분석한 결과 산양은 파괴력은 곰보다 못하지만 가격횟수가 많고, 속도가 빠르다는 것을 알았다. 산양은 자신의 주특기를 이용하여 '빠른 이동을 통해 불의의 타격을 한다면 이길 수 있다'고 판단하고 구체적인 전략을 세웠다. 반면 곰은 산양이 컴퓨터를 이용하여 훈련한다는 소식을 듣고서도 쓸데없는 짓을 한다면서 무시하였다. 곰은 자신의 힘만 믿고는 연습을 게을리 하고, 컴퓨터로는 게임만 하였다.

144

2차 경기가 열렸다. 1회전에서 곰은 오른손 곧추치기(스트레이트)를 주무기로 경기를 압도하였다. 산양은 2회전부터 곰이 오른손 곧추치기를 중심으로 나올 것을 알고는 전략대로 빠른 발로 불의의 타격을 가하여 다운까지 빼앗았다. 곰은 3회전에서 승리를 자신하였지만 산양의 빠른 발과 펀치를 이기지 못하고 패하였다. 산양은 곰을 찾아와 컴퓨터를 활용하여 이겼다고 말하면서 이제는 과학적으로 일을 해야 더 높이 올라설 수 있다고 하였다.

등줄토리가 일으킨 소동

- **제작** : 조선4·26아동영화촬영소
- **시간** : 15분 **분류** : 3D 입체
- **스탭** : 영화문학: 최인성 / 연출: 리종호 / 촬영: 서광 / 조종: 신상철·김은영 / 미술: 김은하·김형주·리성갑·고성길·장대렬 / 합성: 황미옥·맹순정 / 작곡: 백은호 / 대사: 원정숙·송영숙 / 편집: 방인영 / 록음: 강시현 / 조명: 강성락 / 연주: 영화및방송음악단 / 지휘: 허상혁 / 가사: 오영옥 / 노래: 평양률곡중학교 아동음악반
- **등장인물** : 만년필아저씨, 구리, 동선(동으로 만든 전선).
- **주제** : 전선의 재질과 저항의 관계.
- **특기** : 만년필, 전기코일 등의 전기 실험도구가 등장한다.

- **줄거리**

전기지식 판단실에 전기로 움직이는 멋진 기차가 도착하였다. 자료실의 꼬마들이 전기기차를 보려고 모였다. 기차는 전기로 움직이는 기차였는데 아직 전기선을 연결하지 않아서 기차를 탈 수 없었다.

실험실의 만년필 아저씨가 연락을 받고 급하게 나가면서, 자료실 친구들에게 가만히 있으라고 주의를 주었다. 하지만 자료실 꼬마들은 전기선을 연결하고는 전기를 보냈다. 전선을 연결하고 전기를 넣자, 꼬마 기차는 궤도를 따라서 힘차게 움직이기 시작하였다.

표본실 친구들이 움직이는 기차에 올라 한 바퀴를 돌았을 때였다, 구

리로 연결한 전선이 끊어졌다. 구리선이 끊어지자 동선이 나서서 동선끼리 연결하면 된다면서 굵기가 다른 동선을 연결하고 다시 전기를 보냈다. 다시 전기가 통하고 기차도 다시 움직였다. 기차가 돌아가자 친구들도 다시 기차에 올라탔다.

여러 친구들을 태우고 기차가 움직이자 동선이 빨갛게 달아올랐다. 동선은 열을 이기지 못하고 끊어졌다. 동선이 끊어지면서 불이 붙었다. 다행히 만년필 아저씨가 돌아와 불을 끄면서 큰불로 이어지지는 않았다. 만년필 아저씨는 성질이 다른 전선을 잇거나 같은 종류의 금속이어도 굵기가 다른 것을 이으면 저항이 생겨서 불이 날 수 있다는 사실을 알려주었다. 그제서야 동선은 자기가 무엇을 잘못했는지 알게 되었다.

따라 앞선 배

- **제작** : 조선과학교육영화촬영소 아동영화창작단
- **시간** : 10분 · **분류** : 인형영화
- **스탭** : 영화문학: 조용관(영화문학통신원) / 연출: 김하벽 / 책임미술: 리경철 / 촬영: 김광철 / 작곡: 신근철 / 조종: 신상철·김은영 / 연주: 영화및방송음악단 / 노래: 평양률곡고등중학교 / 지휘: 박미선
- **등장인물** : 흰개미, 빨간개미.
- **주제** : 물체의 무게와 속도관계.

- **줄거리**

흰개미와 빨간개미들이 모여 물체와 속도에 대한 이야기를 하고 있었다. 다른 개미들은 가벼운 것이 빠르다고 말하였지만 빨간개미는 내리막길에서는 무거운 것이 빠르다고 말하였다.

이때 사마귀와 물매미의 권투경기가 벌어진다는 소식이 전해지고, 친구들은 권투시합장으로 향하였다. 30분밖에 남지 않았다. 경기시간에 맞추어, 개미친구들은 급히 시합장으로 가야 했다. 빨간개미가 오토바이를 가지러 간 사이, 깜장개미가 오토바이를 타고 나타나 개미 친구들을 태우고 출발하였다.

먼저 출발한 깜장개미가 앞서 갔지만 나중에 출발한 빨간개미가 앞질러 나갔다. 빨간개미의 오토바이에는 친구들이 타고 있지 않아서 빨리갈

수 있었던 것이었다. 깜장개미는 빨간개미에게 친구들을 나누어 태우자고 말하였다. 그러자 빨간개미는 곧 내리막길이니까 빨리 갈 수 있다면서 그냥 갔다. 하지만 깜장개미는 빨간개미의 말을 믿지 않았다. 오토바이가 고장났다고 친구들을 속였다. 친구들이 오토바이에서 내리자 깜장개미는 친구들이 버려두고는 혼자 오토바이를 타고 경기장으로 향하였다. 한편, 앞서가던 빨간개미는 언덕에서 친구들을 기다리다 깜장개미가 혼자 가는 것을 보고는 되돌아가서 친구들을 태우고 깜장개미를 따라나섰다.

깜장개미가 먼저 나루터에 도착하였다. 강을 거슬러 가야 하는데, 노가 없었다. 깜장개미가 배를 타고 먼저 출발하였다. 뒤이어 쫓아온 빨간개미도 친구들과 함께 오토바이를 타고 배에 올랐다. 빨간개미와 친구들이 탄 배는 빠른 속도로 깜장개미를 추월하였다. 권투경기가 시작한 다음에 도착한 깜장개미는 빨간개미에게 발동선을 타고 오면서 왜 자기를 태워주지 않았느냐고 따졌다. 빨간개미는 발동선을 타고 온 것이 아니라 무게를 무겁게해서 내려오는 힘을 이용한 것이라고 설명해 주었다.

딸기 따는 날 있은 일

- **제작** : 조선과학교육영화촬영소 아동영화창작단, 1994년
- **시간** : 13분 **분류** : 인형영화
- **등장인물** : 꽉꽉이(오리), 꼬꼬댁(닭), 여우.
- **주제** : 어려울 때 돕는 친구가 진정한 친구이다.

- **줄거리**

　오리(꽉꽉이)와 닭(꼬꼬댁)이 산딸기 밭으로 가고 있었다. 강물을 만나자 닭을 건네 주었다. 강물을 건너 들판을 갈 때였다. 걸음이 빠른 닭은 들판에서 빨리 걸었지만 다리가 짧은 꽉꽉이는 오리걸음으로 한 걸음씩 뒤뚱거렸다.

　비가 올 것 같은 날씨에 조바심이 난 닭은 오리에게 빨리 가자고 재촉하였다. 도중에 외나무다리를 만나자 닭은 한 달음에 날아서 건너갔다. 하지만 넓적다리를 가진 오리는 건널 수가 없었다. 오리는 닭에게 먼저 가라고 말하고는 길을 돌아갔다. 오리가 딸기 밭에 도착하고 보니 여우가 닭을 잡아먹으려 하였다. 여우를 피하여 도망치던 닭은 여우가 쫓자오자 오리를 남겨두고 도망쳤다. 오리는 여우에게 잡힐 뻔 하였지만 다행히 여우가 돌부리에 걸려 넘어지는 바람에 가까스로 도망쳤다. 오리가 강물로 뛰어 들자 오리를 놓친 여우가 닭을 잡아먹으려고 덤볐다. 그러자 오리는 닭을 구하고 여우를 속여 물로 빠뜨렸다. 여우가 물속에 빠지자 오리는 여우 다리를 잡아 당겨 여우를 죽였다. 목숨을 구한 닭은 오리에게 용서를 구하였다. 둘은 더욱 친하게 지내게 되었다.

령리한 너구리

령리한 너구리는 조선과학교육영화촬영소 아동영화창작단에서 창작한 북한의 대표적인 아동영화이다. 독립된 주제의 여러 이야기로 만들어진 시리즈 물로 어린이를 위한 교양과학 종합세트라고 할 수 있다. 너구리, 야옹이, 곰돌이 세 친구가 나와서 과학기술이나 수학 원리를 현실문제에 응용하여 해결한다는 주제를 담고있다.

령리한 너구리(1부) : 스키경기

- **제작** : 조선과학교육영화촬영소 아동영화창작단
- **시간** : 10분   • **분류** : 만화영화
- **스탭** : 영화문학: 김광성 / 연출: 김광성 / 책임미술: 김용찬 / 촬영: 강태영 / 작곡: 김명희 / 연주: 영화및방송음악단
- **주제** : 관성과 가속도의 원리.

- **줄거리**

스키경기가 열리자 너구리와 곰돌이, 야옹이가 참가하여 시합이 벌어졌다. 스키경기는 산을 넘고 수림지대를 지나 얼음산 벼랑 위에 있는 조롱박을 먼저 따오는 것이었다.

경기가 시작되고, 곰돌이와 야옹이가 쏜살같이 내달리고 너구리도 열

심히 따라갔다. 세 선수들은 산을 날아 넘고 눈을 뚫고 나가면서 앞을 다투었다. 날쌘 야옹이는 눈 덮인 산을 날아오르고, 곰돌이는 눈덩이를 힘으로 통과하였다.

선수들을 응원하는 응원단들도 헬리콥터를 타고 선수들을 따라 다니면서 음식도 주고 격려도 하면서 열심히 응원하였다. 야옹이와 곰돌이가 앞을 다투는데, 너구리가 혼자 뒤떨어졌다. 심판들도 헬리콥터를 타고 다른 선수들의 상황을 알려주었다.

세 선수가 최종 목적지에 도착하였다. 최종과제는 반달형 얼음 벼랑위에 있는 조롱박을 따는 것이었다. 야옹이와 곰돌이는 얼음 절벽을 기어 조롱박을 따려고 하였지만 실패하였다. 야옹이와 곰돌이는 풍선을 이용하여 올라가려고 하기도 하고, 머플러를 풀어 스키폴 대 뒤에다 묶고는 절벽위로 쏜 다음 끈을 잡고 올라가려 해보지만 실패한다. 너구리는 언덕 위에서부터 스키를 타고 빠른 속도로 내려와서는 반달형 얼음절벽 위로 올라가면서 조롱박을 따는데 성공하였다. 관성의 원리를 이용하여 조롱박을 딴 것이었다.

령리한 너구리(2부) : 높이재기

- **제작** : 조선과학교육영화촬영소 아동영화창작단
- **시간** : 13분 **분류** : 만화영화
- **스탭** : 영화문학: 김용권 / 연출: 림홍은 / 책임미술: 인영욱 / 촬영: 리영호 / 작곡: 김명희 / 대사: 방송연극단 / 연주: 영화및방송음악단 / 노래: 평양률곡녀자고등중학교 / 지휘: 장조일
- **주제** : 수학의 비례원리를 이용한 높이 재기.

- **줄거리**

높이재기 시합을 앞두고 너구리는 열심히 나무 오르기를 연습하고 있었다. 친구들의 도움을 받아 열심히 연습을 하였지만 뚱뚱한 몸으로 쉽게 오르지 못하였다. 너구리가 연습하는  모습을 본 야옹이와 곰돌이는 너구리를 놀렸다. 너구리는 곰돌이와 야옹이의 그림자를 보고는 깃대에 오르지 않고도 그림자 원리를 이용하여 높이를 재기로 결심하였다.

너구리, 곰돌이, 야옹이의 높이재기 시합이 열리고, 선수들이 출발하였다. 선수들은 각자 높이를 잴 수 있는 도구들을 골랐다. 재빠른 야옹이와 곰돌이가 줄자를 가져가고, 너구리는 남은 막대자를 갖고 출발하였다. 야옹이와 곰돌이는 줄자를 몸에다 감고 깃대로 올라가 높이를 재려 하였다. 반면 너구리는 그림자 길이를 재려고 하였다. 너구리가 그림자를 재려하

는데, 야옹이와 곰돌이가 깃대를 흔들어 잴 수가 없었다.

낙담했던 너구리는 그림자가 잠깐 멈춘 사이에 땅에다 깃대 그림자의 끝을 표시하였다. 너구리는 그림자 길이를 재고는 제일 먼저 돌아와 높이를 적었다. 곰돌이와 야옹이는 너구리가 깃대에 올라가지도 않았다고 항의하였다. 그러자 너구리는 일 미터 막대자의 그림자로 깃대의 그림자를 재어 높이가 9미터인 것을 알아냈다면서 비례원리를 설명해 주었다.

령리한 너구리(3부) : 바람개비

- **제작** : 조선과학교육영화촬영소 아동영화창작단
- **시간** : 12분 **분류** : 만화영화
- **스탭** : 영화문학: 김광성 / 연출: 김광성 / 책임미술: 장영환 / 촬영: 강태영 / 작곡: 김명희 / 대사: 방송연극단 / 연주: 영화및방송음악단 / 노래: 평양률곡녀자고등중학교 / 지휘: 장조일
- **주제** : 물체의 작용과 반작용, 부메랑 효과.

- **줄거리**

경기를 하루 앞두고 너구리와 곰돌이, 야옹이는 교예극장에서 원숭이들의 재주를 보고 있었다. 곰돌이와 야옹이는 내일 시합이 걱정되어서 먼저 돌아와서 연습을 하였다. 하지만 너구  리는 원숭이들의 교예재주(서커스)를 보고는 사진을 찍으면서 관찰하였다. 너구리는 원숭이가 바람개비 재주를 부리는 것을 보고 원심력에 대한 지식을 얻고는 아이디어를 생각했다.

마침내 경기가 시작되고, 세 선수들은 열심히 달려 나갔다. 경기는 벼랑을 날아 넘고 경사지를 내려가서 연못에 있는 연꽃을 먼저 따오는 것이었다. 천길 벼랑에는 밧줄이 세 개가 있었다. 야옹이는 날랜 몸으로 밧줄로 절벽을 건너고, 곰돌이는 두 줄 사이에 장대를 걸치고는 장대에 매달려 절벽을 건넜다.

너구리는 나무로 시소를 만든 다음 한쪽에 서서 바위 돌을 다른 한쪽

에 던져 반발력을 이용하여 건너갔다. 먼저 도착한 곰돌이와 야옹이는 물속에 뛰어들어 연꽃을 향해 헤엄쳐 갔다. 그때 너구리도 뒤이어 도착하였다. 너구리는 원숭이 교예재주에서 보았던 것처럼 바람개비를 이용하여 연꽃을 따기로 하였다. 너구리는 연꽃을 향해 바람개비를 던졌다. 몇 번을 실패하였지만 마침내 물속에 뛰어들지 않고도 연꽃을 따는데 성공하였다.

령리한 너구리(4부) : 후보선수

- **제작** : 조선과학교육영화촬영소 아동영화창작단
- **시간** : 12분 • **분류** : 만화영화
- **스탭** : 영화문학: 정성희 / 연출: 손종권 / 책임미술: 김영철 / 촬영: 고병화 / 작곡: 김명희 / 대사: 방송연극단 / 연주: 영화및방송음악단 / 지휘: 장조일
- **주제** : 우주 행성은 행성에 따라서 중력의 차이가 있다.

- **줄거리**

너구리와 곰돌이는 시합을 앞두고 열심히 권투 연습을 하고 있었다. 너구리는 열심히 연습을 하였지만 곰돌이의 힘을 이겨내지 못하였다. 이때 헬리콥터가 나타나 '우주권투선수권 경기'를 알리는 알림판을 떨어뜨리고 지나갔다.

알림판에는 9월 5일부터 10일까지 10kg급 경기가 시그마행성 대경기장에서 열린다고 적혀 있었다. 곰돌이는 시합에 참여하기로 하고 몸무게를 재는데, 곰돌이는 15kg이었고, 너구리는 8kg이었다. 곰돌이는 몸무게를 줄이기 위해서 열심히 운동을 시작하였다. 운동으로 몸을 빼던 곰돌이는 몸무게가 생각만큼 줄지 않자 사우나에서 몸무게를 줄였다.

반면 시합을 앞둔 너구리는 행성에서는 중력이 적기 때문에 몸무게를 늘려야 한다면서 몸무게를 불리기 위해서 음식을 먹였다. 운동과 사우나로 몸무게를 빼기 위해 애쓰는 곰돌이를 보면서 야옹이는 '몸까는 약

(다이어트 약)을 주었다. 몸까는 약을 먹은 곰돌이는 마침내 10kg를 맞추는데 성공하였다. 신이 난 곰돌이는 너구리가 어떻게 하는지 보려고 너구리 집으로 갔다. 너구리는 엄청난 음식을 먹고는 잠을 자고 있었다. 곰돌이는 2kg만 늘리라고 했는데, 너구리는 몸무게가 100kg나 되었다. 곰돌이는 이런 너구리가 후보선수라는 것이 한심하다고 하면서 너구리를 놔두고 시그마 행성으로 출발하였다.

시그마 행성에 도착한 곰돌이와 야옹이는 이상하게 몸이 가벼워진 것을 느꼈다. 시합을 앞두고 몸무게를 재는데, 곰돌이 몸무게는 1kg로 밖에 되지 않아서 시합에 참석할 수 없었다. 그때 지구에서 또 한 선수가 도착했다는 방송이 나오고 100kg나 된 너구리가 나왔다. 저울에 올라 선 너구리는 정확히 10kg였다. 다음날 시합이 열리고 너구리는 키 큰 토성 선수를 물리치고 우승하였다.

령리한 너구리(5부) : 불을 일으킨 얼음

- **제작** : 조선과학교육영화촬영소 아동영화창작단
- **시간** : 13분 • **분류** : 만화영화
- **스탭** : 영화문학: 김관선 / 연출: 김관선 / 촬영: 리영화 / 작곡: 백인선 / 대사: 방
  송연극단 / 연주: 영화및방송음악단 / 지휘: 장조일
- **주제** : 볼록렌즈의 원리를 이용하면 얼음으로도 불을 일으킬 수 있다.

- **줄거리**

봉화탑에 성냥 없이 불을 놓는 것
을 주제로 한 시합이 열렸다. 야옹이,
곰돌이, 너구리는 친구들의 도움과 격
려를 받으면서 오토바이를 타고 봉화
산으로 출발하였다. 선수들의 상황은

꽃동산 카메라를 통해 친구들이 있는 곳으로 중계가 되었다. 세 선수들
은 먼저 가기 위해 열심히 오토타이를 운전하였다.

벼랑길을 지나고 산길을 건너면서 눈길을 헤치고 앞서거니 뒤서거니
달려갔다. 야옹이가 가장 먼저 앞서 나가면서 벼랑 위에 놓인 나무다리
를 건들였다. 이 때문에 뒤 이어 오던 곰돌이는 나무와 충돌하였고, 타이
어에 구멍이 났다. 한편 야옹이를 뒤쫓던 너구리는 야옹이가 반사경으로
햇빛을 반사키는 바람에 오토바이에서 떨어지고, 오토바이도 고장이 났
다. 곰돌이는 너구리의 타이어로 갈아 끼우고는 너구리와 같이 갔다. 앞
서가던 야옹이도 표지판에 부딪치고 오토바이도 고장났다. 야옹이도 너

구리와 곰돌이의 오토바이에 올라서 함께 봉화산으로 갔다.

봉화산에 도착한 세 친구들은 각자 불을 피우려 하였다. 곰돌이는 나무 조각을 찾아 나무를 비비면서 불을 붙이려 하고, 너구리는 야옹이는 차돌을 찾아 불을 지피려 하는였다. 그런데 너구리는 얼음을 볼록하게 갈고 있었다. 오토바이의 볼록렌즈를 이용하여 불을 피우려 하였다. 그런데, 오토바이가 고장나서 렌즈를 이용할 수 없었다. 그러자 얼음을 볼록렌즈 모양으로 갈아서 대신하려한 것이다. 너구리는 불을 지피는데 성공하고 일등을 하였다.

령리한 너구리(6부) : 장애물 경기

- **제작** : 조선과학교육영화촬영소 아동영화창작단
- **시간** : 13분 • **분류** : 만화영화
- **스탭** : 영화문학: 김광성 / 연출: 김광성 / 책임미술: 정정희 / 촬영: 리영운 / 작곡: 김명희 / 대사: 방송연극단 / 연주: 영화및방송음악단 / 지휘: 장조일
- **주제** : 더운 공기는 위로 올라가려는 성질이 있다.

• **줄거리**

자동차 장애물 경기를 위해 너구리가 자동차를 타고 경기장으로 가고 있을 때였다. 그때 하늘에서 기구가 위태롭게 날다가 떨어졌다. 너구리가 걱정이 되어서 가보았더니 자동차 시합을 중계할 토끼들이 탄 기구였다. 걱정하는 너구리에게 토끼들은 걱정하지 말라면서 토치로 더운 공기를 주입하고는 다시 떠오르는 것이었다.

너구리가 자동차 시합장에 도착하고 여러 동물 선수들과 함께 시합을 벌였다. 출발신호가 울리고 선수들은 쏜살같이 달려 나갔다. 들판을 가로지르고 절벽 위로 차를 몰아 올라갔다. 절벽 위로 올라간 너구리와 선수들은 낙하산을 이용하여 절벽 아래로 떨어졌다. 가장 먼저 땅에 내린 너구리는 낙하산을 개어서 차에 실었다. 동굴 속 좁은 틈을 지나고 불길을 건너 동굴을 통과하였다. 마지막 코스는 강을 건너는 것이었다.

먼저 도착한 야옹이와 곰돌이는 자동차의 타이어 속에서 튜브를 꺼내서 바람을 집어넣었다. 튜브를 이용하여 강물에 자동차를 띄울 생각이었다. 야옹이는 자동차 배기가스를 이용하여 바람을 넣었다. 야옹이가 튜브에 바람을 넣고 자동차에 튜브를 달고 강을 건너기 시작하였다. 너구리가 늦게 도착하였다. 너구리 친구들은 실망한다. 야옹이와 곰돌이는 튜브에 자동차를 얹고 강을 건너고 있었다. 너구리는 낙하산을 자동차 앞에 매달고는 배기가스를 주입하면서 강을 건너기 시작하였다. 너구리가 가장 먼저 도착하였다. 야옹이는 토끼들이 기구에 바람 넣는 것은 자기도 보았는데, 왜 그런 생각을 하지 못했는지 후회하였다. 하지만 이미 때는 늦었다.

령리한 너구리(7부) : 순회우승금컵

- **제작** : 조선과학교육영화촬영소 아동영화창작단
- **시간** : 13분 • **분류** : 만화영화
- **스탭** : 영화문학: 김용권 / 연출: 김용찬 / 책임미술: 김택전 / 촬영: 한봉기 / 작곡:
  김명희 / 대사: 방송연극단 / 연주: 영화및방송음악단 / 지휘: 장조일
- **주제** : 물질에 따라서 부피도 각각 다르다.

- **줄거리**

너구리가 시합을 앞두고 시합장으로 가고 있었다. 다른 너구리 친구들이 길을 가다가 선수 너구리가 순회우승금컵을 가져가지 않은 것을 알려주었다. 너구리는 다시 집으로 돌아가서는 순회우승금컵을 가져가려고 찾았다. 우승금컵이 보이지 않았다. 우승금컵을 노린 쥐들이 우승금컵을 숨겨두었기 때문이었다.

너구리는 시합시간이 다 되었는데도 우승금컵이 없어 시합에 참가하지 못하였다. 친구들이 너구리 집으로 찾아왔다. 마침 너구리 집에서는 쥐들이 우승금컵을 훔쳐서 너구리 친구들이 타고 온 차를 타고 도망쳤다. 너구리와 친구들이 멍멍이의 소방차를 타고 쫓아가면서 쥐들과 추격전이 벌어졌다. 헬리콥터에서 그물포를 쏘아서 쥐들을 잡은듯 하였지만 그물 사이로 쥐들이 빠져 나가 실패했다. 하지만 쥐들이 쥐구멍으로 도망하자, 소방차의 물을 이용하여 쥐들을 잡는데 성공하였다. 붙잡힌 쥐

들은 우승금컵이 자기 것이라고 우겼다.

　진실을 가리기 위해서 다시 너구리 집으로 들어와서 우승컵을 확인하였다. 쥐들은 너구리 집에서 꼭같은 우승컵을 찾아냈다. 너구리 친구들도 쥐들이 들고나온 우승컵이 원래 너구리 것이라고 생각하면서 돌려주라고 하였다. 하지만 너구리는 부피의 원리를 이용하여 진짜를 가리자고 하였다. 너구리는 양동이에 물을 붓고는 넘쳐난 물의 양을 보여주면서 진짜를 가렸다. 곰돌이가 우승컵을 깨어보니 쇠로 만든 우승컵이었다.

령리한 너구리(8부) : 지름길

- **제작** : 조선과학교육영화촬영소 아동영화창작단
- **시간** : 13분   **분류** : 만화영화
- **스탭** : 영화문학: 김유경 / 연출: 김광성 / 책임미술: 정정희 / 촬영: 김길남 / 작곡: 김명희 / 대사: 방송연극단 / 연주: 영화및방송음악단 / 지휘: 장조일
- **주제** : 아무리 급해도 안전한 길에 제일 빠른 길이다

- **줄거리**

탁구초청경기 '세계강자들의 대전' 초청장이 오자 세 친구들은 차를 타고 경기장으로 향하였다. 보기 힘든 시합을 앞두고 마음이 급해진 곰돌이는 운전하는 야옹이를 재촉하였다. 곰돌이가 급한 마음에 자동차의 액셀레이터를 밟았다. 급정거를 하면서 자동차 사고가 났다.

자동차가 고장 나자 세 친구들은 누가 먼저 가는지 내기를 하였다. 곰돌이는 출발하려는 버스에 급히 올라타고는 야옹이를 불렀다. 버스가 출발하고 야옹이는 차에 오르지도 못하고 차문에 매달려 왔다. 버스에서 내린 야옹이와 곰돌이는 지하철을 타려고 역으로 내려갔다. 곰돌이와 야옹이는 에스컬레이터를 뛰어 내려가서는 열차에 올랐다. 하지만 너구리는 에스컬레이터의 안전판을 잡고 천천히 내려와서는 경기장으로 가는 열차를 탔다.

사실은 너구리와 야옹이는 급하게 뛰어 내려오면서 지하철을 타는 바람에 반대 방향으로 가는 열차를 탔던 것이었다. 너구리와 야옹이가 다시 내려서 반대편 지하철을 타고 경기장까지 도착하였다. 먼저 도착한 너구리는 위험한 철길을 놔두고 안전한 길을 건너 경기장으로 갔다. 한편 뒤늦게 도착한 야옹이와 곰돌이는 지름길이라면서 위험한 철길을 따라 경기장으로 달려갔다. 경기장으로 가던 야옹이와 곰돌이는 열차와 맞닥뜨렸다. 야옹이와 곰돌이는 열차를 피하려다 철길 구조물에 갇히게 되었다. 먼저 경기장에 도착하여 시합을 보고 있던 너구리는 친구들이 오지 않자 친구들을 찾아 나섰다. 너구리의 도움으로 친구들은 무사히 구출되고, 위험한 행동을 반성하였다.

령리한 너구리(9부) : 축구경기 하는 날

- **제작** : 조선과학교육영화촬영소 아동영화창작단
- **시간** : 13분 • **분류** : 만화영화
- **스탭** : 영화문학: 박태술 / 연출: 김용찬 / 책임미술: 김택전 / 촬영: 강태영 / 작곡: 김명희 / 대사: 방송연극단 / 연주: 영화및방송음악단 / 지휘: 장조일
- **주제** : 물은 기화하면서 주변의 열을 빼앗는 성질이 있다.

- **줄거리**

너구리와 곰돌이가 자전거에 양동 이를 싣고 아이스크림 가게로 찾아왔 다. 더운 여름날 너구리 친구들과 곰 돌이 친구들이 축구시합을 하고 있었 고, 너구리와 곰돌이는 친구들을 위해 서 아이스크림을 사러 온 것이었다.

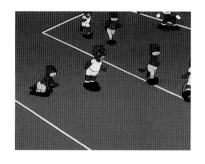

아이스크림을 양동이에 담은 너구리는 보자기를 강물에 담갔다가 양 동이를 감쌌다. 너구리가 햇빛을 가리는 것을 본 곰돌이는 양동이를 수 건으로 감싸고는 뚜껑까지 덮었다. 축구시합은 장수곰의 활약으로 곰돌 이 친구들이 이기고 있었다. 전반전이 끝나고 휴식시간이 되자 선수들 은 아이스크림을 기다렸다.

자전거에 아이스크림을 싣고 시합장으로 오던 너구리는 시합장으로 가는 도중에 시냇물을 만나자 수건을 물에 담갔다가 아이스크림 통을 감 싸서 열을 식혔다. 경기는 치열한 공방 끝에 승부를 가리지 못하고 일대

일이었다. 연장전을 앞두고 선수들은 아이스크림 통으로 모여들었다.

곰돌이는 야옹이 심판에게도 아이스크림을 주자고 하면서 야옹이 심판을 불러 아이스크림을 주려고 뚜껑을 열었다. 양동이 속의 아이스크림은 다 녹아 버렸다. 반면 너구리네 아이스크림은 녹지 않고 처음 가져올 때와 같은 상태였다. 의아해하는 곰돌이에게 너구리는 수건으로 열을 감싸서 아이스크림 상태를 온전히 보존할 수 있었다고 설명해 주었다.

령리한 너구리(10부) : 쫓겨 간 호랑이

- **제작** : 조선과학교육영화촬영소 아동영화창작단
- **시간** : 13분 **분류** : 만화영화
- **스탭** : 영화문학: 김태홍 / 연출: 김관선 / 책임미술: 김관선 / 촬영: 리영호 / 작곡: 백인선 / 대사: 방송연극단 / 연주: 영화및방송음악단 / 지휘: 홍승학
- **주제** : 원심력의 원리.

- **줄거리**

너구리와 야옹이, 곰돌이 세 친구들이 사슴동산 풍년놀이에 착한 동무들을 초청한다는 초청장을 받고 사슴동산으로 향하고 있었다. 사슴동상으로 가는 도중에 고장 난 자동차를 고치던 돼지 아저씨를 만났다.

돼지 아저씨도 사슴농산으로 가던 중이었다. 돼지 아저씨는 사슴할아버지에 먼저 드리라면서 고기와 장수 술을 주었다. 세 친구들은 자동차를 타고 가던 도중 숲 속에서 호랑이를 만났다. 세 친구가 길을 잘못 들어 범골로 들어 간 것이었다.

세 친구를 잡아먹으려는 호랑이와 호랑이를 피하려는 세 친구들 사이에 쫓고 쫓기는 추격전이 벌어졌다. 호랑이 기세에 놀란 야옹이와 곰돌이가 기절한 동안 너구리는 자동차를 벼랑으로 몰았다. 호랑이가 너구리가 운전하는 자동차에 올라타자 벼랑으로 차를 몰던 너구리가 급정거를

하였다. 그러자 호랑이는 강물로 떨어졌다. 하지만 자동차도 고장이 나서 쓸 수 없게 되었다. 그때 강물에 빠졌던 호랑이가 죽지 않고 강물 위로 올라왔다.

너구리는 야옹이와 곰돌이에게 먼저 나무 위로 피하도록 하였다. 그리고는 돼지 아저씨가 준 술과 음식과 라이터를 가지고 나무 위로 피하였다. 호랑이는 세 친구들을 잡아먹으려고 덤벼들자 너구리는 사슴할아버지에게 주려던 고기를 호랑이에게 주고, 이어서 장수 술을 주었다. 호랑이는 너구리가 던져 준 물고기를 먹고 이어서 장수 술을 먹고는 술에 취해 비틀거렸다.

호랑이가 비틀거리자 너구리는 남아있던 장수 술에 불을 붙여 호랑이에게 던져 호랑이를 쫓아냈다. 이때 세 친구들이 길을 잘못 들어 범골로 갔다는 것을 안 사슴할아버지와 돼지 아저씨가 범골로 달려왔다. 너구리의 이야기를 들은 사슴할아버지는 옛말에 호랑이에게 잡혀가도 정신만 똑바로 차리면 살 수 있다는 말이 바로 너희들을 두고 한 말이었다면서 칭찬해 주었다.

령리한 너구리(11부) : 너구리가 준 시계

- **제작 :** 조선과학교육영화촬영소 아동영화창작단, 1988년
- **시간 :** 13분   • **분류 :** 만화영화
- **스탭 :** 영화문학: 리광영 / 연출: 김용찬 / 책임미술: 오순남 / 촬영: 김길남 / 작곡: 김명희 / 대사: 방송연극단 / 연주: 영화및방송음악단 / 지휘: 장조일
- **주제 :** 자석과 시계의 영향관계.

- **줄거리**

곰돌이와 너구리, 야옹이가 교예시 합을 앞두고 열심히 교예준비를 하고 있었다. 너구리와 곰돌이는 교예준비를 하지만 야옹이를 당할 재간이 없을 것이라면서 걱정을 하였다.

교예경연이 다음날로 다가오고, 비행기표가 배달되었다. 준비를 하던 야옹이가 탁상시계를 떨어뜨렸다. 야옹이가 너구리에게 시계를 고쳐달라고 부탁하자 너구리는 시계를 고칠 동안 쓰라면서 자기 탁상시계를 빌려주었다.

너구리에게서 탁상시계를 받은 야옹이는 텔레비전 위에 시계를 두고는 잠이 들었다. 한편 야옹이의 시계를 고치던 너구리는 책상 밑에서 자석을 발견하였다. 자석을 본 너구리는 자석을 이용하여 새로운 교예를 준비하기로 결심하였다. 다음날 아침 공항에서는 교예시합에 참가할 비행기가 정각 7시에 출발하였다. 그런데 야옹이가 나타나지 않았다.

아침에 일어난 야옹이는 텔레비전 위에 둔 시계를 보았는데 아직 시간이 넉넉하였다. 시간에 맞추어 공항으로 나간 야옹이는 비행기가 벌써 떠났다는 사실을 알게 되었다. 야옹이는 너구리가 골탕을 먹이려고 일부러 고장난 시계를 주었다고 생각하였다. 야옹이는 텔레비전으로 교예공연 장면을 지켜보는데, 너구리가 자석을 이용한 교예로 일등을 하였다.

너구리와 곰돌이가 야옹이를 찾아오자 야옹이는 너구리가 도깨비 시계를 주었다면서 너구리를 쫓아냈다. 너구리는 야옹이가 시계 옆에 자석을 두었다는 것을 알고는 텔레비전 근처에 시계를 두면 자석 때문에 시간이 달라질 수 있다는 것을 알려주었다. 사실을 알게 된 야옹이는 오해를 풀고 너구리와 화해하였다.

령리한 너구리(12부) : 잘못 안 시간

- **제작** : 조선과학교육영화촬영소 아동영화창작단, 1988년
- **시간** : 13분 • **분류** : 만화영화
- **스탭** : 영화문학: 차계옥 / 연출: 김관선 / 책임미술: 오광성 / 촬영: 강태영 / 작곡: 김명희 / 대사: 국립연극단 / 연주: 영화및방송음악단 / 지휘: 장조일
- **주제** : 경도에 따라서 기준시가 달라진다.

- **줄거리**

동물들이 체육경기가 벌어지는 곳 으로 비행기를 타고 동쪽으로 가고 있 었다. 비행기 안에서 야옹이는 새벽 3 시가 되었는데도 해가 떠 있는 것을 신기하게 생각하였다. 그때 갑작스러  운 기상 변화로 비행기는 비상착륙하였다. 비상착륙한 곳에서 너구리는 현지 시간에 맞게 시간을 조정하지만 야옹이와 곰돌이는 시간이 변한 줄 모르고 놀이공원으로 놀러 갔다.

비행기 시간이 다 가는데도 야옹이와 곰돌이는 놀이공원에서 열차를 타면서 시간을 보내고 있었다. 놀이공원에서 곰돌이와 야옹이는 시계를 보았지만 시계가 고장이 났다고 생각하였다. 뒤늦게 찾아온 너구리가 야 옹이와 곰돌이를 데리고 서둘러 공항으로 나오고, 비행기 출발 직전에 겨우 비행기를 탈 수 있었다. 너구리는 두 친구에게 경도에 따라서 시간 이 달라진다는 사실을 알려주었다.

령리한 너구리(13부) : 부정선수

- **제작** : 조선과학교육영화촬영소 아동영화창작단, 1988년
- **시간** : 13분 **분류** : 만화영화
- **스탭** : 영화문학: 황석환 / 연출: 김순희 / 책임미술: 오순남 / 촬영: 리영호 / 작곡: 김명희 / 대사: 국립연극단 / 연주: 영화및방송음악단 / 지휘: 장조일
- **주제** : 고래와 물개는 물속에 살아도 물고기가 아니라 동물이다.

- **줄거리**

물고기 팀과 짐승 팀의 수구경기가 열렸다. 너구리는 물개를 찾아가 선수로 뛰어달라고 부탁하였다. 물개를 본 곰돌이와 야옹이는 물개를 물고기로 알고 부정선수라고 오해하였다. 너구리가 물개는 멍멍이와 친척이라고 알려주었다.

경기가 열리고 양 팀 선수들이 소개되자 물고기 팀에서는 물개를 부정선수라고 항의하였다. 심판은 물개가 멍멍이와 한 팀이라고 인정하였다. 시합이 열리고 물개가 먼저 득점을 하지만 물고기들이 연이어 골을 넣으면서 역전하였다. 짐승 팀은 물고기 팀의 수문장 고래 선방에 의해 골을 넣지 못했다. 이때 짐승 팀에서는 물고기 팀 수문장 고래를 부정선수라고 항의하였다. 물고기 팀에서도 물개를 부정선수라고 항의하였다. 그러자 심판을 보던 황새는 거북이 할아버지에게 공정한 판단을 부탁하였다. 거북이 할아버지는 고래는 물에 살아도 젖을 먹이는 동물이라고 알려주었다.

령리한 너구리(14부) : 응당한 봉변

- **제작** : 조선과학교육영화촬영소 아동영화창작단, 1989년
- **시간** : 13분 • **분류** : 만화영화
- **스탭** : 영화문학: 김관선 / 연출: 김용찬 / 책임미술: 오광성 / 촬영: 김길남 / 작곡: 김명희 / 대사: 국립연극단 / 연주: 영화및방송음악단 / 지휘: 장조일
- **주제** : 자연을 사랑하자.

- **줄거리**

너구리와 야옹이, 곰돌이가 아름다운 산으로 소풍을 왔다. 어린 새들이 놀고 있는 것을 본 곰돌이는 돌맹이를 던져서 둥지를 부쉈다.

돌맹이 던지기에 재미가 난 곰돌이는 벌집을 깨트렸다, 벌집에서 벌들이 나와서 곰돌이를 공격하였다. 벌들에게 이리저리 쫓기던 곰돌이는 뱀 집으로도 들어가보고, 호수에도 숨어보았지만 벌들을 피하지 못하고 쏘이고 말았다. 벌들에게 쫓기던 곰돌이는 황새집을 뒤집어 썼다가 이번에는 황새에게 크게 혼이 났다.

한편 너구리는 부서진 새 집을 고쳐주고, 땅에 떨어진 벌집을 고쳐 벌들이 다시 집으로 돌아올 수 있도록 도와주었다. 새들과 벌들이 너구리와 함께 노는 것을 본 곰돌이는 자신의 행동이 잘못되었다는 것을 반성하였다.

령리한 너구리(15부) : 결승전

- **제작** : 조선과학교육영화촬영소 아동영화창작단, 1989년
- **시간** : 13분 · **분류** : 만화영화
- **스탭** : 영화문학: 김용환 / 연출: 김용환 / 책임미술: 리주일 / 촬영: 강태영 / 작곡: 김명희 / 대사: 국립연극단 / 연주: 영화및방송음악단 / 지휘: 장조일
- **주제** : 개인 기술보다 팀워크가 중요하다.

- **줄거리**

너구리 팀과 야옹이 팀의 축구경기가 열렸다. 양팀의 열광적인 응원 속에 시합이 벌어졌다. 너구리 팀에서 개인기가 뛰어난 7번 선수는 다른 너구리에게 패스는 하지 않고, 혼자서 플레이를 하였다. 선취득점은 하였지만 이후에도 계속 단독플레이를 하였다.

반면 야옹이 팀은 협력적인 플레이로 경기를 풀어나갔다. 너구리 팀 감독은 개인기가 좋은 7번 선수를 빼고 13번 선수로 교체하였다. 너구리 팀은 협력 플레이로 고양이 팀을 앞서 나갔다. 교체선수로 나와 있던 7번 선수는 자신의 잘못을 뉘우치고는 다시 시합에 들어가서 다른 너구리들과 함께 협력 플레이로 연속해서 골을 넣었다. 야옹이 팀에서도 협력적인 작전으로 나왔지만 너구리 팀은 오프사이드 작전을 구사하여 방어하였다. 시합은 너구리 팀의 승리로 끝나고 인터뷰에서 7번 너구리는 단결력으로 승리할 수 있었다고 말한다.

령리한 너구리(16부) : 야구경기

• **제작** : 조선과학교육영화촬영소 아동영화창작단, 1989년
• **시간** : 13분 • **분류** : 만화영화
• **스탭** : 영화문학: 리인 / 연출: 리인 / 책임미술: 오광성 / 촬영: 리영호 / 작곡: 김
    명희 / 대사: 국립연극단 / 연주: 영화및방송음악단 / 지휘: 장조일
• **주제** : 작은 짐승이라도 자기 힘을 믿고 지혜를 모으면 이길 수 있다.

• **줄거리**

　짐승들 사이에서 야구경기가 열렸
다. 야구경기는 큰 동물과 작은 동물
로 팀을 나누어 열렸다.

　작은 동물 팀은 너구리를 비롯하여
곰, 원숭이, 돼지, 토끼, 어린 거북이
가 한 편이었다. 큰 동물 팀은 코끼리, 얼룩말, 코뿔소, 기린, 하마가 한
편이었다.

　작은 짐승들은 큰 짐승들의 기세에 눌려 제대로 실력을 발휘하지 못하
고 끌려갔다. 하지만 어린 거북이는 당당하게 맞서서 최선을 다하였다.
어린 거북이의 활동에 고무된 작은 동물들도 힘을 내서 맞섰다. 시합은
마침내 작은 짐승들의 승리로 끝났다.

령리한 너구리(17부) : 휘거경기

- **제작** : 조선과학교육영화촬영소 아동영화창작단
- **시간** : 13분 **분류** : 만화영화
- **스탭** : 영화문학: 김광성 / 연출: 김광성 / 책임미술: 정정희 / 촬영: 김길남 / 작곡: 김명희 / 연주: 영화및방송음악단 / 지휘: 장조일
- **주제** : 수소는 공기보다 가볍다.

- **줄거리**

휘거(피겨) 경기가 열렸다. 경기에서는 코끼리 아가씨와 짝을 지어 들어올리면 특별상을 주기로 한다. 너구리가 공개적으로 코끼리 아가씨를 들어올리겠다고 선언하자 곰돌이는 자신도 할 수 있다고 선언한다.

너구리는 대신 준비할 시간이 필요하다면서 내일까지 시간을 달라고 요청하였다. 야옹이와 곰돌이는 너구리가 어떻게 코끼리 아가씨를 들어올리겠다는 것인지를 알아보기 위해서 너구리 집으로 찾아갔다. 하지만 너구리는 코끼리 사진을 그려놓고 혼자 상상의 세계에 빠졌다.

너구리의 속마음을 알 수 없는 곰돌이는 열심히 운동하면서 힘을 키웠다.

다음날 피겨경기가 열리고 여러 동물들이 자신의 재주를 뽐냈다. 마침내 코끼리 아가씨와 곰돌이의 페어경기가 열리는데, 코끼리를 들던 곰돌이는 무게를 이기지 못하였다. 이어 너구리가 등장하였다. 너구리는 가볍게 코끼리 아가씨를 들어올리고, 너구리는 특별상을 받았다.

령리한 너구리(18부) : 랭동차 안에서

- **제작** : 조선과학교육영화촬영소 아동영화창작단
- **시간** : 13분 • **분류** : 만화영화
- **스탭** : 영화문학: 김광성 / 연출: 김인선 / 촬영: 강태영 / 작곡: 김명희 / 연주: 영화및방송음악단 / 지휘: 장조일
- **주제** : 햇빛을 반사하는 거울의 원리.

• **줄거리**

야옹이와 곰돌이가 공을 차다가 너구리 집의 창문을 깨뜨렸다. 야옹이와 곰돌이가 급하게 자동차 뒤칸에 숨었다. 야옹이와 곰돌이가 숨은 자동차는 냉동차였다. 자동차 운전수는 야옹이와 곰돌이가 숨은 줄도 모르고  그대로 출발하였다. 냉동차 안에 갇힌 곰돌이와 야옹이는 꼼짝없이 얼어죽게 되었다.

냉동차 안에서 열심히 운동하면서 체온을 유지하려고 하였지만 점점 힘도 빠지고 지쳐갔다. 이때 냉동차에 친구들이 갇힌 것을 안 너구리가 냉동차를 따라갔다. 냉동차를 따라가던 너구리의 오토바이에 펑크가 났다. 오토바이로 갈 수 없게 되자 너구리는 사이드 미러를 떼어내서 운전수에게 신호를 보냈다. 너구리의 신호를 본 운전수가 차를 멈추었다, 너구리는 냉동칸에 있던 곰돌이와 야옹이를 구해 냈다.

령리한 너구리(19부) : 너구리와 거부기

- **제작 :** 조선과학교육영화촬영소 아동영화창작단
- **시간 :** 13분 **분류 :** 만화영화
- **스탭 :** 영화문학: 김용권 / 연출: 김인선 / 책임미술: 오광성 / 촬영: 한영철 / 작곡: 김명희 / 연주: 영화및방송음악단 / 지휘: 장조일
- **주제 :** 기구를 활용한 거리 측정 방법.

- **줄거리**

거북이와 너구리의 스키경기가 열리자 육지짐승과 물속짐승들이 관심을 갖고 모여들었다. 이번 시합은 호수 가운데부터 깃발까지의 거리를 누가 먼저 정확하게 재는지를 가르는 경기였다.

거북이와 너구리는 각각 줄자를 달고 스키를 타면서 거리를 재기 시작했다. 거북이가 뒤쳐지자 호수에 있던 동물들이 거북이를 응원하면서, 너구리를 방해하였다. 물속 동물들의 방해 를 받았지만 먼저 깃발에 도착한 너구리가 자기가 잰 거리를 적은 쪽지를 심판에게 주었다. 물속 동물들이 항의하자 심판은 비디오를 통해서 화면을 다시 보았다. 너구리는 스키 스틱을 이용하여 소나무가 깃발과 같은 거리라는 것을 알고는 소나무 거리를 재었던 것이었다.

령리한 너구리(20부) : 새집들이 하는 날

- **제작** : 조선과학교육영화촬영소 아동영화창작단
- **시간** : 13분 •**분류** : 만화영화
- **스탭** : 영화문학: 김용권 / 연출: 장영환 / 책임미술: 김인선 / 촬영: 리영호 / 작곡: 김명희 / 연주: 영화및방송음악단 / 지휘: 장조일
- **주제** : 무게 재는 다양한 방법.

• 줄거리

가을 풍년이 들어 마을에는 잔치가 열리고 동물들도 흥겨워 하였다. 새로운 집들이 완성되자 동물들은 각자 자기 몸무게에 따라서 집을 배정받았다. 코끼리가 저울에 올라서자 저울이 고장 났다.

몸무게를 잴 수 없게 되자 너구리는 양쪽 끝에 바구니가 달린 나무막대기를 가져와서는 평형 원리로 동물들의 몸무게를 재었다. 이것을 본 곰돌이는 나뭇가지에다 저울을 매달고는 코끼리 몸무게를 재려고 하였다. 하지만 코끼리의 무게를 이기지 못하고 나뭇가지만 부러졌다. 너구리는 호수에 있는 배를 이용하여 코끼리 무게를 쟀다. 먼저 코끼리를 배에 태우고 배가 내려간 물 높이를 표시한 다음 같은 높이가 될 때까지 다른 동물들을 태워서 무게를 잴 수 있었다.

령리한 너구리(21부) : 마라손 선수

- **제작** : 조선과학교육영화촬영소 아동영화창작단
- **시간** : 13분   **분류** : 만화영화
- **스탭** : 영화문학: 김준옥 / 연출: 김준옥 / 책임미술: 김준옥 / 촬영: 김길남 / 작곡: 김명희 / 연주: 영화및방송음악단 / 지휘: 장조일
- **주제** : 요령이나 꾀를 부리지 않고 꾸준하게 노력하는 것이 중요하다.

- **줄거리**

늦가을 숲 속에서 곰돌이와 여우, 너구리가 놀고 있을 때 마라톤 선수인 곰아저씨가 나타났다. 세 친구는 곰아저씨를 보고는 곰아저씨처럼 건강한 마라톤 선수가 되고 싶다고 말하였다.  곰아저씨는 백설봉에 건강한 장수보약 샘물이 있는데, 하루도 빼놓지 않고 매일 먹으면 건강한 마라톤 선수가 될 수 있다고 일러주었다.

다음날 세 친구는 장수봉에 올라 장수샘물을 마시고 내려왔다. 하지만 곰은 어렵게 올라와서 겨우 한 모금 마시고 가느냐면서 백설봉 물을 잔뜩 먹었다. 다음날이 되자 야옹이는 귀찮아 하였다. 산에 오른 곰돌이는 산을 오갈 것이 아니라 아예 샘물 근처 동굴에 살면서 샘물을 마시기로 하였다. 꾀가 난 야옹이는 물을 담아 와서는 집에서 마시기 시작했다. 그렇게 겨울이 지나고 봄이 되었다.

봄이 되었지만 야옹이와 곰돌이는 건강해지기는 커녕 도리어 몸이 약

해졌다. 야옹이와 곰돌이는 곰아저씨에게 매일 샘물을 먹었는데 왜 몸이 건강해지지 않았는지 물어 보았다. 곰아저씨는 장수보약 샘물은 샘물에 있는 것이 아니라 매일 장수봉에 올라가서 마시는 것이 진짜 보약이라 일러 주었다.

한편 매일 장수봉에 올라 샘물을 마신 너구리는 몰라보게 달라진 모습으로 나타났다. 마라톤 시합이 열리고, 시합에 참가한 너구리는 처음에는 뒤처졌지만 일등으로 결승선을 통과하였다.

령리한 너구리(22부) : 위험한 장난

- **제작** : 조선과학교육영화촬영소 아동영화창작단
- **시간** : 13분 •**분류** : 만화영화
- **스탭** : 영화문학: 김관선 / 연출: 김관선 / 책임미술: 로민 / 촬영: 강태영 / 작곡: 김명희 / 연주: 영화및방송음악단 / 지휘: 장조일
- **주제** : 함부로 자동차를 운전하는 위험한 장난을 하지 말자.

• **줄거리**

화창한 봄날 꽃동산에서 야옹이와 곰돌이가 나비와 함께 뛰어놀고 있었다. 종이비행기를 가지고 놀던 야옹이와 곰돌이는 길가에 세워 둔 앰뷸런스에 올라 장난을 치다가 혼이 났다. 이때 너구리가 나타나고 세 친구들은 함께 집으로 가기로 하였다, 집으로 가던 길에서 로봇차를 발견 하였다. 로봇차 운전수가수리소를 묻자 너구리가 나서서 길을 안내하였다.

너구리와 운전수가 정비소를 찾아간 사이 곰돌이와 야옹이가 로봇차에 올라 로봇차를 운전하였다. 동산과 숲길을 달리면서 로봇팔로 과일도 따서 먹었다. 이때 로봇차 운전수가 오는 것을 보고 제자리로 가려고 하였다. 그런데 브레이크가 듣지 않았다. 로봇차가 고장이 났다는 것을 알았지만 손쓸 방법이 없었다. 로봇차는 아름다운 동산을 다 부수고 급기야 건설장으로 뛰어들었다. 이때 너구리가 무거운 쇳동이를 밧줄에 달아 로봇차를 멈추었다.

령리한 너구리(23부) : 바다에서 일어난 소동

- **제작** : 조선과학교육영화촬영소 아동영화창작단
- **시간** : 13분 · **분류** : 만화영화
- **스탭** : 영화문학: 김관선 / 연출: 김관선 / 촬영: 조광철 / 미술: 오광성 / 작곡: 김 명희 / 연주: 영화및방송음악단 / 지휘: 장조일
- **주제** : 두 물체가 빠른 속도로 나란히 달리면 부딪히게 된다.

- **줄거리**

친구들이 모여서 섬으로 가서 놀기로 하였다. 야옹이가 먼저 친구들을 태우고 보트로 출발하였다. 먼저 출발한 친구들을 보면서 곰돌이는 늦었다고 애성을 내면서 친구들을 기다렸다.

얼마 후 곰돌이 친구들도 도착하고, 곰돌이 보트도 출발하였다. 이때 너구리가 헬기를 타고 나타났다.

너구리의 헬기를 본 야옹이는 너구리보다 먼저 도착할 생각으로 속도를 올렸다. 야옹이보다 늦게 출발한 곰돌이도 야옹이를 따라잡기 위해서 속도를 높였다. 두 배가 경쟁적으로 속도를 내면서 먼저 가려고 하였다. 두 보트 사이가 점점 가까워지더니 결국 부딪치고 말았다. 야옹이가 곰돌이에게 일부러 충돌한 것이라고 따졌다. 곰돌이는 배가 고장이 나서 그렇다고 하였다. 이때 너구리가 나서서 배나 비행기가 나란히 서서 속도를 내어 달리면 가까워져서 부딪치게 된다는 물리 지식을 설명해 주었다.

령리한 너구리(24부) : 야옹이 생일선물

- **제작** : 조선과학교육영화촬영소 아동영화창작단
- **시간** : 13분 · **분류** : 만화영화
- **스탭** : 영화문학: 김태흥 / 연출: 김용찬 / 책임미술: 오순남·남원 / 촬영: 리영호 / 작곡: 김명희 / 연주: 영화및방송음악단 / 지휘: 홍승학
- **주제** : 눈 길에서 썰매를 타면 길이 미끄러워져서 사고가 날 수 있으니 조심해야 한다.

- **줄거리**

겨울 흰 눈이 덮인 동산에서 야옹이와 곰돌이, 개, 염소 친구들이 모여서 썰매를 타면서 놀고 있었다. 야옹이가 내일이 자기 생일이라고 말하자 친구들은 생일사진을 찍어주기로 하

였다. 생일사진은 사진을 잘찍는 너구리에 부탁하자면서 너구리 집으로 갔다.

곰돌이는 너구리가 '썰매장이 아닌 길에서 놀지 못하게 한다' 면서 '우리끼리 신나게 놀다가 너구리에게 가자' 면서 길에서 썰매를 타고 놀았다. 그때 양아주머니가 길을 가려고 하였다. 동물친구들이 썰매를 타서 길이 미끄러워 졌다. 양아주머니는 제대로 걷지 못하다가 넘어졌다. 양아주머니가 길에서 넘어진 길로 앰뷸런스가 급하게 달려오고 있었다. 앰뷸런스 운전수는 양아주머니가 넘어진 것을 보고 차를 멈추려 하였다.

하지만 길이 미끄러워서 쉽게 피하지 못하였다.

겨우 멈추어 서기는 했지만 양아주머니는 팔을 다쳤고, 앰블런스 운전수도 급정거를 하느라 차에 부딪혀 이마에 혹이 났다. 이 광경을 지켜보고 있던 곰돌이와 친구들은 길에서 썰매를 타고 노는 게 아니었다고 하면서 반성하였다.

친구들이 길에서 노는 동안 야옹이는 혼자서 썰매를 끌고, 너구리 집으로 갔다. 너구리는 야옹이에게 줄 선물로 야옹이 조각상을 만들고 있었다. 뒤따라 다른 친구들도 너구리 집으로 찾아왔다. 야옹이는 친구들에게 너구리가 조각상을 만들고 있다면서 내일 자기 집에 와서 조각을 보라고 하면서 친구들을 돌려보냈다.

다음날 야옹이 생일날이 되었다. 야옹이는 집에서 친구들과 함께 너구리가 오기를 기다리고 있었다. 그런데 시간이 되어도 너구리가 오지 않자, 너구리를 찾아 나섰다. 너구리를 맞이하러 나온 야옹이는 길에서 부서진 조각상을 발견하였다. 너구리가 얼음길에 넘어져 야옹이 조각상을 깬 것이 자기들 때문이라는 것을 알았다. 야옹이와 친구들은 반성을 하고, 자동차들이 안전하게 지나갈 수 있도록 너구리와 함께 길에다 흙을 뿌렸다.

령리한 너구리(25부) : 무차별급 권투경기

- **제작** : 조선과학교육영화촬영소 아동영화창작단
- **시간** : 13분 • **분류** : 만화영화
- **스탭** : 영화문학: 김태모 / 연출: 김용찬 / 책임미술: 오순남·리주일 / 촬영: 김길남
  / 작곡: 김명희 / 연주: 영화및방송음악단 / 지휘: 홍승학
- **주제** : 경기에서 이기려면 상대방을 잘 알아야 한다.

- **줄거리**

무차별급 권투가 열리는 곳으로 너 구리와 코끼리 선수가 함께 비행기를 타고 가고 있었다. 경기장으로 가는 동 안 너구리는 문어의 특성을 열심히 공 부하였다. 하지만 정작 코끼리는 아무 렴 자기가 지겠느냐면서 우쭐거렸다.

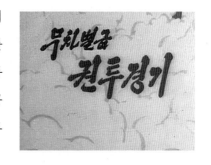

육지동물들의 환영을 받으면서 코끼리가 경기장에 도착하였다. 이어 서 바다동물들의 환영을 받으면서 문어선수가 등장하였다. 시합이 열리 자 게임은 문어 선수의 일방적인 경기로 진행되었다. 위기에 몰린 코끼 리 선수는 코를 쓰다가 심판에게 주의를 받았다. 그러자 너구리는 코끼 리의 코에다 권투장갑을 씌웠다. 코에 장갑을 쓴 코끼리가 문어를 몰아 치기 시작했다. 이번에는 문어가 먹물을 쓰다가 경고를 받았다. 너구리 는 코끼리에게 문어는 독가스를 쓰는 습성이 있다고 알려주었다. 문어코 치는 질 것 같으면 마지막 방법을 쓰라고 문어에게 귀뜸한다.

경기가 치열하게 벌어지면서 몸싸움이 벌어졌다. 이때 문어의 팔이 잘리고, 코끼리는 문어의 팔을 잘랐다는 오해를 받게 되었다. 그러자 너구리가 나서서 문어는 급하면 자기 다리를 자르는 습성이 있다고 하였다. 그리고 녹화 테이프를 돌려보면서 문어가 자기 이빨로 다리를 잘랐다는 사실을 밝혀냈다. 코끼리가 죄가 없다는 것이 밝혀지고 경기는 계속 되었다. 다시 열린 경기에서 코끼리가 이겼다. 코끼리는 너구리가 아니었다면 살인자라는 누명을 쓸 뻔 하였다면서 너구리 때문에 이겼다고 고마워 하였다.

령리한 너구리(26부) : 불을 끈 너구리

- **제작 :** 조선과학교육영화촬영소 아동영화창작단
- **시간 :** 13분
- **분류 :** 만화영화
- **스텝 :** 영화문학: 최태영 / 연출: 장철수 / 책임미술: 리영일 / 촬영: 한봉기 / 작곡: 김명희 / 연주: 영화및방송음악단 / 지휘: 홍승학
- **주제 :** 지표의 온도와 공기의 흐름.

- **줄거리**

아름다운 계곡으로 놀러 나온 너구리와 야옹이, 곰돌이가 물고기를 잡아 맛있는 요리를 하려고 하였다. 커다란 물고기를 많이 잡았지만 막상 요리를 하려고 보니 양념을 가져오지 않았다.

너구리가 다람이네 집으로 양념을 구하러 간 사이에 야옹이는 불을 피우고 물고기를 끓였다. 야옹이와 곰돌이는 솥에 하나 가득 물고기를 넣고 불을 지펴 두고는 물놀이를 하였다. 물놀이를 하는 사이에 물고기 냄새를 맡은 들쥐가 나타났다. 들쥐는 물고기를 훔치려다 그만 꼬리에 불이 붙었다. 꼬리에 불이 붙은 들쥐가 억새밭으로 도망하면서 숲에 큰 불이 났다. 불을 끄던 곰돌이는 맞불을 놓아 끄려고 맞불을 놓았다. 하지만 실패하였다.

불이 점점 커지고 다람이들이 사는 마을 가까이까지 불이 번졌다. 너

구리는 억새풀을 뽑아 바람의 방향을 살핀 다음 맞불을 놓아 불을 잡았다. 곰돌이는 자기도 맞불을 놓았는데, 성공하지 못한 이유를 궁금해 하였다. 너구리는 불이 붙는 앞에는 반드시 맞바람이 부는데, 그 때를 맞추어 맞불을 놓아야 한다면서 공기 흐름의 원리를 설명해 주었다.

령리한 너구리(27부) : 유희장에서

• **제작** : 조선과학교육영화촬영소 아동영화창작단
• **시간** : 13분 • **분류** : 만화영화
• **스탭** : 영화문학: 장철수·방순용 / 연출: 장철수 / 책임미술: 리영일 / 촬영: 김설남
  / 작곡: 김명희 / 연주: 영화및방송음악단 / 지휘: 박미선
• **주제** : 친구들과의 약속도 중요하지만 어린 동생들을 돌보는 것이 먼저이다.

• **줄거리**

　야옹이와 너구리가 차를 타고 유희
장으로 가고 있었다. 유희장에는 온
갖 놀이시설들이 있었고, 동물들도
제각기 놀이기구를 타면서 재미있게
놀고 있었다.

　유희장에서 너구리와 야옹이를 기다리던 곰돌이는 어린 맴매가 할아
버지와 헤어져서 울고 있는 것을 보고는 맴매를 위해서 할아버지를 찾아
주려고 하였다. 곰돌이가 맴매의 할아버지를 찾는 사이 너구리와 야옹이
는 맴매 할아버지가 맴매를 찾는 것을 보고는 함께 맴매를 찾아주기로
하였다.

　곰돌이는 맴매가 더워하는 것을 보고 맴매에게 아이스크림을 사주려고
하였다. 너구리가 아이스크림을 사러 간 사이 맴매는 할아버지 찾는 것도
잊고 혼자서 놀이기구를 탔다. 혼자서 놀이기구를 타던 맴매는 위험에 처
하게 되었다. 다행히 너구리의 도움으로 위기를 면하였다. 맴매의 할아버
지는 어린 맴매를 돌보는 친구들의 착한 마음이 훌륭하다고 칭찬해 주었다.

192

령리한 너구리(28부) : 우주려행길에서

- **제작** : 조선과학교육영화촬영소 아동영화창작단
- **시간** : 13분 **분류** : 만화영화
- **스탭** : 영화문학: 김판선 / 연출: 김판선 / 책임미술: 김유성·김경호 / 촬영: 리영호
  / 미술: 박동봉·김룡혁 / 작곡: 김명희 / 연주: 영화및방송음악단 / 지휘: 박
  미선
- **제작** : 조선과학교육영화촬영소 아동영화창작단
- **주제** : 무중력과 원심력의 원리.

- **줄거리**

너구리가 푸른행성 요술축전에 참
가하기 위해서 열심히 연습을 하고
있었다. 하지만 연습이 잘되지 않았
다. 너구리는 야옹이의 금붕어 요술
이 좋다는 것을 알고 야옹이에게 요
술을 보여 달라고 부탁하였다. 하지만 야옹이는 비밀이라며 보여주지
않았다.

한편 너구리는 야옹이와 곰돌이가 금붕어 요술을 연습하는 것을 보고
는 금붕어 요술이 훌륭하다고 칭찬하였다. 너구리는 곰돌이가 물이든 양
동이를 돌리는데 원심력으로 물이 쏟아지지 않는 것을 보고는 새로운 요
술종목을 생각하였다. 드디어 푸른 행성 요술축전이 열리고, 축전에 참가
하기 위해 비행선을 탔다. 그때 너구리가 커다란 가방을 들고 나타났다.

비행선이 우주로 날아가자 비행선은 무중력 상태가 되었다. 놀란 너구

리는 곰돌이의 금붕어를 생각하고는 너구리가 있는 방으로 갔다. 곰돌이 방은 무중력 상태에서 금붕어도 위로 떠오르고 물이 공중으로 떠오르면서 금붕어가 죽게 되었다. 너구리는 곰돌이에게 어항을 거꾸로 들고 있게 하고는 물을 넣은 다음 원풍기의 원심력을 이용하여 물이 흘러나가지 않도록 해서 금붕어를 살려냈다.

야옹이와 곰돌이는 너구리의 큰 가방 속에 축전에서 자기들이 입을 옷이 들어 있다는 것을 알고는 오해를 풀었다. 무사리 푸른행성에 도착하고, 푸른행성 요술축전에서 야옹이와 곰돌이가 우승을 하였다. 곰돌이와 야옹이는 너구리와 함께 기뻐하였다.

령리한 너구리(29부) : 다시 찾은 황금컵

- **제작 :** 조선과학교육영화촬영소 아동영화창작단
- **시간 :** 13분 • **분류 :** 만화영화
- **스탭 :** 영화문학: 김준옥 / 연출: 김준옥 / 책임미술: 김찬규·장영철 / 촬영: 김길남
  / 미술: 김운준·정수남·신금석 / 작곡: 김명희 / 연주: 영화및방송음악단 /
  지휘: 박미선
- **제작 :** 조선과학교육영화촬영소 아동영화창작단
- **주제 :** 물이 얼어 얼음이 되면 부피가 커진다.

- **줄거리**

　한 겨울 잠이 든 너구리 집으로 곰돌이와 야옹이가 급하게 찾아와 승냥이 놈들이 황금컵을 훔쳐갔다고 말하였다. 너구리와 야옹이, 곰돌이 세 친구는 승냥이네 소굴로 가서 황금컵을 찾아오겠다고 다짐하고는 승냥이네 소굴로 찾아갔다.

　승냥이 소굴에 찾아간 세 친구들은 승냥이 한 마리를 체포해서 황금컵이 있는 곳을 알아냈다. 황금컵은 승냥이 두령방(대장방)의 큰 돌궤(돌상자) 속에 감추어져 있었다. 두령방을 찾아간 세 친구는 황금컵을 찾아오려고 하지만 돌궤가 단단해서 열 수가 없었다.

　곰돌이가 돌궤를 지고 가겠다고 나섰다. 곰돌이가 돌궤를 지고 승냥이 소굴을 벗어났지만 얼마가지 못하고 돌궤의 무게를 이기지 못해 눈덮인 들판에 주저앉았다. 지친 곰돌이가 물을 먹으려고 물병을 드는데, 물병

195

이 터져 있었다. 이것을 본 너구리는 물을 이용하여 돌궤를 부수기로 생각하였다. 세 친구는 물을 길어와 돌궤에다 물을 집어넣었다. 승냥이들이 쫓아왔다. 세 친구들은 승냥이들이 돌궤에 접근하지 못하도록 유인하면서 시간을 벌었다. 세 친구는 스키자국을 이용하여 승냥이들을 다른 곳으로 유인하고는 돌궤가 있는 곳으로 찾아갔다. 물의 부피가 늘어나면서 돌궤가 깨지고, 황금컵도 찾아올 수 있었다.

령리한 너구리(30부) : 너구리의 빈 화분

- **제작 :** 조선과학교육영화촬영소 아동영화창작단
- **시간 :** 13분 • **분류 :** 만화영화
- **스탭 :** 영화문학: 김준옥 / 연출: 김준옥 / 책임미술: 백학·리영일 / 촬영: 강태영 /
  미술: 장학산·김혁철·오선남 / 작곡: 김명희 / 연주: 영화및방송음악단 / 지
  휘: 박미선
- **제작 :** 조선과학교육영화촬영소 아동영화창작단
- **주제 :** 언제 어디서나 정직해야 한다.

- **줄거리**

너구리와 곰돌이, 야옹이가 염소할
아버지가 일하는 꽃동산 온실로 놀러
갔다. 할아버지는 꽃구경을 온 세 친
구들을 반갑게 맞이하면서 꽃구경을
시켜주었다.

세 친구들은 온실에 핀 여러 꽃을 구경하였다. 야옹이와 곰돌이는 방
실향 꽃을 보고는 꽃을 꺾었다. 너구리와 친구들은 방실향 꽃을 피워보
겠다면서 꽃씨를 달라고 부탁하였다.

염소할아버지는 방실향 꽃은 키우기가 힘든 꽃이므로 백일홍 꽃을 잘
피워오면 방실향 꽃씨를 주겠다면서 백일홍씨를 하나씩 나누어 주었다.
세 친구들은 백일홍 꽃씨를 가지고 열심히 꽃을 피워보려고 하였지만 꽃
은 피지 않았다. 너구리는 백일홍은 일주일이면 싹이 나야 하는데, 싹이
나지 않는 것을 보고는 염소할아버지에게 물어보러 찾아갔다.

너구리가 염소할아버지에게 간 사이 곰돌이와 야옹이가 너구리가 어떻게 하고 있는지 보려고 찾아왔다. 야옹이와 곰돌이는 너구리가 꽃을 피워 염소할아버지에게 갔을 것이라고 생각하였다. 야옹이와 곰돌이는 백일홍을 화분에 옮겨 왔다. 염소할아버지를 찾아간 너구리는 염소할아버지가 꽃을 구하러 갔다는 것을 알고는 힘없이 돌아왔다.

염소할아버지가 다시 온실로 돌아오고 세 친구들도 화분을 들고 찾아갔다. 야옹이와 곰돌이는 백일홍 꽃을 보여주는데, 너구리는 빈 화분을 보여주었다. 염소할아버지는 약속대로 방실향 꽃을 주겠다면서 화분을 가지고 와서는 정직한 아이만 방실향 꽃을 받을 수 있다면서 너구리에게 주었다. 염소할아버지가 눈이 어두워서 묵은 백일홍 씨앗을 주었던 것이었다. 염소할아버지는 언제, 어디서나 정직하게 살아야 한다고 일러주었다. 야옹이와 곰돌이도 반성하고는 정직하게 살겠다고 결심하였다.

령리한 너구리(31부) : 하늘에서의 봉변

- **제작** : 조선과학교육영화촬영소 아동영화창작단
- **시간** : 13분   **분류** : 만화영화
- **스탭** : 영화문학: 로순희 / 연출: 장철수 / 책임미술: 김상익·김룡혁 / 촬영: 리영훈 / 미술: 김경호·최일찬·김성길 / 작곡: 김명희 / 연주: 영화및방송음악단 / 지휘: 박미선
- **주제** : 정확한 지식없이 모르는 것을 함부로 다루어서는 안 된다.

- **줄거리**

곰돌이가 무선조정 비행기 날리는 것을 본 야옹이가 부러워하였다. 곰돌이는 우쭐해 하면서 자랑하고 있을 때 너구리가 비행기를 몰고 나타났다. 너구리가 비행기에서 내리자 야옹이는 너구리를 부러워하였다.

야옹이가 너구리를 부러워하자, 곰돌이는 비행기에 올라가서 이것저것 만지기 시작했다. 너구리는 나중에 비행기 조정을 가르쳐 주겠다고 말하였지만 곰돌이는 비행기를 모는 꿈을 꾸다가 그만 비행기 버튼을 눌렀다. 비행기가 출발하고 곰돌이는 야옹이와 함께 비행기를 몰게 되었다. 신나게 비행기를 몰고 즐거워하였다. 그러나 비행기 조작을 배우지 않았던 곰돌이는 착륙하지 못하였다. 너구리는 풍선을 이용해서 비행기 조작법을 적은 종이를 전달하였다. 곰돌이는 너구리가 적어준 방법대로 비행기를 조작해서 무사히 착륙하였다.

령리한 너구리(32부) : 노 없는 배로

- **제작** : 조선과학교육영화촬영소 아동영화창작단
- **시간** : 13분 • **분류** : 만화영화
- **스탭** : 영화문학: 리종순 / 연출: 손종권 / 책임미술: 장영철·문성 / 촬영: 한봉기 / 미술: 박동봉·정문일·김국성 / 작곡: 김명희 / 연주: 영화및방송음악단 / 지휘: 박미선
- **주제** : 작용과 반작용의 법칙.

- **줄거리**

너구리와 곰돌이, 야옹이는 강 건너에 있는 수박 상자를 실어오는 경기를 하였다. 강 건너까지는 배를 타고 가야 하는데, 배에는 노가 없었다.

곰돌이와 너구리는 열심히 손으로 노를 저어 가는데, 야옹이는 밧줄의 탄력을 이용하여 배로 강 건너까지 먼저 닿았다.

너구리와 곰돌이, 야옹이는 강을 건넌 다음 상자를 배에 실었다. 이때 너구리가 상자와 함께 돌을 싣자 모두들 의아해 하였다. 수박상자를 다 실을 곰돌이와 야옹이가 다시 강 건너로 돌아가려 하였다. 곰돌이와 야옹이는 손으로 노를 저어 오는데, 너구리는 배에 실었던 돌을 던지면서, 그 반동으로 배를 움직여 가장 먼저 도착하였다.

령리한 너구리(33부) : 그림자 탓일가

- **제작** : 조선과학교육영화촬영소 아동영화창작단
- **시간** : 12분   **분류** : 만화영화
- **스탭** : 영화문학: 김관선 / 연출: 김관선 / 책임미술: 김유성·정현철 / 촬영: 리영호 / 미술: 장순남·양순학·윤주성 / 작곡: 김명희 / 연주: 영화및방송음악단 / 지휘: 박미선
- **주제** : 두 변이 같은 직각삼각형을 이용한 높이 재기.

- **줄거리**

놀이공원으로 너구리, 곰돌이, 야옹이 세 친구가 놀러왔다. 공원에서는 벽화를 그리는데, 너구리를 그리는 것을 보고는 곰돌이와 야옹이는 자기 그림도 그려달라고 부탁하였다. 마침 밧  줄에 달린 기구의 높이를 재야하는데, 염소할아버지는 높이를 재면 곰돌이와 야옹이를 벽화로 그려주겠다고 약속하였다.

곰돌이와 야옹이는 너구리가 했던 것처럼 그림자를 이용하여 높이를 재려고 하였다. 야옹이와 곰돌이는 그림자를 이용하여 밧줄에 달린 기구의 높이를 재는데, 구름이 해를 가리자 그림자가 없어졌다. 해가 나타났다가 없어지기를 반복하다가 날씨가 흐려지자 더 이상 그림자를 잴 수 없었다. 이때 너구리는 두 변의 길이가 같은 직삼각형자를 이용하여 꼭지점을 이용하여 높이를 쟀다. 너구리의 재주를 본 두 친구는 열심히 공부할 것을 약속하였다.

령리한 너구리(34부) : 물놀이장에서

- **제작** : 조선과학교육영화촬영소 아동영화창작단
- **시간** : 12분 • **분류** : 만화영화
- **스탭** : 영화문학: 림창규 / 연출: 장철수 / 책임미술: 최일찬·백연희 / 촬영: 김제홍 / 미술: 장학산·리순곤·송태근 / 작곡: 백인선 / 연주: 영화및방송음악단 / 지휘: 장조일
- **주제** : 대기압과 진공에 대한 과학지식.

• **줄거리**

곰돌이와 야옹이, 너구리는 산꼭대기 수영장으로 물놀이를 갔다. 수영장에서 여러 동물들과 물놀이를 즐기고 있었다. 물놀이장 위에는 물을 담아둔 물썰매장이 있었다.

곰돌이와 야옹이가 물 위로 올라가서는 물을 담아둔 탱크의 문을 열었다. 그러자 아래로 물이 쏟아지면서 산꼭대기 수영장에 물이 넘쳐났고 수영하던 동물들이 물살에 휩쓸려 절벽으로 떨어지게 되었다. 이때 너구리가 헬리콥터를 타고 위로 올라가 탱크의 뚜껑을 닫았다. 그러자 물은 더이상 내려가지고 않고 멈추었다. 이어서 너구리가 물탑의 높이를 올리자 바닥에 있던 물들은 다시 위로 올라가고 수영장은 원래대로 돌아갔다. 의아해 하는 두친구에게 너구리는 대기압과 진공에 대한 지식을 알려 주었다.

령리한 너구리(35부) : 열대림에서 있은 일

- **제작** : 조선과학교육영화촬영소 아동영화창작단
- **시간** : 12분　　• **분류** : 만화영화
- **스탭** : 영화문학: 권명선 / 연출: 김관선 / 책임미술: 정현철 · 김유성 / 촬영: 강태영
  / 미술: 박동봉 · 류경연 · 박도훈 / 작곡: 백인선 / 연주: 영화및방송음악단 /
  지휘: 장조일
- **주제** : 열대식물에 대한 지식.

• **줄거리**

　곰돌이와 야옹이, 너구리기 비행기
를 타고 열대림으로 여행하게 되었
다. 너구리는 비행기 안에서도 열대
식물에 대한 공부를 게을리 하지 않
았다.

　세 친구가 비행기에서 내려서, 열대림을 둘러보게 되었다. 열대림에서
맛있는 바나나도 따먹으면서 즐거운 시간을 보내고 있었다. 그때 같은
비행기를 타고 왔던 토끼들이 가방을 조심스럽게 다루는 것을 보고 이상
한 생각을 하였다. 숲속에서 토끼들이 땅을 파고 무엇인가를 감추는 것
을 보고는 폭탄으로 오해하였다.

　너구리와 야옹이는 토끼들이 잡으러 갔다. 야옹이와 곰돌이는 토끼에
게 폭탄을 달라고 하였고, 토끼는 안 준다고 하면서 실랑이를 벌였다. 이
때 어디서 큰 폭발음이 들리면서, 귀신나무가 달려오는 것을 보고 혼비

백산하여 도망쳤다. 너구리가 나타나서 열대림의 비밀을 알려주었다. 토끼의 가방에는 새끼 가시두더지가 있었다. 토끼는 새끼 두더지에게 줄 개미를 찾고 있었던 것이었다. 폭탄 터지는 소리로 오해한 것은 조팝나무 열매가 터지는 소리였고, 귀신웃음 소리처럼 들렸던 것은 웃음나무가 바람에 흔들리는 소리였다. 귀신나무는 수분이 마르면 자리를 옮기는 신기한 나무였다. 열대에는 여러 가지 신기한 나무들이 있다는 것을 알게 된 곰돌이는 자기도 열대림 상식을 배우겠다면서, 너구리에게 책을 보여 달라고 부탁하였다.

령리한 너구리(36부) : 위험표식

- **제작** : 조선과학교육영화촬영소 아동영화창작단
- **시간** : 12분   • **분류** : 만화영화
- **스탭** : 영화문학: 장철수 / 연출: 장철수 / 책임미술: 김인선 · 최일찬 / 촬영: 리영호
  / 미술: 박동봉 · 리진 · 강복남 / 작곡: 백인선 / 연주: 영화및방송음악단 / 지
  휘: 장조일
- **주제** : 함부로 친구를 의심하지 말라.

- **줄거리**

겨울이 되어 너구리는 얼음판에서
팽이도 치고 스케이팅도 하면서 즐거
운 시간을 보내고 있었다. 얼음판에
서 너구리가 노는 것을 본 야옹이와
곰돌이도 스케이트를 가지고 얼음판
으로 나가려 하였다.

너구리는 얼음판이 아직 단단하게 얼지 않은 것을 보고는 다른 동물들
에게 위험을 알리는 위험표식판을 만들었다. 얼마 지나지 않아 야옹이와
곰돌이가 얼음판으로 나갔다. 얼음판으로 간 곰돌이와 야옹이는 스케이
트를 타려고 하다가 너구리가 세운 위험표식을 보았다. 곰돌이는 너구리
가 혼자서만 연습하려고 위험표식을 만든 것으로 생각하였다. 곰돌이는
위험표식을 눈 속에 감추어 두고 얼음판으로 들어가서 스케이트를 타기
시작했다.

집으로 갔던 너구리는 위험표식판을 여러 개 만들어서 얼음판으로 돌아온다. 너구리는 얼음판에서 야옹이와 곰돌이가 스케이팅 하는 것을 보고 나오라고 말하였만 야옹이와 곰돌이는 너구리의 말을 듣지 않았다. 너구리의 만류에도 얼음판에서 나오지 않던 곰돌이와 야옹이는 얼음이 깨지면서 물에 빠졌다. 너구리는 밧줄을 나무에 걸고 얼음판으로 들어가 친구들을 구하였다. 곰돌이와 야옹이는 그제서야 너구리에 대한 오해를 풀고 잘못을 뉘우친다.

령리한 너구리(37부) : 곰의 그림숙제

- **제작** : 조선과학교육영화촬영소 아동영화창작단
- **시간** : 12분 · **분류** : 만화영화
- **스탭** : 영화문학: 김준옥 / 연출: 김준옥 / 책임미술: 리영일·장영철 / 촬영: 김길남
  / 미술: 손정석·안춘동·김성호 / 작곡: 백인선 / 연주: 영화및방송음악단 /
  지휘: 김철의
- **주제** : 자기 숙제는 자기가 하자.

- **줄거리**

곰돌이는 토끼를 그려오라는 숙제
를 해야 했는데, 자신이 없었다. 곰돌
이는 지나가던 야옹이에게 억지로
그림 숙제를 부탁하고는 학교에서 좋
은 평가를 받았었다. 학교에서 돌아
와 낚시를 즐기던 곰돌이와 야옹이에게 너구리가 나타났다.

너구리는 지금 학교운동장에서 그림 속의 동물들이 나와서 경주를 하
고 있다고 말하였다. 그림 속에서 나온 토끼들은 자기를 그린 주인들을
찾아서 달리기를 하였다. 곰돌이는 숙제로 낸 토끼를 보고 같이 달리려
고 하지만 그림에서 나온 토끼는 곰돌이가 주인이 아니라면서 함께 달리
지 않고 야옹이에게 가려고 하였다. 그때 야옹이에게는 다른 토끼가 나
타나 같이 달리자고 하면서 손을 잡았다. 곰돌이와 야옹이가 얽히고설키
면서 달리기에서 꼴등을 하고, 큰 망신을 당하였다. 그제서야 곰돌이와
야옹이는 숙제를 부탁하고, 대신 한 것이 잘못되었다고 뉘우쳤다.

령리한 너구리(38부) : 욕심많은 곰

• **제작** : 조선과학교육영화촬영소 아동영화창작단

• **시간** : 13분   • **분류** : 만화영화

• **스탭** : 영화문학: 오수남 / 연출: 장철수 / 책임미술: 김광혁 / 촬영: 리영훈 / 미술: 박봉동 · 현창만 · 김승남 / 작곡: 백인선 / 연주: 영화및방송음악단 / 지휘: 김철의

• **주제** : 욕심을 부리지 말라.

• **줄거리**

곰돌이, 야옹이가 너구리와 함께 풍년열매를 따러 가게 되었다. 너구리는 등에 멜 수 있는 프로펠러를 하나씩 나누어 주면서 날아다니면서 열매를 따자고 말하였다.

곰돌이는 많이 따려는 욕심으로 작은 바구니를 버리고 큰 바구니로 바꾸어 왔다. 그 사이 야옹이와 너구리는 곰돌이를 기다리면서 먼저 한 바구니를 다 채우고는 곰돌이 몫까지 따 놓았다. 큰 바구니로 바꾸어 온 곰돌이는 배나무 하나를 혼자서 독차지하고는 열매를 전부 따서 넣으려 하였다.

풍년열매를 다 따고 집으로 돌아가는 길에 곰돌이는 자기 바구니에 야옹이가 딴 열매까지 전부 담았다. 그러자 바구니는 무게를 이기지 못하고 냇물로 떨어졌다. 다행히 너구리와 야옹이가 곰돌이를 구하였다. 곰돌이는 욕심 부린 것을 후회하였다.

208

령리한 너구리(39부) : 남극에서 온 팽긴선수

- **제작** : 조선과학교육영화촬영소 아동영화창작단
- **시간** : 13분   • **분류** : 만화영화
- **스탭** : 영화문학: 김주신 / 연출: 김용찬 / 책임미술: 오순남·손영삼 / 촬영: 한봉기
  / 미술: 진일구·박정성·리명남 / 작곡: 백인선 / 연주: 영화및방송음악단 /
  지휘: 김철의
- **주제** : 지구는 위도에 따라서 밤낮의 길이가 다르다.

• **줄거리**

겨울 체육대회가 열리고, 세계 각 국에서 운동선수들이 도착하였다. 이 어서 안내할 동물들도 정해졌다.

북극에서 백곰선수는 야옹이가, 남 극에서 온 펭귄은 곰돌이가, 토끼선 수는 너구리가 맡기로 하였다. 너구 리는 곰돌이에게 남극에서 온 펭귄선수를 안내하기 위해서는 알아야 할 것이 있다면서, 일러줄 것이 있다고 하였다. 하지만 곰돌이는 들으려 하 지 않았다.

시합이 열리고 스케이팅 대회에서 펭귄이 우승을 하였다. 저녁이 되어 펭귄에게 개막식 봉화를 맡기려 하였다. 펭귄은 저녁때까지 어떻게 기다 리느냐면서 시간을 앞당겨 달라고 떼를 쓰다가 곰돌이에게 저녁때까지 알프스에 다녀오겠다고 말하고는 알프스로 떠났다.

펭귄이 떠난 다음 곰돌이는 너구리에게 갔다가 남극과 북극은 밤낮이 반년이나 된다는 것을 알았다. 곰돌이가 펭귄에게 연락을 하지만 펭귄과 연락이 되지 않았다. 걱정하는 가운데 개막식은 예정대로 열리게 되었다. 개막식이 열리자 펭귄이 보이지 않아 걱정하던 동물들은 펭귄이 성화를 올린다는 방송을 듣고 달려왔다. 펭귄은 알프스로 떠날 때 녹음기를 가져갔었는데, 그 녹음기에 너구리가 녹음한 말이 었었다. 펭귄은 "이 곳에서는 밤낮의 길이가 12시간 밖에 되지 않는다"는 너구리의 말을 듣고는 급히 돌아왔던 것이었다.

령리한 너구리(40부) : 누구의 발자국일가?

- **제작** : 조선과학교육영화촬영소 아동영화창작단
- **시간** : 12분   • **분류** : 만화영화
- **스탭** : 영화문학: 장철수 / 연출: 장철수 / 책임미술: 김광혁·김덕영 / 촬영: 김제홍
  / 미술: 리봉운·김응호·윤주성 / 작곡: 백인선 / 연주: 영화및방송음악단 /
  지휘: 박미선
- **주제** : 면적이 넓으면 높은 압력도 견딜 수 있다.

- **줄거리**

산에 큰 눈이 내리고, 곰돌이와 야옹
이는 신나게 스키를 즐기고 있었다. 야
옹이와 곰돌이가 신나게 놀다가 엄청나
게 큰 발자국을 발견하였다. 곰돌이는
큰 발자국이 분명 커다란 괴물의 것이라

고 생각하고는 너구리에게 알려주러 갔는데, 너구리는 밖으로 나가고 없었다.
곰돌이는 사냥총을 갖고 너구리를 찾으러 나섰다. 그때 커다란 눈사람 괴
물이 나타나고, 곰돌이와 야옹이는 혼비백산하여 도망쳤다. 하지만 얼마 가
지 못하고 눈사람에게 잡혔다. 눈사람은 사실 너구리가 눈을 치우기 위해 만
든 로봇이 눈을 뒤집어 쓴 것이었다. 너구리는 밑면이 넓으면 커다란 로봇도
눈에 빠지지 않는다고 알려주었다. 처음 로봇을 만들었을 때는 눈 속에 쉽게
빠졌는데, 발을 크게 만든 이후 눈 위를 걸어 다닐 수 있게 되었다고 알려 주
었다. 곰돌이는 큰 발자국만을 보고 괴물로 착각했다는 것을 알았다.

령리한 너구리(41부) : 너구리의 과일농사

- **제작** : 조선과학교육영화촬영소 아동영화창작단
- **시간** : 13분　　**분류** : 만화영화
- **스탭** : 영화문학: 김준옥 / 연출: 김광혁 / 책임미술: 윤주성·백학 / 촬영: 강태영 /
  미술: 장학산·박영일·강성일·김현철 / 작곡: 백인선 / 연주: 영화및방송음
  악단 / 지휘: 장명일
- **주제** : 적당한 음악은 과일재배에도 좋다.

- **줄거리**

　　과일 품평회를 앞두고 너구리는 음
악을 감상한 꽃이 더 빠르고 크게 자
란다는 사실을 친구들에게 알려주었
다. 너구리와 친구들은 음악으로 과
일을 키워서 과일품평회에 내놓기로

하였다. 곰돌이는 스피커를 설치하고 24시간 동안 음악을 매우 크게 틀
어놓았다. 야옹이가 놀러오자 야옹이의 갑작스런 방문에 놀란 곰돌이는
야외 스피커를 가리며 전등이라고 속였다. 야옹이는 과일에 하루 종일
빛을 쐬면 더 자랄 것이라 생각하고 자기 온실에다 전등을 설치하였다.
천둥번개가 치는 어느 밤, 너구리는 걱정되는 마음에 야옹이와 곰을 찾
아갔다. 과일들이 너무 과하게 받은 빛과 큰 음악 소리 때문에 말라 죽어
있었다. 너구리는 적당량의 햇빛으로 과일을 키웠고, 각각의 과일마다
어울리는 음악을 적정 시간 틀어 주어 많은 열매를 거두었다고 일러 주
었다.

212

령리한 너구리(42부) : 힘을 겨루는 경기

- **제작** : 조선과학교육영화촬영소 아동영화창작단
- **시간** : 13분   **분류** : 만화영화
- **스탭** : 영화문학: 김준옥 / 연출: 로민 / 촬영: 리영훈 / 책임미술: 안춘동·오성남 /
  촬영: 리영호/ 미술: 김운준·김은훈·김응호·김철룡 / 작곡: 백인선 / 연주:
  영화및방송음악단 / 지휘: 장명일
- **주제** : 물의 부력.

- **줄거리**

너구리, 야옹이, 곰돌이가 힘을 겨
루는 경기에 참가하였다. 경기는 12
장의 블록을 강 건너편으로 먼저 옮기
면 이기는 시합이었다.

야옹이는 블록을 한 장씩 들고 재

빠르게 나르고, 힘이 센 곰돌이는 한꺼번에 여러장을 들고 날랐다. 블록
을 나르던 너구리는 야옹이가 다리를 흔드는 바람에 강에 빠졌다.

물에 빠진 너구리는 블록이 물에 뜨는 것을 알고는 강을 직접 건너기
로 하였다. 다리로 블록을 옮기던 야옹이와 곰은 다리 위에서 만나 서로
건너가지 못하게 방해하였다. 그 사이 너구리는 물의 뜰힘(부력)을 이용
하여 블록을 날랐다. 결국 뜰힘을 이용한 너구리가 경기에서 1등을 하였
다. 너구리는 물속에 담긴 과일주머니를 꺼낼 때에도 물의 뜰힘을 이용
하여 나뭇가지를 이용하여 가볍게 건져 올렸다.

령리한 너구리(43부) : 없어진 어항의 물

- **제작** : 조선과학교육영화촬영소 아동영화창작단
- **시간** : 13분 **분류** : 만화영화
- **스탭** : 영화문학: 김관선 / 연출: 김관선 / 책임미술: 오광성 / 촬영: 리영훈 / 미술: 리광수·조광철 / 작곡: 백인선 / 연주: 영화및방송음악단 / 지휘: 박미선
- **주제** : 모세관 현상.

- **줄거리**

곰돌이가 삼촌에게 선물 받은 금붕어를 친구들에게 자랑하였다. 어항 안에 실끈이 달린 구슬을 넣고 이리저리 움직여 금붕어가 헤엄치는 모습을 보여주며 즐거운 시간을 보냈다. 곰돌이는 너구리가 새 어항을 선물해주겠다고 하자 금붕어에게 구슬과 놀라고 하면서 구슬 끈을 어항에 담가둔 채 집을 나섰다.

며칠 후, 집에 들어가 보니 금붕어의 어항에 물이 사라지고 금붕어가 죽어가고 있었다. 화가 난 곰돌이는 집 담벼락에 찍힌 야옹이의 발자국을 보고 야옹이가 몰래 들어와 물을 없앴다고 생각하였다. 그 말을 들은 너구리는 주위를 살피다가 끈이 달린 구슬을 발견하였다. 너구리는 어항에 담겨있던 구슬의 실끈을 통해서 물이 흘러내린 사실을 알아내고 실관(모세관)현상에 대해 설명해 주었다. 마침 꽃의 줄기기 어떻게 물을 끌어 올려 먹는가에 대해 궁금해 하던 아기염소들도 고체와 액체가 맞닿았을 때 고체의 끌힘이 더 커서 액체가 고체에 끌려 올라가는 실관현상 때문이라는 것을 알게 되었다.

령리한 너구리(44부) : 물스키경기 하는 날

- **제작** : 조선과학교육영화촬영소 아동영화창작단
- **시간** : 13분 ㆍ **분류** : 만화영화
- **스탭** : 영화문학: 장명희 / 연출: 김관선 / 책임미술: 홍종철ㆍ손철오 / 촬영: 김길남
  / 미술: 리광식ㆍ김철룡ㆍ김현철ㆍ박영철 / 작곡: 김영성 / 연주: 영화및방송
  음악단 / 지휘: 홍승학
- **주제** : 액체의 종류에 따라서 비중과 무게는 차이가 있다.

- **줄거리**

　너구리와 곰, 야옹이가 물스키(수상스키) 경기 참가 준비를 하고 있었다. 염소할아버지는 선수로 출전하는 야옹이에게 힘을 북돋아주기 위해 왕벌꿀 5kg을 주었다. 하지만 곰이 받아온 왕벌꿀 5ℓ 통에는 꿀이 절반 정도 밖에 없었다. 야옹이는 곰이 오면서 중간에 먹었다고 의심하였다.

　경기 날이 되어 야옹이는 보트에 넣을 휘발유를 가지러 갔다. 휘발유 5kg이 필요했던 야옹이는 5ℓ 통 가득 휘발유를 담아왔다. 그러나 경기 시작 후, 보트에 기름이 떨어지면서, 보트가 멈추었다. 물스키를 하던 야옹이도 부상을 입었다. 휘발유 5kg은 5ℓ 가 아니었던 것이다. 물은 1ℓ 가 곧 1kg이지만, 액체마다 비중이 달라서 휘발유는 1ℓ 가 약 0.74kg에 해당하기 때문에 휘발유 5kg을 얻기 위해서는 7ℓ 의 통이 필요하다는 것을 몰랐던 것이다. 야옹이는 꿀도 kg과 ℓ 의 비중이 서로 달라서 5ℓ 통에 가득 차지 않았던 것이었다. 사실을 알게된 친구들은 곰에 대한 오해를 풀었다.

령리한 너구리(45부) : 너구리가 감춘 남비

- **제작** : 조선과학교육영화촬영소 아동영화창작단
- **시간** : 13분　· **분류** : 만화영화
- **스탭** : 영화문학: 윤현희 / 연출: 장철수 / 책임미술: 장영철·류세종 / 촬영: 김설남
  / 미술: 리성철·정수남·리순곤·윤용남 / 작곡: 백인선 / 연주: 영화및방송
  음악단 / 지휘: 장명일
- **주제** : 낙뢰의 위험성.

- **줄거리**

　너구리와 야옹이, 곰돌이는 물고기
요리를 해 먹으러 강가에 갔다. 물고기
를 냄비에 끓여먹으려는데 비가 오기
시작하였다. 우비를 가지러 가던 너구
리는 벼락이 칠 수도 있다는 생각에 친

구들에게 나무 밑을 피하라고 하면서 금속으로 된 냄비를 멀리 놓아두었다.
　그러나 너구리의 충고를 무시한 친구들은 나무 밑에서 냄비를 머리에 쓰
고 비를 피하고 있었다. 멀리서 우비를 가지고 돌아오던 너구리는 친구들의
모습을 보고 재빨리 냄비 모자를 벗기고 나무 밑에서 끌어냈다. 그 때, 벼락
이 큰 나무에 치면서 나무가 두 동강으로 쪼개지고, 냄비 뚜껑도 타버렸다.
너구리는 벼락이 굉장히 센 전기이기 때문에 전기가 잘 통하는 냄비를 들고
있으면 벼락 맞을 확률이 아주 높아진다고 알려주었다. 이 사실을 몰랐던
야옹이와 곰돌이는 생명을 구해준 너구리에게 고마워하였다.

216

령리한 너구리(46부) : 언 사과

- **제작 :** 조선과학교육영화촬영소 아동영화창작단·1994년
- **시간 :** 13분   · **분류 :** 만화영화
- **스탭 :** 각색: 김준옥 / 연출: 김준옥·신철균 / 책임미술: 백학·조광철 / 촬영: 한봉기 / 미술: 김상익·강룡석·김응호·천순철 / 작곡: 윤정호 / 연주: 영화및방송음악단 / 지휘: 김산동
- **주제 :** 찬물을 이용한 해동, 하나를 알아도 똑바로 알아야 한다.

- **줄거리**

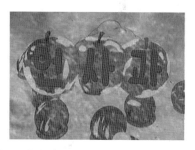

겨울 경기가 열리자 곰돌이는 너구리와 야옹이에게 구경하고 가자고 졸랐다. 야옹이와 너구리는 곰이 텔레비전을 보고 있는 동안 사과를 챙겨오기로 하였다. 텔레비전을 보고 나온 곰돌이는 자동차가 없어진 것을 보고는 차를 따라잡겠다면서 뛰어갔다. 그때 사과를 챙겨 온 너구리와 야옹이도 곰을 찾으러 떠났다.

걸어가던 곰돌이는 추운 날씨에 손발이 얼어붙었다. 곰돌이를 찾은 야옹이와 너구리는 곰돌이를 차 안으로 데리고 가서는 차가운 눈으로 곰의 손을 비볐다. 차가운 눈은 언 독을 빼주는 기능이 있었다. 너구리의 지혜로 곰돌이는 다행히 크게 다치지는 않았다.

세 동무가 사이좋게 차를 운전하고 가다가 눈길에 차가 움직이지 않자 세 친구는 직접 사과를 지고 가기로 하였다. 교대시간에 맞추어 도착한

세 동무는 교대선수들에게 사과를 주었다. 선수들은 사과가 얼었다며 녹여달라고 하였다.

곰돌이는 뜨거운 물로 녹이고 너구리는 찬 물에 언 사과를 녹였다. 뜨거운 물에 녹인 사과는 겉만 녹고 속은 하나도 녹지 않았다. 너구리는 곰의 손이 얼었을 때 눈으로 손을 비빈 것과 마찬가지로 찬물이 사과 속에서 언 수분을 끌어당기는 힘이 있기 때문에 찬물에 사과를 녹이는 것이 가능하다며 원리를 설명해 주었다. 너구리와 야옹이는 자신들이 녹인 사과를 곰 선수들에게도 나누어 주었다. 사과를 먹은 선수들은 힘을 내어 다시 경기에 출전하고 훌륭하게 경기를 하였다.

령리한 너구리(47부) : 렬차안에서

- **제작** : 조선4·26아동영화촬영소
- **시간** : 13분   • **분류** : 만화영화
- **스탭** : 영화문학: 리정화 / 연출: 김광성·리석훈 / 책임미술: 리동철·김광협 / 촬영: 리영훈 / 미술: 손정석·리광성·유광철 / 작곡: 백인선 / 연주: 영화및방송음악단 / 지휘: 정일영
- **주제** : 동물에 따라서 체온이 다르다.

- **줄거리**

향기봉에 등산여행을 가기로 한 야옹이, 곰돌이, 너구리 그리고 삐영이 (병아리)가 기차를 타고 가면서 즐거운 시간을 보내고 있었다. 다른 동물들이 노래를 부르며 놀고 있을 때 너  구리는 열심히 과학상식을 공부하였다. 아름다운 풍경을 뒤로하면서 향기봉으로 여행을 가면서 즐거워 하였다. 하지만 기차여행에 익숙하지 않은 삐영이는 멀미를 하였다.

기차가 역에 머문 사이 너구리는 급히 내려 멀미약을 사러 간다. 그 사이에 야옹이와 곰돌이는 삐영이에게 해열제를 2알이나 먹였다. 삐영이는 아직 어려서 반을 먹여야 하는데, 곰돌이가 괜찮다면서 2알이나 먹인 것이었다. 너구리는 시간에 쫓기면서 멀미약을 사오다가 넘어지면서, 기차를 놓쳤다. 다행히 지나가는 멍멍이 아저씨가 태워 주어서 다시 기차를

탈 수 있었다. 다시 기차에 오른 너구리는 삐영이를 안고 병원으로 갔다.

곰돌이와 야옹이는 너구리에게 왜 해열제를 먹였는데도 삐영이의 열은 내리지 않았는지 궁금해 하였다. 너구리는 모든 동물은 정상 체온이 각기 다른데 닭의 경우 다른 동물에 비해 상대적으로 체온이 높기 때문에 42도 정도가 적정 체온이라고 알려주었다. 곰돌이와 고양이는 그것도 모르고 해열제를 먹였다며 이제부터 자신들도 너구리처럼 늘 책을 놓지 않고 공부하겠다고 다짐하였다.

령리한 너구리(48부) : 꿀단지에 비낀 두 모습

- **제작** : 조선4·26아동영화촬영소
- **시간** : 14분   · **분류** : 만화영화
- **스탭** : 영화문학: 방순용 / 연출: 김준옥·손철오 / 책임미술: 오성철·김철웅 / 촬영: 긴순호 / 미술: 최성익·고은철·황철진 / 작곡: 백인선 / 연주: 영화및방송음악단 / 지휘: 정일영
- **주제** : 곤경에 처한 이웃을 도와주어야 한다.

- **줄거리**

너구리와 야옹이가 밤을 따고 곰돌이는 냇가에 앉아 낚시를 하고 있었다. 고기가 잘 안 잡히자 곰돌이는 옆에 세워져있던 배를 타고 나갔다가 낭떠러지에 휩쓸렸다. 이를 본 너구리는 곰을 구하러 달려들었다가 함께 물에 빠졌다. 다행히 멍멍이의 도움으로 무사히 구출되었다. 하지만 아픈 몸을 이끌고 두 친구를 구한 멍멍이는 쓰러졌다.

곰돌이와 야옹이, 너구리는 곰을 위해 무언가 하고 싶었다. 산청(꿀)이 몸에 좋다는 것을 안 곰돌이는 할아버지에게 부탁해서 산청을 얻었다. 멍멍이에게 다가 해리서(수달)을 만났다. 해리서는 곰돌이에게 잉어 100마리와 바꾸자고 하였다. 꼬임에 넘어간 곰돌이는 산청과 잉어를 바꾸었다. 곰돌이는 잉어를 들고 멍멍이를 찾아갔다. 곧이어 너구리도 도착하

였다. 너구리는 곰돌이가 해리서에게 주었던 산청 단지를 꺼내 멍멍이에게 주었다. 해리서들은 자신들을 도와준 너구리에게 감사의 표시로 산청을 준 것이다. 곰돌이는 산청을 처음 가져올 때의 순수한 마음을 생각하면서 해리서에게 받은 잉어를 모두 돌려주기로 하였다. 그 사실을 안 야옹이와 너구리는 곰돌이를 칭찬해 주었다.

령리한 너구리(49부) : 바다가에서 있은 일

- **제작** : 조선4·26아동영화촬영소
- **시간** : 13분　•**분류** : 만화영화
- **스탭** : 영화문학: 김수화 / 연출: 김준옥·박광현 / 책임미술: 문창일·김웅호 / 촬영: 김길남 / 미술: 신성철·리영철·김명진 / 작곡: 백인선 / 연주: 영화및방송음악단 / 지휘: 정일영
- **주제** : 밀물과 썰물의 원리.

- **줄거리**

곰돌이와 야옹이는 바다를 보지도 못한 채 바다에 대해 공부하려니 힘들다면서 투덜거렸다. 너구리는 방학이 끝나면 바로 학습 경연인데 곰돌이와 야옹이가 바다에 대해 제대로 공부하지 않을 것을 걱정하였다.

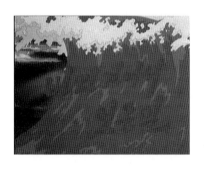

너구리는 쌍둥이 동생들이 살고 있는 바닷가에 가서 학습터를 만들 생각을 하였다. 그리고는 너구리가 바다로 간 다음 곰돌이와 야옹이도 바다로 갔다. 야옹이와 곰돌이는 너구리의 계획도 모르고 너구리가 몰래 혼자서만 바다에 대해서 공부하려 한다고 오해하였다. 그리고 자기들도 학습터(공부방)를 만들기로 하였다.

너구리는 바닷가에서 멀리 떨어진 곳에 학습터를 만들었는데, 곰돌이와 야옹이는 밀물이 들어올 것을 생각지 못하고 바닷물 가까이에 자

신들의 학습터를 만들었다. 저녁이 되어 밀물이 밀려오고 야옹이와 곰돌이는 위험에 처하였다. 너구리는 위험을 무릅쓰고 쌍둥이 동생들과 함께 야옹이와 곰을 구해내서 자기의 학습터로 데려왔다. 비로소 너구리의 마음을 알게 된 두 친구는 너구리에게 사과하였다. 그리고 열심히 공부해서 경연에서 일등 할 것을 약속하였다.

령리한 너구리(50부) : 야옹이가 받은 꽃다발

- **제작** : 조선4·26아동영화촬영소
- **시간** : 13분   **분류** : 만화영화
- **스탭** : 영화문학: 김준옥·김수화 / 연출: 박경수 / 책임미술: 류세종·리영일 / 촬영: 남경수 / 미술: 리성철·전광옥·장영남 / 작곡: 백인선 / 연주: 영화및방송음악단 / 지휘: 정일영
- **주제** : 무게와 중심의 원리, 개인의 명예보다 집단의 명예가 중요하다.

- **줄거리**

음악 경연대회를 앞두고 동물들이 열심히 준비하고 있었다. 독주를 맡은 야옹이가 특별히 연주를 잘하여서 야옹이만 나가면 틀림없이 일등을 할 것이라고 생각하였다. 경연대회를 준비  중인 친구들에게 양 아주머니가 경연대회에서 입을 무대복을 나누어 주었다.

모두들 같은 옷이라는 것을 안 야옹이는 자기는 독주연주인데, 다른 단원들과 똑같이 옷을 입는다는 사실을 알고는 속상해 하였다. 야옹이는 양 아주머니에게 자기의 옷만 따로 만들어 달라고 부탁을 하였다. 양 아주머니도 그러겠노라고 답하였다. 갑자기 경연 날이 앞당겨졌다. 다급해진 야옹이는 폭우를 뚫고 양 아주머니에게 달려갔다.

양아주머니는 아직 옷이 아직 안 만들어졌다면서, 야옹이를 기다리게

하였다. 그리고는 서둘러 옷을 완성하였다. 야옹이는 옷을 가지고 연주회 시간을 맞추기 위해 급히 달려왔다. 하지만 급한 물살에 다리가 끊어진 것을 보고는 실망하였다.

이때 야옹이를 데리러 오던 너구리 일행을 만났다. 너구리는 짧은 판자를 겹쳐 다리를 만들고, 너구리가 만든 다리로 야옹이는 무사히 건너갈 수 있었다. 시간에 맞추어 진달래동산 친구들도 경연대회에 참가할 수 있었다. 진달래 친구들은 연주 실력을 뽐내고 5점 만점을 받았다.

령리한 너구리(51부) : 열대섬동산에서 있은 일

- **제작** : 조선4·26아동영화촬영소
- **시간** : 14분　**분류** : 만화영화
- **스탭** : 영화문학: 최인성 / 연출: 김용찬·로민 / 책임미술: 류세종·문창일 / 촬영: 김제흥 / 미술: 차의건·김경호·김철남 / 작곡: 백인선 / 연주: 영화및방송음악단 / 지휘: 정일영
- **주제** : 물과 기름의 비중 차이. 공부는 평소에 열심히 해야지 응용력도 생긴다. 갑자기 공부하는 학습방법은 옳지 않다.

- **줄거리**

　너구리가 공부하고 있을 때였다. 야옹이가 열대섬에서 너구리와 곰돌이, 야옹이를 초청한다는 초청장을 보여주었다. 곰돌이와 야옹이가 열대섬으로 갈 준비를 하고 있을 때, 영리한 너구리를 초청하는 또 다른 초청장이 도착하였다.

　여기 저기서 영리한 너구리라고 칭찬하는 것을 본 곰돌이는 자기도 영리하다는 칭찬을 듣고 싶었다. 곰돌이는 열심히 공부하기로 작정하고는 책을 챙겨 떠났다. 곰돌이가 공부하는 것을 본 야옹이는 자기만 무식쟁이가 되지 않을까 걱정이 되었다. 야옹이는 잠든 곰돌이 책으로 공부를 하였다. 열대섬에 도착하자 동물들이 나와서 환영하였다.

　열대섬에서는 너구리를 초청한 원숭이와 코끼리가 서로 너구리를 데려가겠다면서 실랑이를 벌였다. 이때 곰돌이가 나서서 자기도 아는 것이

많다고 자랑하였다. 동물들이 곰돌이에게 몇 가지를 물어보자, 곰돌이가 정확하게 대답하였다. 이를 본 코끼리와 하마는 곰돌이가 영리하다면서 곰돌이를 데려갔다. 영리한 너구리가 왔다는 소식을 들은 캥거루가 자동차에 기름을 넣다가 주유구를 막지도 않고 너구리를 보러왔다. 캥거루가 너구리를 보러 나온 사이에 주유구에서 흘러나온 기름때문에 큰 화재가 났다.

코끼리가 물로 불을 끄려고 하였다. 곰돌이가 나서서 기름으로 붙은 불에 물을 뿌리면 불이 더 커진다면서 물로 끄지 못하게 하였다. 너구리는 주유차에서 기름이 계속 흘러나오는 것을 보고는 소방호수로 유조차에 물을 넣었다. 너구리가 물을 넣자 주유차에서는 물이 흘러나오고 불은 더 이상 번지지 않았다. 물의 비중이 기름보다 크기 때문에 물이 먼저 나온 것이었다. 너구리는 동물들에게 물과 기름의 비중차이를 설명해 주었다.

멍멍이의 벽시계

- **제작** : 조선4·26아동영화촬영소
- **시간** : 15분　**분류** : 인형영화
- **스탭** : 영화문학: 최일남·김화성 / 연출: 박광진 / 책임미술: 리경철 / 촬영: 서광·김창호 / 작곡: 김성희 / 연주: 영화및방송음악단 / 노래: 평양률곡고등중학교 / 지휘: 장명일
- **등장인물** : 멍멍이, 깡충이.
- **주제** : 시계추의 동작 원리

- **줄거리**

학교에서 돌아오는 멍멍이가 투덜거리면서 동생 얼룩이에게 학교에서 있었던 일을 이야기해 주었다. 멍멍이는 '흔들이'에 대한 공부를 제대로 못해서 깡충이에게 창피를 당했다면서 투덜거렸다.

이때 방송국에 다니는 멍멍이 삼촌의 전화가 왔다. 멍멍이 삼촌은 텔레비전에서 공부 잘하는 샘골동산 아이들을 소개할 것이라고 말해 주었다. 멍멍이는 자기 혼자서만 텔레비전에 나올 욕심으로 자기 집만 찍어 달라고 졸랐다.

5시에 만나기로 약속을 한 멍멍이는 방을 깨끗하게 치우며, 삼촌을 맞을 준비를 하였다. 이때, 깡충이가 찾아와서는 내일 10시에 흔들이에 대한 시험이 있다고 알려주었다. 집안을 정리하던 멍멍이는 집안을 예쁘게

보이려고 벽시계 추에다 인형을 달아 두었다.

멍멍이는 깡충이가 텔레비전 촬영을 한다고 말하는 것을 듣고는 혹시 깡충이네 집만 찍는 것이 아닐까 걱정하였다. 시계를 보니 촬영하기로 한 시간까지는 한 시간이나 남아 있었다. 멍멍이는 집안을 예쁘게 보이게 하려고, 얼룩이와 함께 앵두골에 가서 이것저것을 빌려오기로 하였다. 앵두골에 다녀온 멍멍이와 얼룩이는 삼촌이 와서 기다리다가 돌아갔다는 메모를 보았다. 멍멍이는 깡충이 집을 찍고 돌아가는 삼촌 차를 발견하고 따라갔지만 놓치고 말았다. 이때 5시를 알리는 벽시계 종소리와 함께 6시를 알린다는 방송이 나왔다.

벽시계가 늦게 가는 것을 본 멍멍이는 깡충이가 시간을 잘못 맞추어 놓았다고 생각하였다. 멍멍이가 화를 내자 깡충이는 흔들이의 원리를 설명해 주면서 시간이 잘못된 것은 추에 인형을 달아놓았기 때문이라는 것을 알려주었다.

메돼지네 담장

- **제작** : 조선과학교육영화촬영소 아동영화창작단, 1985년
- **시간** : 14분 　• **분류** : 인형영화
- **스탭** : 영화문학: 손종권 / 연출: 손종권 / 촬영: 강태영 / 미술: 진공훈 / 작곡: 백인선
- **등장인물** : 메돼지, 승냥이, 메돼지 형.
- **주제** : 자기 힘만 믿고 안심하고 있다가는 적에게 당할 수도 있다.

- **줄거리**

　동물들이 살고 있는 동산에 힘 장수로 소문난 메돼지가 있었다. 메돼지는 힘센것만 믿고 우쭐거리기를 좋아하였다.

　동산에는 승냥이가 살고 있었는데, 메돼지네 집에서 먹을 것을 훔쳐오곤 하였다. 하루는 메돼지 집에 숨어들었다가 들켜서 도망치다가 꼬리가 빠졌다. 꼬리까지 빠진 승냥이는 메돼지에게 복수를 벼르고 있었다.

　한편 메돼지는 겨울을 대비하여 물고기와 꿀을 창고 가득 마련하고는 방심하고 있었다. 혼이 난 메돼지가 감히 다시는 쳐들어오지 못할 것이라고 생각하였다. 그러는 메돼지에게 형이 와서 충고를 하였다. 형은 담장도 높이 쌓고 담장 밖으로 뻗은 나뭇가지도 정리해서 넘어오지 못하게 하라고 주의를 주지만 동생은 듣지 않았다. 기회를 엿보던 승냥이는 멧

돼지가 방심한 틈을 타 멧돼지의 창고에서 겨울 양식을 훔쳐갔다.

겨울 양식을 지키기 위해 멧돼지는 벽돌로 담장을 더 높이 쌓았다. 벽돌을 쌓던 멧돼지는 나뭇가지가 안으로 뻗어 있는 것을 보고도 그냥 지나쳤다. 승냥이가 나무를 오르지 못할 것이라고 생각한 것이었다. 멧돼지는 밤이 지나고 물고기와 꿀이 그대로인 것을 보고 안심하였다. 하지만 다음 날 승냥이는 쇠발(쇠로 만든 갈고리가 달린 발)을 이용하여 나무에 올라 멧돼지네 집으로 들어가 남은 물고기와 꿀을 훔쳐갔다.

승냥이에게 겨울 양식을 모두 빼앗긴 멧돼지는 형의 말을 듣지 않을 것을 후회하였다. 그리고는 담장을 더 높이 쌓고 나뭇가지도 치고 단단히 대비하였다.

무엇이나 물어보세요⑴ : 가까이서 찾은 명약

- **제작** : 조선4·26아동영화촬영소
- **시간** : 12분　·**분류** : 만화영화
- **스탭** : 영화문학: 황두만 / 연출: 윤영길 / 책임미술: 리문철·한철 / 촬영: 김길남 / 작곡: 백인선 / 미술: 홍영남·허남수·김정훈 / 연주: 영화및방송음악단 / 노래: 평양률곡등중학교 / 지휘: 장명일
- **등장인물** : 창동이, 복동이, 할아버지.
- **주제** : 다양한 생활 상식을 잘 알아두면 어려운 문제도 해결할 수 있다.

· **줄거리**

　방학이 되자 형 창동이와 동생 복동이 할아버지 집에 놀러갔다. 형제가 상식 책을 들고 있는 것을 본 다른 동물들이 칭찬을 하였다. 하지만 창동이는 상식 책을 멋으로만 들고 다니면서 책을 들여다보지는 않았다.

　할아버지가 책을 읽는 동생을 칭찬했던 것을 생각 창동이는 할아버지 집에 도착할 때 동생이 보고 있던 상식 책을 빼앗아 자기가 들고 들어갔다. 할아버지는 창동이가 상식 책을 읽고 다니는 줄 알고 칭찬하였다.

　할아버지 집에 도착한 형제는 식물 채집하러 나갔다. 식물 채집하던 형제는 버섯을 발견하였다. 복동이가 무슨 버섯이냐고 물어보자 창동이는 슬쩍 상식 책을 훔쳐보고는 참나무 버섯이라고 말하였다. 복동이는 창동이가 먹을 수 있다고 한 말만 믿고 버섯을 먹었다가 배탈이 났다. 창동이

233

가 다시 상식 책을 살펴보니 복동이가 먹은 버섯은 독버섯이었다. 창동이는 복동이를 놔두고 급히 할아버지를 찾았다.

창동이가 할아버지를 찾았지만 할아버지가 없었다. 할아버지를 찾지 못하고 돌아왔더니 복동이도 보이지 않았다. 창동이가 할아버지를 찾으러 간 사이에 할아버지가 산에 왔다가 복동이를 발견하고 배탈을 고쳐주었던 것이었다. 이때 창동이 배도 아파 오기 시작하였다. 창동이가 배를 잡고 아파하는데 할아버지가 생가지를 주었다. 생가지를 먹고 창동이도 배가 나았다. 창동이는 상식 책에 생가지가 독버섯의 독을 풀어 주는 성분이 있다는 것을 알았다. 창동이는 책을 유심히 보지 않고 들고만 다녔던 자신을 반성하면서 상식의 중요성을 깨달았다.

무지개성에 깃든 전설

- **제작** : 조선과학교육영화촬영소 아동영화촬영소, 1987년
- **시간** : 57분 **분류** : 인형영화
- **등장인물** : 철마장수, 아지, 관비설매, 비장.
- **주제** : 나라와 자기 마을을 사랑하자.
- **특기** : 2부작으로 구성된 장편 만화영화.

- **줄거리**

1부 성돌

평화로운 마을에 왜적들이 쳐들어왔다. 대장장이 철마장수와 딸 아지는 힘겨운 싸움 끝에 왜적을 물리쳤다. 왜적을 물리치기는 하였지만 무지개 성이 무너져 위태로웠다. 철마장수와 아지는 성을 다시 쌓아 올릴 돌을 찾으러 나섰다.

무지개 성의 태수도 무지개성을 쌓을 성돌을 찾으러 나왔다. 철마장수를 본 태수는 철마장수를 성으로 불러 성 쌓는 책임자인 도감에 임명하였다. 도감으로 임명된 대장장이에게는 관비 설매가 내려졌다. 관비 설매는 사실 왜적의 첩자 아끼고였다. 설매는 비장을 이용하여 철마장수가 무지개 성을 쌓지 못하도록 계략을 꾸몄다. 비장은 신분이 천한 대장장이가 성을 쌓는 최고 책임자인 도감이 된 것을 못마땅하게 생각하고 있던 터라 설매의 말을 듣고 계략을 꾸몄다.

한편 철마장수는 마을사람들과 함께 부지런히 성을 쌓고, 철마장수의 딸 아지도 부지런히 무술을 연마하면서 왜적의 침입에 대비하였다. 성을

235

쌓는 일을 보러 온 태수는 부지런히 성을 쌓는 철마장수를 칭찬하면서 내일 사냥에 활 잘 쏘는 딸과 함께 오라고 하였다.

태수의 말을 들은 설매는 부하에게 내일 사냥대회에서 철마장수를 없애도록 지시하였다. 다음날 사냥터에서 왜적 첩자가 몰래 철마장수에게 활을 쏘았다. 하지만 아지가 활로 활을 쏘아 맞추어 떨어뜨리면서 왜적의 계획은 실패하였다.

설매는 다시 철마장수가 왜적과 소통하면서 성을 쌓는 척하다가 태수를 죽이고 봉화를 없애기로 하였다는 거짓 편지를 꾸몄다. 그리고 비장으로 하여금 태수에게 전하게 하였다. 설매의 계획에 속은 태수는 철마장수를 죽이라고 명령하였다.

2부 바위를 깨는 화살

억울한 누명을 쓴 아지는 아버지를 모해한 원수들을 물리치고 기필코 무지개 성을 쌓겠다고 결심하였다. 몸을 피하려던 아지는 설매의 정체도 모르고 오히려 설매를 걱정하였다. 아지와 같이 있던 설매는 비장에게 아지가 있는 곳을 알려주었다. 아지는 그런 줄도 모르고 자기 때문에 설매가 고생한다고 걱정하였다.

쫓기던 아지는 왜적의 표창을 맞고 벼랑으로 떨어졌다. 벼랑에 떨어진 아지는 마을 할아버지의 도움으로 살아났다. 아지는 아버지의 원수를 갚기 위하여 남장을 하고는 밤낮으로 활쏘기를 연습하였다. 아지는 활쏘기 연습을 하던 중에 왜적의 습격 받아 쓰러졌다. 다행히 간신히 살아났다. 아지는 아버지의 말을 새기면서 활쏘기에 정진한 결과 화살로 바위를 깰

수 있게 되었다.

한편 왜적이 쳐들어올 것을 걱정한 태수는 비장에게 성을 쌓도록 독촉하였다. 하지만 비장은 성돌이 없어서 성을 쌓지 못하였다. 이때 남장한 아지와 마을사람들이 성돌을 실어 왔다. 태수의 신하들은 철마장수의 귀신이 나타났다고 말하였다. 신하의 말을 들은 태수가 나가 보았더니 불화살이 날아와 바위를 깨고 있었다. 비장은 귀신을 쫓는다면서 봉화대 주변에 불을 밝혔다. 불화살은 아지가 쏘는 것이었다. 아지가 밧줄을 묶고 벼랑에 올라가서 화살로 바위를 깨고 있었다.

설매에게서 아지의 이야기를 들은 왜적 대장은 아지를 자기편으로 끌어들여 아지의 활로 성을 부수려 하였다. 할아버지와 함께 바닷가에서 활로 바위를 깨트리던 아지는 왜적의 습격을 받고 잡혀갔다. 왜적에게 잡혀간 아지는 비로소 설매의 정체를 알게 되었다. 아지는 할아버지가 보내준 활과 화살로 탈출하였다. 탈출한 아지는 설매가 훔쳐 온 성의 비밀약도도 가지고 나왔다.

성으로 돌아 온 아지는 태수에게 모든 사실을 알리고는 성의 비밀약도를 바쳤다. 아지는 또한 자신이 바위를 깨어 성돌을 만들었다는 것도 이야기 하였다. 이때 설매가 왜적 두령과 함께 무지개 성으로 쳐들어오고, 관군의 봉화도 올랐다. 태수는 왜적들이 성의 비상굴로 쳐들어올 줄 알고 대비하였다. 전장에 나선 아지는 마을 사람들과 함께 왜적을 물리쳤다. 아지는 왜적 두령의 배에 올라 활로 설매와 쏘아 죽이고 전투를 승리로 이끌었다.

물 우에 뜬 돌꽃

- **분류** : 만화영화
- **등장인물** : 청동오리, 거위, 곰.
- **주제** : 부력의 원리, 무슨 일이든 지 힘만으로는 안되면 머리를 써야 한다.

- **줄거리**

어느 날 힘센 곰에게 무거운 돌꽃(꽃모양으로 장식한 돌 장식물)을 들어달라는 전보를 받았다. 전보를 보낸 것은 오리였다. 오리가 곰에게 전보를 보내는 것을 본 청동오리는 장난감에다 뜨는 것을 매달면 들 수 있을 것이라고 말하지만 거위는 무시하였다.

곰이 나타나 힘자랑을 하면서 분수로 물이 들어오는 흡수구의 돌꽃을 치웠다. 힘을 쓴 곰은 잠시 쉬면서 과일을 먹고 있는데, 호수의 물이 불어나기 시작했다. 곰이 치운 돌꽃이 배수구를 막아 물이 빠지지 않아 물이 불어났던 것이었다. 물속으로 들어가 돌꽃을 치우려던 곰은 돌꽃의 무게를 이기지 못하고 잔뜩 물만 먹고 나온다. 그러자 청동오리가 구명대에 밧줄을 연결하고 다른 끝을 돌꽃에다 묶고 당긴다. 거위는 청동오리가 하는 것을 보면서 힘센 코끼리가 있어야 한다면서 코웃음을 쳤다. 그러나 잠시 후 구명대로 밑을 받힌 돌꽃이 떠올랐다.

청동오리는 거위에게 부력의 원리를 설명해 주면서 무슨 일이든지 힘만으로는 해결이 안 된다면서 머리를 써야 한다고 일러주었다.

물에 빠진 너구리

• **분류** : 인형영화
• **등장인물** : 너구리, 야옹이, 너구리할아버지.
• **주제** : 욕심을 부리지 말자.

• **줄거리**

　야옹이와 너구리가 눈사람을 만들면서 재미있게 놀고 있을 때였다. 너구리 할아버지가 물고기를 잡아서 나누어 주었다. 할아버지가 강가에서 얼음구멍을 뚫고 고기를 잡았다는 말을 듣고 고기를 잡으러 갔다. 너구리는 얼음 구멍 세 개를 혼자 차지하고는 낚시대를 각 구멍마다 드리우고 물고기를 잡아보려고 하였다. 하지만 새끼붕어 한 마리만 잡았다. 반면 다른 곳에서 낚시를 한 야옹이는 큰 물고기를 여러 마리 잡았다.

　다음날 아침 일찍 연못으로 간 너구리는 야옹이가 판 얼음구멍에서 낚시를 하였다. 큰 물고기가 걸렸지만 먼저 잡아 놓은 물고기가 물속으로 도망치는 바람에 놓치고 말았다. 물고기가 도망치는 것을 본 너구리는 물고기 담을 그릇이 필요하다면서 가지러 가려고 하였다. 하지만 그 사이에 야옹이가 자리를 차지할까 꾀를 냈다. 눈사람에다 옷을 입혀 낚시 하는 것처럼 보이게 하고, 연못으로 가는 개울물의 통나무 다리도 치워버렸다. 낚시를 하러 온 야옹이는 어제 앉았던 자리로 가지 못하고, 너구리가 새끼 붕어 한 마리만 잡았던 곳에서 낚시를 하게 되었다.

　한편 너구리는 바구니에 물고기를 가득 담아가지고 야옹이가 앉았던 자리에 앉아서 낚시를 하고 있었다. 너구리는 야옹이가 같이 물고기를 잡자고 하자 물고기를 혼자 차지할 욕심으로 양보하지 않았다. 너구리는 가져온 바구니 가득 물고기가 넘치자 잡은 물고기를 끈으로 묶어서 발에 매어두고 계속 낚시를 하였다. 너구리에게 엄청 큰 물고기가 걸렸다. 물고기와 실랑이를 하던 너구리는 물고기에게 끌려 연못 속에 빠졌다. 물에 빠진 너구리는 살려달라고 소리쳤다. 친구들이 너구리가 얼음에 빠졌다는 것을 알고 구하려 가려고 하지만 통나무 다리가 없어서 건너지 못하였다. 이때 야옹이가 용감하게 물로 뛰어들어 너구리를 구해주었다. 너구리는 욕심을 부린 자신을 반성하였다.

물오리 심판원

- **분류 :** 만화영화
- **등장인물 :** 물오리(심판), 거북이, 물고기(날치, 상어 등), 짐승(곰, 멍멍이, 야옹이, 물개).
- **주제 :** 동물과 물고기의 차이(과학주제). 물개는 물에 살아도 물고기가 아니라 짐승이고, 고래는 물속에 살아도 물고기가 아니라 동물이다.

- **줄거리**

    은방울꽃 수구경기 대회가 열렸다. 물고기 팀과 짐승 팀이 결승전에 올랐다. 물오리를 심판으로 결승전이 열렸다. 결승전에 앞서 양 팀 선수들이 소개되는데, 짐승 팀의 물개를 두고 물고기 팀에서 이의를 제기하였다. 하지만 오리심판은 물개는 부정선수가 아니라고 말하였다.

    시작하자마 물고기 팀은 번개같이 골을 넣고 앞서 나갔다. 그러나 짐승 팀에서는 물개가 발군 실력을 발휘하면서 양 팀은 팽팽한 접전을 이어갔다. 마침내 짐승 팀이 한 점 앞서게 되었다. 이번에는 물고기 팀의 고래가 다시 이의를 제기하였다. 곰은 물개가 멍멍이의 사촌 친척뻘인 동물이라고 말하였다. 그러자 고래는 물개가 동해바다에 살았고, 다리의 지느러미가 물고기와 같으니 물고기라고 말하였다. 물오리 심판은 고래의 이의를 받아들여 물고기 팀의 승리를 선언하였다. 이번에는 짐승들이 이의를 제기하면서 경기가 중단되었다. 물오리는 삼백 년 동안 물이나 뭍에서나 살았던 거북이에게 물어보기로 하였다.

    거북은 물개에게 직접 정체를 말하라고 하였다. 물개는 짐승이라고 말

하였다. 이의를 제기하는 고래에게 거북이는 물개가 새끼를 낳아 젖을
먹여 기르며, 털이 덮혀 있고, 튼튼한 어금니를 갖고 있다고 알려 주었
다. 고래는 물고기 가운데서 자기처럼 새끼를 낳는 게 있다고 말하였다.
그러자 거북은 고래에게 고래야말로 물고기가 아니라 짐승이라고 알려
주었다.

바위돌을 깬 불개미

- **제작** : 조선4·26아동영화창작단, 1997년
- **시간** : 15분 **분류** : 인형영화
- **스탭** : 영화문학: 조공관·김수화 / 연출: 손종권·조재광 / 책임미술: 림효섭 / 촬영: 리광·김창호 / 조종: 신상철·김은영 / 작곡: 한준석 / 노래: 평양률곡고 등중학교 / 지휘: 박미선
- **등장인물** : 불개미, 풍뎅이, 사슴벌레, 무당벌레.
- **주제** : 물체와 온도의 관계.

- **줄거리**

　풍년이 든 들판에 열매를 따러 장수풍뎅이와 곤충들이 떠났다. 곤충들이 떠난 사이, 불개미와 남은 곤충들은 맛있는 딸기 잼을 만들기 시작했다. 딸기잼을 만들면서 물을 가지러 갔던 불개미는 그만 물을 엎질렀다. 불개미가 엎지른 물 때문에 솥을 받치고 있던 돌들이 깨어졌다. 뜨거운 불로 달았던 돌이 찬물을 받아서 깨어진 것이었다.

　이때 무당벌레가 열매차가 오는 철길에 큰 바위가 떨어져 있다고 알려주었다. 무당벌레와 사슴벌레가 나서서 힘으로 바윗돌을 치워보려 하였다. 하지만 큰 바윗돌을 치우지 못하였다.

　한편 열매를 실은 열차는 철길 위에 바위가 떨어져 있는 것도 모르고, 열매를 하나 가득 싣고 출발하였다. 불개미까지 와서 지렛대를 이용하여 바윗돌을 치워보려고 하지만 바위는 요지부동 움직이지 않았다. 날이 어두워지자 불개미는 멀리서 볼 수 있도록 바위에 불을 피우곤 기름나무로 봉화를 만들어 위험을 알리려 하였다.

불개미는 열차가 오는 길이 경사길이어서 불을 보고도 멈추기가 어려울 것이라고 생각하였다. 불개미는 차가운 물로 바윗돌을 깨트리려 한다. 물덩이를 지고 온 불개미를 본 풍뎅이는 불개미의 계획을 이해하지 못하고 불이 꺼지면 바윗돌을 잘 보지 못할 것이라면서 도리어 불개미의 물동이를 깨트려 버렸다. 이때 열매를 실은 열차가 달려오고, 큰 바윗돌을 보았다. 열차를 멈추려고 제동을 걸었지만 경사길이라 멈추지 못하였다. 불개미가 다시 가서 길러 온 차가운 물을 바위에 뿌리자 바위가 깨어졌다. 열차도 무사히 멈추어섰다.

방울소리(1부) : 나무심던 날

- **제작** : 조선4·26아동영화촬영소
- **시간** : 10분　**분류** : 만화영화
- **스탭** : 영화문학: 김순란·엄순희 / 연출: 김명철 / 책임미술: 함춘일·김경수 / 촬영: 한영철 / 작곡: 김성희 / 미술: 우승혁·리성진·김철룡 / 연주: 영화및방송음악단 / 노래: 평양률곡고등중학교 / 지휘: 정일영
- **등장인물** : 메메(꼬마 염소), 다람쥐.
- **주제** : 혼자서 일을 스스로 하자.
- **특기** : 유치원생용 시리즈 아동영화.

- **줄거리**

동물동산에 살고 있는 메메는 자기가 할 수 있는 일도 형에게 해 달라고 졸랐다. 동산에서 나무심기 대회가 열리는 날이었다. 구덩이를 파던 메메는 구덩이에서 돌멩이가 나오자 혼자 치울 생각은 하지 않고 형부터 찾았다.

다람쥐가 나서서 도와주겠다고 하지만 메메는 무시하였다. 조그만 다람쥐들이 어떻게 돌을 치우겠느냐고 하면서 형을 찾아 나섰다. 형을 찾으러 간 사이에 다람쥐들은 구덩이를 살펴보고 돌을 파 보았다. 실은 작은 돌멩이에 불과하였는데 메메는 큰 돌멩이로 지레 짐작했던 것이었다.

구덩이를 다 판 동생은 이번에는 묘목을 실어 나르는 일을 형에게 부탁하였다. 메메의 형은 메메가 형의 방울소리를 들으면 힘을 낸다는 말

245

을 듣고는 수레에다 방울을 달아두었다. 메메는 방울소리가 들리자 형이 도와주는 것으로 생각하고 힘든 줄도 모르고 험한 언덕길도 혼자서 넘었다. 형이 따라오면서 도와주는 줄로 알았던 메메는 형이 없다는 것을 알고는 자신에게 그런 힘이 생겼는지 스스로 놀라워하였다. 나무심기에 우승한 메메에게 형은 방울을 달아주면서 이제는 혼자 힘으로 해결하라고 말해주었다.

방울소리(5부) : 방울재주

- **제작** : 조선4·26아동영화촬영소
- **분류** : 만화영화
- **등장인물** : 다람이, 청서, 양.
- **주제** : 도덕과 예절을 잘 지켜야 한다.

- **줄거리**

다람이는 은방울극장에서 열린 재주겨루기 대회에 나가서 공중도덕을 잘 지키자는 주제의 요술로 관중들의 칭찬을 받았다. 수상소감을 묻는 사회자에게 사실은 예전에 공중도덕을 잘 지키지 못하였다고 말하면서 방울재주를 부리게 된 사연을 이야기 하였다.

다람이의 친구인 청서와 양은 경연대회를 앞두고 열심히 연습하던 다람이에게 충고를 하였다. 다람이의 재주는 기술이 좋지만 내용이 부족하다면서 청서가 그린 공중도덕 그림을 보이는 것이 좋겠다고 일러 주었다.

다람이가 버스를 타고 재간겨루기 대회에 가려고 할 때였다. 버스 정류장에는 버스를 타려는 짐승들이 길게 줄을 서 있었다. 다람이는 줄을 서지 않고 새치기해서 버스에 올랐다. 버스에 오른 다음에도 다람이는 자리를 양보하지 않고 자리에서 조는 척하였다. 그러다 내려할 곳을 깜빡하였다. 다람이는 내릴 준비를 하지 못하고 있다가 내릴 곳도 아닌 곳에서 급하게 차에서 뛰어 내렸다. 급하게 내리는 바람에 방울도 자리에

두었고, 내리면서 다른 짐승과 부딪혔다.

잘못 내린 다람이는 경기장으로 가는 버스에 급하게 올랐다. 버스에 급하게 오르면서 청서 할머니를 밀치고, 버스에 꼬리까지 끼었다. 급히 경기장에 도착한 다람이는 버스 옆자리에 앉았던 사슴아저씨가 방울을 가지고 내렸다는 것을 생각하고는 찾으러 갔다. 사슴아저씨를 만난 다람이는 방울을 찾고 돌아오면서도 고맙다는 말도 하지 않고 가져가려다 사슴아저씨에게 혼이 났다. 재주겨루기가 시작되고, 심사위원을 보니 사슴아저씨가 심사위원 자리에 앉아 있었다. 사슴아저씨에게 혼인 난 다람이는 무대에서 제대로 재주겨루기도 하지 못하고 망신만 당하였다. 다람이는 이 일이 있은 이후 반성하였고, 공중도덕을 잘 지키게 되었다고 하였다.

방울소리(6부) : 점백이의 노란방울

- **제작** : 조선4·26아동영화촬영소
- **시간** : 20분　**분류** : 만화영화
- **스탭** : 영화문학: 리해연 / 연출: 계훈 / 책임미술: 리성진·최유일 / 미술: 리문철·김명길·오명수·김명일·김병선·성운남 / 콤퓨터배경: 정동철 / 콤퓨터 합성: 김봉혁 / 작곡: 한상철 / 대사: 림복희 / 편집: 최승애 / 록음: 강시현 / 콤퓨터채색: 방철옥·성연심 / 연주: 영화및방송음악단 / 노래: 평양률곡중학교 / 지휘: 장명일
- **등장인물** : 점백이, 앰매, 꿀꿀이, 늙은 여우.
- **주제** : 자기를 위해 집단의 규율을 어겨서는 안 된다.
- **특기** : 군중문학 현상응모작품

- **줄거리**

　동물친구들이 소풍갈 준비가 한창인데 점백이가 보이지 않았다. 점백이는 방울을 곱게 매고 오느라고 늦게 도착하였다. 앰매는 숲에는 위험한 동물이 있으니까 폭포까지 단체로 이동  해야 한다고 주의를 주고 소풍을 떠났다. 점백이는 폭포로 가는 도중 자기가 좋아하는 찔광이 나무를 보고는 찔광이를 따고 싶어졌다. 꿀꿀이가 힘들어 하면서 잠깐 쉬는 사이에 점백이가 찔광이 나무를 따러 나갔다.

　숲에는 배고픈 늙은 여우가 먹을 것을 찾고 있었다. 점백이를 본 늙은 여우는 칼을 빼어 들고 몰래 접근하였다. 한편 친구들은 점백이가 보이지 않자 점백이를 찾아 나섰다. 점백이가 달고 있는 방울 소리를 듣고 점

백이를 찾았다. 늙은 여우는 점백이 친구들이 오는 것을 보고 침을 흘리면서 물러났다.

길에서 벗어나지 말고 단체행동을 해야 한다는 맴매의 주의에도 점백이는 찔광이에 대한 욕심을 버리지 않았다. 점백이는 방울을 떼어 바위에 올려놓고 찔광이를 따러 갔다. 찔광이를 딴 점백이가 돌아와 보니 바위 위에 있던 방울이 없어졌다. 그때 숲속에서 방울소리가 들렸다. 점백이는 방울소리를 따라 숲으로 들어갔다. 방울소리는 여우가 함정을 파고 점백이를 유인한 것이었다. 점백이가 함정에 빠지자 여우는 꿀꿀이와 맴매를 비롯한 친구들을 방울소리로 꾀어 차례로 함정에 빠트렸다. 여우가 방울로 유인한다는 것을 알게 된 맴매는 여우와 맞섰다. 함정에 빠졌던 친구들도 힘을 합하여 함정에서 탈출하여 맴매를 도왔다. 맴매와 친구들은 마침내 여우를 물리쳤다.

방울소리(7부) : 마음속의 방울소리

- **제작** : 조선4·26아동영화촬영소
- **시간** : 20분   • **분류** : 만화영화
- **스탭** : 영화문학: 박유라 / 연출: 김혁철 / 책임미술: 김원일·김혁철·리성진 / 미술: 리문철·김명길·허남수·리원근·김상남·강혁 / 콤퓨터배경: 한철 / 콤퓨터 합성: 엄광옥 / 작곡: 김성희·백인선 / 대사: 원정숙·림복희 / 편집: 최승애 / 록음: 강시현 / 콤퓨터채색: 안성순 / 연주: 영화및방송음악단 / 지휘: 허상혁
- **등장인물** : 맴매, 꼴꼴이, 점백이, 기린아저씨.
- **주제** : 친구를 사랑하는 마음을 가져야 한다.

- **줄거리**

　가을 풍년이 든 농장에서 노래공연 대회가 열리고, 농장대표로 맴매가 나가게 되었다. 하지만 맴매는 몸이 좋지 않아 노래를 잘 부를 수 없었다. 친구들은 맴매를 걱정하면서 맴매가 병이 빨리 나을 수 있도록 도와주기로 하였다. 꼴꼴이는 엄마가 준 찔광이를 맴매에게 준다. 맴매는 찔광이를 가지고 온 꼴꼴이에게 아무래도 몸이 좋지 않아서 나가기 어려울 것 같으니까 꼴꼴이랑 점백이가 대신 나가라고 말하였다.

　맴매의 말을 들은 꼴꼴이는 한편으로 맴매가 걱정이 되면서도 한편으로 축하무대에 나갈 생각으로 마음이 들떴다. 들뜬 마음으로 길을 가던

꼴꼴이는 꽉꽉이와 점백이를 만났다. 자기가 맴매에게 준 찔광이를 꽉꽉이와 점백이가 먹고 있었다. 화가 난 꼴꼴이는 '맴매의 병에는 찔광이가 약이어서 자기가 준 것인데, 그것을 먹으면 어떻게 되느냐'고 따졌다. 꼴꼴이의 말을 들은 친구들은 맴매에게 찔광이를 따 주기로 하였다. 셋은 찔광이를 따러 갔다. 문득 세 친구들이 애써 따준 찔광이를 맴매가 다른 친구들에게 나누어 줄까 걱정되었다. 그래서 세 친구는 한 가지 꾀를 냈다. 맴매에게 찔광이를 따서 주면서 씨가 필요하다고 말하면, 맴매가 직접 먹을 것이라는 아이디어였다.

음악경연대회가 열리는 날 맴매는 친구들에게 찔광이로 만든 음료를 나누어 주었다. 맴매를 본 꿀꿀이는 경연대회에 나가려고 욕심만 부렸던 것이 아닌가 후회하면서, 맴매에게 경연대회 참가를 양보하였다. 그러나 맴매는 맴매대로 꼴꼴이가 나가야 한다고 하면서 서로 양보 하였다. 경연대회에 참가할 선수들을 태우려 왔던 기린 아저씨는 맴매와 꼴꼴이, 그리고 친구들의 이야기를 다 알고 있다고 하였다. 그러면서 모든 친구들에게 경연대회 참가 기회를 주기로 결정하였다고 알려주었다.

버들그네

- **제작** : 조선과학교육영화촬영소 아동영화창작단
- **시간** : 10분   **분류** : 지형영화
- **스탭** : 영화문학: 장영환 / 연출: 장영환 / 책임미술: 장영환 / 촬영: 강기권·리준기 / 작곡: 백인선 / 조종: 류숙영·리준기 / 연주: 영화및방송음악단 / 대사: 방송연극단
- **등장인물** : 개구리 형제, 까마귀, 가물치.
- **주제** : 적과 맞서 싸우려면 몸이 튼튼해야 한다.

- **줄거리**

어느 한 늪가에 사는 개구리 형제들이 자기들을 괴롭히는 까마귀, 가물치와 싸우기 위해 부지런히 몸 단련을 하고 있었다. 개구리들은 멀리 뛰기, 높이뛰기를 열심히 연습하였지만, 셋째는 게으름을 피우면서 훈련을 하지 않았다. 다른 형제들이 걱정을 하였다. 하지만 셋째는 형들의 충고를 듣고는 '우리가 어떻게 까마귀나 가물치에게 맞설 수 있겠느냐'면서 포기하였다.

까마귀가 나타나자 첫째 개구리는 다른 개구리들을 물속으로 피하게 하고는 까마귀에게 맞섰다. 첫째는 까마귀를 연못까지 유인해서 물속에 박히게 하여 까마귀를 물리쳤다. 이 일이 있은 다음에도 셋째는 뉘우치지 않았다. 셋째는 까마귀가 나타나면 물속으로 숨고, 가물치가 나타나면 물 밖으로 피하면 된다면서 훈련을 게을리 하였다. 셋째는 훈련을 게을리 할 뿐만 아니라 첫째 개구리의 충고도 듣지 않고, 버들가지를 모조리 잡아매어 그물을 만들어 놓고 그 속에서 낮잠을 잤다.

셋째가 낮잠을 자고 있을 때 였다. 가물치가 나타나서 셋째에게 덤벼들었다. 첫째와 둘째 개구리 형제는 셋째 개구리에게 버들가지를 잡으라고 말하였다. 하지만 버들가지는 셋째가 그물을 만드느라고 묶어두어서잡을 수 없었다. 셋째 개구리가 버들가지 그물을 풀지는 못하자 첫째는다른 가지를 잡으라고 일러 주었다.

셋째가 다른 버들가지를 향해 뛰어들었다. 하지만 평소 몸 단련을 충실히 하지 않았던 터라 버들가지를 잡지 못하였다. 가물치가 셋째를 잡아먹으려 순간 첫째와 둘째, 넷째 개구리가 나타났다. 첫째, 둘째, 넷째개구리는 힘을 모아 가물치를 땅 위로 유인하여 죽여 버렸다. 셋째는 잘못을 뉘우치고 부지런히 체력을 단련하였다. 얼마 후 까마귀가 다시 나타났다. 셋째는 버드나무 가지를 이용해서 까마귀를 잡았다.

불은 누가 껐을까요

- **제작** : 조선과학교육영화촬영소 아동영화창작단
- **시간** : 13분 **분류** : 인형영화
- **스탭** : 각색: 박태술·김수화 / 연출: 리인철 / 책임미술: 강도구 / 촬영: 김창호 / 조종: 신상철 / 지휘: 최병선 / 연주: 영화및방송음악단 / 노래: 평양률곡고등중학교
- **등장인물** : 토끼, 염소, 닭, 야옹이(고양이).
- **주제** : 말을 앞세우기보다는 묵묵히 도와주는 친구가 진정한 친구이다.

- **줄거리**

  아름다운 동산 마을에 토끼가 이사를 왔다. 모든 동물들이 나서서 토끼가 집 짓는 것을 도와주기 시작하였다. 수탉은 받침대를 가져오는데, 염소는 멋진 굴뚝감을 구했다고 말한다. 사실 염소는 굴뚝감을 구하지도 않고 둘러댄 것이었다. 염소는 야옹이와 수탉과 함께 굴뚝감을 구하러 산으로 올라갔다. 골짜기 아래에 굴뚝감으로 쓸 나무를 발견한 염소는 야옹이와 수탉과 함께 꺼내오기로 하였다.

  수탉과 야옹이는 골짜기 아래로 내려가 나무를 캐어 올리려고 애를 썼다. 하지만 염소는 밧줄을 가져온다고 핑계를 대면서 요령만 피웠다. 염소는 친구들을 도울 생각은 하지 않고 말로만 일을 하는 척 하였다. 염소가 가져다 준 통나무로 굴뚝을 세운 토끼는 마을에 볼 일 보러 나가면서 염소에게 불을 보아 달라고 부탁하였다. 토끼가 나간 사이 불을 보던 염소가 잠시 한눈을 팔고 있는 사이, 굴뚝에서 불꽃이 일면서 불이 났다. 놀란 염소가 큰 소리 치차, 염소의 소리를 듣고 달려온 수탉이 온 힘을

다해 불을 껐다. 하지만 염소는 불이 날까 무서워하며 도망쳤다.

집으로 온 토끼는 수탉이 힘을 다해 불을 껐고, 염소는 불을 피해 도망했다는 것을 알게 되었다. 토끼는 언제나 말없이 자신을 도와준 수탉이 진정한 친구였다는 것을 알게 되었다. 이후 염소도 자신의 잘못을 뉘우치고 동무들은 힘을 합쳐 토끼집을 수리해 주었다.

빨간개미가 날라온 꿀

• **분류** : 만화영화
• **등장인물** : 개미, 불개미, 범나비, 딱딱이(무당벌레).
• **주제** : 남에게 의지하지 말고 자기 힘으로 문제를 해결할 생각을 해야 한다.

• **줄거리**

가을이 되어 개미들이 부지런히 꿀을 모으고 있었다. 먼 곳으로 가야 하는 개미들은 나뭇잎을 타고 꿀을 따러 나갔다가 나뭇잎을 타고 돌아왔다. 꿀을 따러 나간 개미들이 나뭇잎을 타고 오는데, 갑자기 돌개바람이 불었다. 돌개바람때문에 애써 딴 꿀을 잃어버릴 뻔하였다. 다행히 나비들의 도움으로 꿀을 무사히 날라올 수 있었다. 돌개바람에 혼이 난 파란 개미는 나뭇잎을 타고 날아가는 것을 포기하였다. 하지만 불개미는 나뭇잎을 잘 이용하여 날아볼 생각을 하였다.

개미들이 부지런히 꿀을 날라 보았지만 쉽게 날아오지는 못하였다. 한편 푸른 개미는 딱정이에게 꿀 나르기를 부탁하였다. 푸른 개미는 불개미에게도 범나비에게 부탁해 보라고 말하였다. 하지만 불개미는 스스로의 힘으로 쉽게 날라 올 수 있는 방법을 찾기 시작했다.

빨간개미는 돌개바람이 불면서 민들레 홀씨가 날리는 것을 보면서 바람을 이용할 생각을 하였다. 하지만 푸른개미는 범나비와 딱정이에게 꿀을 다섯 통씩 날라달라고 부탁하고는 게으름을 피웠다.

빨간개미는 나뭇잎에다 민들레 홀씨를 달아서 프로펠러로 삼아 부지

257

런히 꿀을 날라왔다. 푸른개미는 딱정이와 범나비가 꿀을 실어오기만을 기다렸다. 딱정이와 범나비를 기다리던 푸른개미는 딱정이와 범나비의 집을 찾아갔다. 딱정이와 범나비집은 홍수로 무너져 있었고, 딱정이와 범나비는 보이지 않는다.

집으로 돌아온 푸른 개미는 빨간개미 집 앞에 놓인 꿀초롱을 보고는 딱정이와 범나비가 가져다 준 것으로 생각하였다. 그리고는 그 꿀을 자기 집으로 가져갔다. 얼마 후 빨간개미가 민들레 홀씨를 이용하여 꿀을 날랐다는 사실을 알게 된다. 빨간개미와 푸른개미는 큰 물로 집이 무너진 딱딱이를 도와주기로 하고 조금씩 꿀을 모아 딱딱이네 집으로 가져다 주었다.

빨간 별(1부) : 철이와 옥이

빨간별은 유치원에서 착한 아이에게 주는 별표로 유치원 높은 반 학생인 철이가 하는 일을 빨간별이 지켜본다는 내용의 시리즈물이다.

- **제작** : 조선4·26아동영화촬영소
- **시간** : 19분　　 • **분류** : 인형영화
- **스탭** : 영화문학: 윤성택(군중문학통신원) / 연출: 손종권 / 촬영: 서광 / 조종: 김은영 / 미술: 리경철·림영철·두애숙·고성길 / 합성: 윤련숙·맹순정·황용흠·황미옥 / 작곡: 백은호 / 대사: 원정숙·강현주 / 편집: 방인영 / 록음: 강시현 / 조명: 강성락 / 연주: 영화및방송음악단 / 지휘: 허상혁 / 노래: 창광유치원 노래반
- **주제** : 언제나 고운 마음을 가지고 좋은 일을 해야 진짜 착한 어린이가 된다.
- **특기** : 유치원 아동들을 대상으로 한 시리즈 인형영화

• **줄거리**

유치원에서 아이들이 미끄럼틀도 타고 그네도 타면서 즐겁게 놀고 있었다. 옥이는 운동장에서 분홍색 리본을 주워 선생님께 찾아가 잃어버린 아이를 찾아주고 착한 아이에게 주는 빨간 별을 받았다.

학교가 끝나고 철이와 옥이가 집으로 갈 때였다. 철이는 어떻게 하면 빨간 별을 탈 수 있을까하는 생각에 빠져있었다. 철이 할아버지가 자전거를 타고 지나가다 옥이가 빨간 별을 탄 것을 칭찬하면서 사과를 주었

다. 자기 할아버지가 옥이를 칭찬하는 것을 본 철이는 샘을 내면서 자기도 빨간 별을 타서 칭찬을 받아야겠다고 생각하였다.

다음 날 유치원으로 가던 철이는 운동장에 떨어진 크레용 박스를 보고 주인을 찾아주면 빨간 별을 탈 수 있을 것이라고 기뻐하였다. 하지만 크레용 박스는 비어 있었다. 선생님에게 칭찬 받으려던 철이는 크레용이 비어있는 것을 보고는 칭찬을 받을 수 없을 것이라 생각하고 크레용 박스를 그냥 길에다 버렸다.

길 바닥만을 보면서 가져갈 것을 찾던 철이는 그만 짐을 지고 가던 식당아주머니와 부딪혔다. 철이는 식당 아주머니를 도와주고 칭찬 받을 생각으로 식당아주머니의 짐을 들어주었다. 철이는 식당아주머니가 버스를 타야한다는 것을 생각하였다. 철이는 길에다 식당아주머니의 물건을 그대로 놔두었다. 한편 옥이는 길을 가면서 길에버려진 것을 보고는 깨끗하게 잘 치웠다. 옥이는 철이가 길바닥에다 나둔 식당아주머니의 짐을 정류장까지 들어주었다.

바닥을 보면서 선생님께 가져갈 것을 찾던 철이는 안경이 들어 있는 안경집을 발견하고는 신나서 학교로 갔다. 학교 앞에서 안경을 쓰고 할아버지 흉내를 내던 철이는 그 안경이 할아버지의 안경이라는 것을 알게 되었다. 옥이는 할아버지에게 돌려주자고 하였다. 하지만 빨간 별이 욕심난 철이는 할아버지는 안경이 두 개라면서 학교로 가져갔다. 남아 있던 옥이는 마침 과일을 가지고 유치원으로 오던 철이 할아버지를 도와주었다. 옥이 행동을 본 철이는 자신이 잘못했다는 것을 깨닫고 내일부터 진짜 착한 일을 하겠다고 다짐하였다.

빨간 별(2부) : 철이와 지시봉

- **제작** : 조선4·26아동영화촬영소
- **시간** : 19분 • **분류** : 인형영화
- **스탭** : 영화문학: 리영춘·한현철 / 연출: 손종권 / 촬영: 서광·김창호 / 조종: 김은영·신상철 / 미술: 리경철·장순길·김형주·박금철 / 합성: 맹순정·황용흠 / 작곡: 백은호 / 대사: 원정숙·김설영·김향 / 편집: 방인영 / 록음: 강시현 / 조명: 강성락 / 연주: 영화및방송음악단 / 지휘: 리명기 / 노래: 창광유치원 노래반
- **주제** : 솔직하게 자신의 잘못을 인정하는 어린이가 되자.

- **줄거리**

유치원에서 철이와 친구들이 신나게 놀고 있었다. 노는 시간이 되어 친구들이 운동장에 나간 사이, 철이는 교실로 들어와 아이들의 책상을 정리하였다. 쉬는 시간에 책상을 정리하는 철이를 본 선생님은 철이를 칭찬하였다.

선생님의 칭찬에 신이 난 철이는 선생님의 지시봉을 가지고 놀다가 그만 부러뜨렸다. 선생님에게 칭찬을 받으려다 꾸중만 듣게 된 철이는 선생님을 찾아가 사실대로 말하려다가 선생님이 빨간 별을 만들고 있는 것을 보고는 교실로 돌아와 접착제로 지시봉을 붙여놓았다.

수업이 시작되자 철이의 마음은 온통 지시봉에 가 있었다. 음악시간에는 음악에 맞추어야 하는데, 그만 '지~시~봉~'이라고 대답하였다. 쉬

는 시간이었다. 옥이가 교탁 위에 놓여있던 지시봉을 건드리자 지시봉은 떨어져 부러졌다. 친구들이 옥이에게 지시봉을 부러뜨렸다고 말하자 옥이는 자기가 부러뜨린 것이 아니라고 하면서 억울해 하였다.

한편 철이는 목공실에 새 지시봉이 많이 있다는 말을 듣고는 목공실에서 새 지시봉을 가져다 교실에 놓았다. 이때 밖으로 나갔던 옥이가 철이 할아버지와 함께 돌아왔다. 철이 할아버지는 지시봉이 부러졌다는 말을 듣고 지시봉을 깎아서 가져왔다. 두 개의 지시봉을 본 선생님은 철이가 지시봉을 부러뜨렸다는 사실을 알게 되었다. 철이는 지시봉을 부러뜨린 사실을 솔직하게 말하고 용서를 구하였다. 선생님은 늦었지만 자기 잘못을 솔직하게 말한 철이에게 칭찬의 빨간 별을 주었다.

빨간 별(3부) : 누가 더 착하나

- **제작** : 조선4·26아동영화촬영소
- **시간** : 19분 • **분류** : 인형영화
- **스탭** : 영화문학: 손성경(군중문학통신원) / 연출: 손종권 / 촬영: 김창호 / 조종: 김
  은영 / 미술: 리경철·장순길·김형주·고성길 / 합성: 맹순정·황미옥 / 작
  곡: 백은호·한상철 / 대사: 원정숙·김설영·로성봉 / 편집: 방인영 / 록음:
  강시현 / 조명: 강성락 / 연주: 영화및방송음악단 / 지휘: 허상혁 / 노래: 창
  광유치원 노래반
- **주제** : 자기 동생 뿐만 아니라 친구동생도 잘 돌보아야 한다.

- **줄거리**

철이 집 마당에서 철이의 동생 용이
와 옥이의 동생 혁이가 풍선으로 공놀
이를 하다가 동생의 풍선을 터뜨렸다.
풍선이 터져 울고 있는 동생을 본 철
이는 안락공(고무공)을 주겠다고 약속
하고는 유치원으로 갔다.

유치원에서는 운동회가 열리고 있었다. 유치원 운동회 마감경기는 장
난감 따기 경기였다. 하늘에 매달린 장난감을 보면서 철이와 옥이는 동
생이 공을 달라고 했던 것을 생각하였다. 경기가 시작되자 옥이가 먼저
달려나가 안락공을 챙겼다. 철이는 안락공 대신 돼지저금통을 챙겼다.
안락공을 갖지 못해 심술이 난 철이는 돼지저금통을 발로 차면서 투정을
부리다가 선생님께 들켰다.

철이의 이야기를 들은 선생님은 철이에게 안락공을 주었다. 안락공을 받고 집으로 가던 철이는 도중에 옥이 동생 혁이를 만났다. 혁이가 철이의 안락공을 보고 공을 달라고 조르자 철이는 안락공의 바람을 빼고는 없다고 속였다. 한편 옥이는 철이가 동생을 주려고 안락공을 갖고 싶어 했다는 것을 알고는 철이집을 찾아가 철이 동생 용이에게 안락공을 주었다.

안락공을 가지고 오던 철이가 놀다가 공을 놓쳤다. 철이의 안락공은 대식이 강아지가 물고 가서 찢어 놓았다. 낙담한 철이가 집으로 왔더니 용이가 안락공을 가지고 놀고 있었다. 옥이가 동생에게 운동회에서 딴 안락공을 주었다는 것을 알게 된 철이는 자기 동생만 생각했던 행동을 반성하였다. 동생을 잘 돌본 옥이는 선생님의 칭찬도 받고 빨간 별도 받았다.

빨간 별(6부) : 다시 붙인 그림책

- **제작** : 조선4·26아동영화촬영소
- **시간** : 15분   • **분류** : 인형영화
- **스탭** : 영화문학: 김영호(군중문학통신원) / 연출: 손종권 / 촬영: 서광 / 조종: 김은
영·신상철·김광혁 / 미술: 리경철·김형주·리성갑 / 합성: 황용흠·맹순정
·황미옥 / 작곡: 백은호 / 대사: 원정숙 / 편집: 방인영 / 록음: 강시현 / 조
명: 강성락 / 연주: 영화및방송음악단 / 지휘: 허상혁 / 노래: 평양률곡중학
교 아동음악반
- **주제** : 잘못을 남에게 미루지 말고 자기에서 찾자

- **줄거리**

옥이가 유치원 놀이터 그네에 앉아
서 그림책을 보고 있었다. 보던 책을
놔두고 옥이가 자리를 비운 사이에 철
이와 대식이가 옥이가 보던 『호랑이
를 이긴 고슴도치』 책을 같이 보게 되
었다.

대식이는 책 읽는 속도가 느렸고, 철이는 책 읽는 속도가 빨랐다. 책
읽는 속도가 차이가 나자 대식이와 철이는 서로 책을 보겠다고 싸우다
책이 찢어졌다. 수업 종소리가 울리고 수업이 시작되었지만 대식이와 철
이는 찢어진 책 때문에 교실에 들어가지 못하고 있었다. 교실 안에서는
동무들이 간식으로 빵과 과일을 맛있게 먹고 있었지만 대식이와 철이는
밖에 나와 숨어 있었다.

유치원을 지나가던 철이 할아버지는 철이와 대식이가 숨어 있는 것을 보고 무슨 일이냐고 물어보았다. 철이와 대식이는 책을 보다가 찢어졌다고 말하였다. 둘은 이야기를 하면서도 서로 자기가 찢지 않았다고 변명하였다. 그러자 철이 할아버지는 "너희들 얼굴에 내가 찢었다"고 쓰여 있다고 말한다. 할아버지 말을 들은 철이와 대식이는 거울 앞에서 진짜 쓰여 있는지 확인해 보았다. 하지만 이마에는 아무런 글씨가 없었다. 철이와 대식이는 할아버지가 한 말의 뜻을 생각하고는 자신들의 잘못을 뉘우치고 그림책을 붙이기로 하였다.

철이와 대식이는 식당아주머니의 테이프를 가져와서 찢어진 그림책을 붙인 다음 선생님에게 갔다. 둘은 서로 자기가 잘못해서 책을 찢었다고 하였다. 옥이는 옥이대로 선생님이 친구들하고 같이 보라고 하였는데, 너무 재미가 있어서 혼자 보았다고 하였다. 선생님은 잘못을 남에게 미루지 말고 자기에게서 찾는 고운 마음을 칭찬해 주었다.

산삼고개

- **제작** : 조선4·26아동영화촬영소, 1997년
- **시간** : 20분   • **분류** : 만화영화
- **스탭** : 각색: 방순용 / 연출: 김광성·도철 / 책임미술: 김인철·정동철 / 촬영: 한영
  철 / 미술: 김정훈·김종철·함춘일 / 작곡: 백인선 / 연주: 영화및반송음악단
  / 노래: 평양률곡고등중학교 / 지휘: 박미선
- **등장인물** : 차돌이, 분이, 개팔이, 팔삭둥이.
- **주제** : 다른 사람을 위한 희생정신을 갖자.

• **줄거리**

　먼 옛날 산삼골에 차돌이와 분이네
가 살고 있었다. 차돌이 엄마와 분이
동생이 큰 병에 걸렸는데, 약을 구하
지 못하였다. 애써 벌집(벌둥지)을 구
하자 차돌이와 분이는 서로에게 엄마
와 동생의 병을 고치라고 양보하였다. 그런데 이를 본 지주의 아들 개팔
이 형제가 낚시줄로 몰래 벌집을 훔쳐갔다. 개팔이 형제는 훔친 벌집을
서로 가지려고 다투다 강물에 빠뜨렸다.

　약으로 쓰려던 벌집을 잃어버린 차돌이는 산삼고개의 산삼을 쓰면 낳
을 수 있다는 말을 듣고는 산삼을 찾으러 산삼고개로 나섰다. 두 사람의
병에는 산삼이 약인데, 백년 묵은 호랑이가 지키고 있었다. 차돌이는 자
기가 산삼을 찾으러 간다고 하면 분이도 같이 나설 것이라고 생각하고는
다음날 아침 일찍 혼자 산삼을 구해오기로 작정하였다.

한편 분이도 산삼으로 병을 고칠 수 있다는 말을 듣고는 동생 은동이에게 잘 있으라는 말을 남기고 그날 밤 산삼고개로 향하였다.

다음날 차돌이가 산삼고개로 가자 차돌이의 말을 들은 지주네 개팔이 형제도 몰래 따라 나섰다. 개팔이 형제는 차돌이와 분이 뒤를 몰래 따라 가다가 호랑이가 나타나 차돌이와 분이를 잡아먹으면 배가 불러서 다른 사람을 잡아먹지 못할 것이니 그때 산삼을 캐오면 될 것이라고 생각하였다.

분이를 찾아 산삼고개를 가던 차돌이가 분이와 만났다. 이때 차돌이와 분이 앞에 호랑이가 나타났다. 이때 차돌이와 분이의 이야기를 들은 호랑이가 산삼밭을 알려주는 대신 배가 고프니 한 사람은 남으라고 말하자, 차돌이와 분이는 서로 자기가 남겠다고 말하였다. 이 모습을 본 호랑이는 감격하여 두 사람 모두 놓아 주었다.

바위 문이 열리고 산삼밭으로 들어 간 철이와 분이를 본 개팔이 형제는 별 것 아니라고 생각하고는 호랑이에게 사정하였다. 이번에도 호랑이가 한 사람만 남으라고 말하자 개팔이와 팔삭둥이는 서로 자기가 가겠다고 싸웠다. 이를 본 호랑이는 '짐승도 제 족속을 서로 잡아먹지 않으려 하는데 너희가 인간이냐'며 크게 혼을 냈다. 호랑이에게 놀란 개팔이와 팔삭둥이는 정신이 이상하게 되었다. 동네사람들은 차돌이와 분이가 가져온 산삼으로 병을 고칠 수 있었다.

새동산에서 있은 일

- **제작** : 조선과학교육영화촬영소 인형지형영화제작단
- **시간** : 18분   **분류** : 지형영화
- **등장인물** : 도적새, 딱따구리, 딱새, 박새, 꾀돌새.
- **주제** : 참새는 해로운 새이고, 부비새는 이로운 새이다.

- **줄거리**

참새는 풍년 벌(논)에서 몰래 낱알을 훔쳐 먹다가 간신히 경비를 피해 도망치던 중 새로 생긴 '리로운 새동산'으로 숨어 들었다. 경비를 서고 있던 개구리가 참새를 발견하였다. 개구리는 도적새가 나타났다면서 딱따구리, 딱새, 박새, 꾀꼴새 등 동산의 새들을 모두 불러 모았다.

참새는 새벽 일찍부터 과일밭에서 벌레를 잡고 돌아오는 부비새가 낱알을 훔쳤다고 뒤집어씌웠다. 이때 과일밭에 벌레들이 나타났다는 소식이 들렸다. 이 때문에 부비새는 더욱 의심을 받았다. 부비새를 제외한 다른 새들은 모두 과일밭에 벌레를 잡으러 향하고 참새도 뒤따라 날라가 벌레를 잡는 시늉을 하다가는 몰래 풍년 벌로 숨어들었다. 참새는 개구리 경비원 때문에 새벽에 낱알을 제대로 훔쳐 먹지 못했다면서, 낱알을 훔쳐 먹으려 하였다. 때마침 오해를 풀러 온 부비새를 보고 몸을 숨겼다. 한편 부비새는 풍년 벌을 살피다 무당벌레들이 죽어 있는 것을 발견하

였다. 무당벌레들이 죽은 근처에 깃털이 떨어져 있는 것을 보고 깃털 주인이 도적새임을 확신하였다. 다음 날 새벽, 부비새는 풍년 벌을 지키다 낱알을 훔쳐 먹는 참새를 발견하였다. 마침 참새의 뒤따라온 개구리와 딱따구리가 참새를 잡고 부비새도 누명에서 벗어났다. 새들은 참새가 낱알을 먹을 뿐만 아니라 벌레를 잡아먹는 이로운 곤충인 무당벌레, 붉은 눈애기벌, 풀잠자리까지 잡아먹는 해로운 새라면서 참새를 '리로운 새 동산'에서 쫓아내고 박멸하기로 하였다.

새겨두자요

- **제작** : 조선4·26아동영화촬영소
- **시간** : 17분　　• **분류** : 만화영화
- **스탭** : 영화문학: 한기만 / 연출: 김혁철 / 미술: 성운남·한옥순·리원일·김원·리
영일·림춘일·김명수·김천근·백만식·김철·홍태혁·김준일·김명선·김정
환·리성화·리문철·송국진·리원옥·김경화·강정심·고정숙·함정희 / 배경:
김경수 / 합성: 홍일남·김광현 / 작곡: 한상철 / 대사: 원정숙·김영철·송영
철·허경희·오류경 / 편집: 권은 / 록음: 박정호 / 연주: 평양영화음악록음소
/ 지휘: 허상혁 / 가사: 한기만 / 노래: 평양률곡중학교 아동음악반 류유정
·리선경
- **등장인물** : 용이, 용이엄마, 입속병균.
- **주제** : 치아관리를 잘하자.

- **줄거리**

　칫솔질을 올바로하지 않았다가 '여
섯살 어금니'를 뺄 뻔했던 용이의 이
야기이다. 겨울방학이 되었다. 집에
서 일어난 용이는 이가 이상해서 엄
마에 물어보았다. 용이의 입속을 들

여다보던 엄마는 '여섯살 어금니'가 났다고 알려주었다. '여섯살 어금
니'는 여섯 살에 나는 이인데, 어른까지 간다고 해서 붙여진 이름이었
다. 어른이 되었다고 기뻐하는 용이에게 엄마는 이를 잘 관리해야 한다
고 말해주었다.

　한편 용이의 이 속에서는 벌레들이 용이의 어금니를 공격할 준비를 하

고 있었다. 벌레들은 어금니에 한 번 들어가면 어른이 될 때까지 평생 먹고 살 수 있다면서 일제히 공격하였다. 용이는 열심히 이를 닦았지만 양치질이 잘못되었다. 제대로 이를 닦지 않아 병균들은 이 틈새에 숨어서 칫솔을 피하였다. 용이 엄마는 용이에게 옆으로도 닦고, 위아래로도 닦고, 돌려서 닦으라고 하지만 용이는 친구들과 놀고 싶은 마음에 제대로 닦지 않았다.

다음날에도 용이 엄마는 아침, 점심, 저녁으로 이를 닦으라고 하지만 용이는 대충대충 닦고 말았다. 그 사이에 입 속의 벌레들은 살아남아서 어금니를 공격하였다. 용이는 저녁을 먹고도 이를 닦지 않았다. 그리고 사탕을 입에 넣은 채 잠이 들었다. 용이가 잠든 사이 벌레들은 어금니를 집중적으로 공격하였다. 병균들이 어금니를 집중 공격하자, 용이는 이가 아파서 견디지 못하였다. 병원에 간 용이는 이 속에 있는 벌레들이 숨어 있는 것을 보고는 올바르게 이를 닦는 것이 얼마나 중요한 지를 알게 된다. 용이는 올바르게 양치질을 하게 되었다.

새로 사귄 동무(제1부) : 물에 빠진 곰

- **제작** : 조선4·26아동영화촬영소, 2005년
- **시간** : 16분　• **분류** : 3D 입체
- **스탭** : 영화문학: 림홍은·리정화 / 연출: 리인철 / 책임미술: 손영삼·조제현 / 컴퓨터배경: 손효정 / 조종: 한철수·김광수 / 컴퓨터합성: 한성국 / 작곡: 한상철 / 대사: 원정숙·김대홍 / 편집: 권은 / 록음: 강시현 / 행정연출: 로민 / 연주: 영화및방송음악단 / 노래: 평양률곡중학교 / 가사: 오영옥 / 지휘: 김산동
- **등장인물** : 곰, 코끼리, 깡총이.
- **주제** : 북한판 토이스토리. 장난감 동물을 주인공으로 아이들의 호기심을 자극하면서도 친구들과 사이좋게 지내야 한다.

- **줄거리**

설명절 전날 아동백화점에서 일어난 이야기이다. 새해를 알리는 종소리가 울리자 아동백화점 이층에서 장난감 코끼리가 깨어났다. 먼저 깨어난 코끼리는 다른 동물들을 깨웠다.

깨어난 동물들이 자기소개도 하고 자신의 재주를 뽐내고 있을 때장난감 곰도 깨어났다. 장난감 곰은 힘이 장사였다. 곰은 한 손으로 무거운 역기를 들어 올리고는 자유자재로 돌리면서 힘자랑을 하였다.

토끼가 널을 뛰면서 재주를 보이자 시샘이 난 곰은 트램펄린을 가져다 놓고 뛰면서 재주를 자랑하였다. 재주를 자랑하던 곰은 높이 뛰다 그만 천장 위의 샹들리에에 매달렸다. 깡총이(토끼)가 풍선을 이용하여 샹들

리에 매달린 곰을 구해주었다. 풍선을 타고 내려오던 곰은 동물친구들이 깡총이가 똑똑하다고 칭찬하자 질투심에 풍선을 흔들어 버렸다. 그 바람에 곰도 바닥으로 떨어졌다.

곰이 떨어진 곳에 장난감 비행기가 있었다. 비행기에 떨어진 곰은 비행기를 몰고 이곳저곳을 날아다니다 사고를 냈다. 비행기 사고가 난 다음에도 곰은 반성하지 않고 매장을 휩쓸고 다녔다. 이번에는 자동차를 탔다. 자동차를 타고 이리저리 다니던 곰은 백화점 로비에 있는 분수대에 빠졌다. 다행히 친구들이 던져준 장난감 배를 타고 나올 수 있었다. 곰은 비로소 친구들의 말을 듣지 않은 자신을 반성하였다. 곰은 좋은 동무가 될 것을 약속하였다.

샘골마을에서 있은 일

- **제작** : 조선4·26아동영화촬영소
- **시간** : 21분 **분류** : 만화영화
- **스탭** : 영화문학: 지은희 / 연출: 계훈 / 미술: 성운남·한옥순·김천근·황성혁·림
  춘일·서철성·김정훈·리원근·백만식·리성화·곽창호·허충혁·김명선·강
  혁·김경화·김정환·리영일·리남철 / 배경: 김경수 / 합성: 박철진 / 작곡:
  함철 / 대사: 원정숙·김대홍·김복희·리은주·박정호 / 편집: 권은 / 록음:
  강시현 / 채색: 함정희 / 연주: 영화및방송음악단 / 지휘: 허상혁 / 가사: 오
  영옥 / 노래: 평양률곡중학교 아동음악반
- **등장인물** : 지주, 선동이.
- **주제** : 지진의 원인과 징후.
- **특기** : 지진에 대한 상식을 소재로 한 영화.

- **줄거리**

  지진관측소를 방문한 학생들이 현대적 첨단 시설을 보면서 옛날에는
어떻게 지진을 관측하였는지 궁금해 하자 연구소 박사는 옛날이야기를
들려주었다.

  옛날 어느 마을에 지주가 있었다. 지주는 마을의 샘물을 독점하고는
물 값을 비싸게 받으면서 마을 사람들을 괴롭혔다. 지주의 행패를 본 선
동이가 마을 사람들에게 우물을 파자고 제안하자 마을 사람들은 힘을 합
하여 우물을 파서 물을 나누면서 기뻐하였다. 비싼 물 값을 받으면서 물
장사를 하던 지주는 다음날 아침 마을 사람들이 판 우물을 찾아가 보았
다. 우물 속의 물은 흙탕물이었다. 선동이와 마을 사람들은 어제까지 맑
았던 우물이 하루아침에 흙탕물이 된 것을 이상하게 생각하였다.

  우물이 흙탕물이 된 것을 본 지주는 샘물의 물 값을 더 올려 받을 생각

을 하였다. 샘물을 보러 갔던 지주는 샘물도 흐려진 것을 보고는 마을에 우물이 두 개나 생겨나 신령님이 노한 것으로 생각하였다. 지주는 동네 사람들이 판 우물 때문에 신령님이 노했다고 하면서 우물을 묻어 버렸다. 그러나 저녁이 되어도 샘물은 맑아지지 않았다. 또한 어디선가 쥐들이 갑자기 뛰어나와 도망치기도 하였다.

마을에서도 이상한 일이 생겨났다. 가축들은 집으로 들어가지 않고 뛰어나가려고 하고, 땅에서 우는 소리도 들렸다. 급기야는 불길이 하늘로 올라가는 일까지 일어났다. 지주는 이 모든 것이 신령을 노하게 해서 일어난 일이라고 생각하고는 제사를 지내야겠다면서 마을 사람들에게 재물을 준비하라고 말하였다.

지주의 말에 마을 사람들이 불안해하자 선동이가 나섰다. 선동이는 지주의 말을 절대로 듣지 말라고 하고는 좌상할아버지에게 물어보러 갔다. 선동이가 좌상할아버지에게 간 사이에 동네에서는 이상한 일이 계속 생겼다. 강으로 물고기들이 떠내려오고, 지주의 집에는 구렁이 기어 나와 나무 위로 올라갔다. 지주는 구렁이를 복구렁이라고 생각하고 혼자 신령의 복을 받을 생각으로 고기를 잡아 재를 올릴 준비를 하였다.

좌상할아버지는 선동이에게 지진이 일어날 때와 꼭 같은 현상이 벌어지고 있다면서 이제 곧 지진이 날 것이라고 일러 주었다. 선동은 마을로 돌아와 사람들에게 지진이 올 것이니 빨리 피하라고 알렸다. 지주에게도 지진이 올 것이니 피하라고 하지만 지주는 믿지 않았다. 지주는 땅이 흔들리기 시작하자 신령님께 빌어야 한다면서 산으로 갔다. 지진이 시작되자 동네 사람들은 선동이 말대로 들판 가운데로 몸을 피한 덕분에 피해를 입지 않았다. 다시 지진관측소가 나오고, 연구사 선생은 지진의 징후 현상에 대해 설명해 주었다.

276

샘늪의 참개구리

- **제작** : 조선4·26아동영화창작단
- **시간** : 17분 **분류** : 인형영화
- **스탭** : 영화문학: 김태홍·김수화 / 연출: 리인철·손종권 / 책임미술: 리경철 / 촬영: 장철호 / 작곡: 정벌철 / 조종: 류숙영·김철호 / 연주: 영화및방송음악단 / 노래: 평양률곡고등중학교
- **등장인물** : 참개구리, 맹꽁이, 가물치, 비단개구리, 막동이(비단개구리 동생).
- **주제** : 적이 무섭다고 한 걸음씩 물러나서는 안 된다. 용기를 갖고 맞서 싸워야 한다.

- **줄거리**

어느 샘 늪에는 가물치에게 꽃늪 동산을 빼앗기고 피해 온 개구리들이 새로운 동산을 아름답게 꾸리고 살고 있었다. 왕가뭄이 들어 꽃늪의 물이 말라버리자, 물줄기를 타고 가물치가 샘늪으로 쳐들어왔다. 가물치는 샘늪을 엉망으로 만들고 차지하였다.

개구리들은 샘늪도 빼앗기고 물 밖으로 쫓겨났다. 물 밖으로 쫓겨난 비단개구리는 몸이 점점 말라 가자 다른 샘을 찾아 나서려 하였다. 이때 참개구리가 나섰다. 참개구리는 어디를 가던 가물치가 쫓아오지 않겠느냐면서 가물치와 맞서 싸우자고 말하였다.

참개구리는 다른 개구리들에게 그물을 치게하고는 가물치를 유인하기로 하였다. 참개구리의 작전대로 그물에 가물치가 걸리자, 개구리들은 열심히 그물을 당겼다. 그러나 마음 약한 비단개구리가 가물치의 눈빛에 놀라 그물을 놓고 말았다. 가물치는 틈을 놓치지 않고, 그물을 끊고 비단개구리를 잡아갔다.

비단개구리를 잡아간 가물치는 비단개구리를 인질로 다른 개구리들을 잡아먹으려 하였다. 참개구리는 독가시풀을 모아서 먹을 것처럼 위장하여 가물치를 잡으려고 하였다. 참개구리는 먹이로 위장한 독가시풀을 가지고 물속으로 들어가 가물치를 속이고 비단개구리를 구하는데 성공하였다.

참개구리는 비단개구리는 구했지만 가물치에게 쫓기게 되었다. 가물치에게 쫓기던 참개구리는 용감하게 가물치에게 맞서 싸웠다. 참개구리는 가물치 입에다 독가시풀을 넣고 쓰러졌다. 용기를 낸 비단개구리와 다른 개구리들이 힘을 합쳐 가물치를 물 밖으로 끌어내서 독가시풀로 공격하여 죽였다. 비단개구리는 무서워서 도망치자고 한 자기가 어리석었다고 반성하였다. 참개구리는 한걸음이라도 물러나서는 안 되며 적과 맞서 싸워야 한다고 말하였다.

세 포수

- **제작** : 조선4·26아동영화촬영소
- **시간** : 26분　**분류** : 만화영화
- **스탭** : 연출: 윤영길 / 미술: 김원일·김천근·허남수·리문철·김준일·김현철·림춘일·리원일·한옥순·정광훈·김명수·강향철·김명일·리성화 / 배경: 김경수 / 합성: 박철진 / 작곡: 한상철 / 대사: 원정숙·김대홍·박건철·림학철·원설하 / 편집: 권은 / 록음: 강시현 / 채색: 김충실
- **주제** : 자기 잇속을 먼저 챙기려다보면 함께 망한다.
- **특기** : 김일성의 옛이야기에 기초하여 만든 아동영화.

• 줄거리

　어느 옛날 한 숲속에 박포수, 리포수, 최포수라는 욕심 많은 세 포수가 살고 있었다. 세 포수는 사나운 표범을 잡아오면 큰 재물을 주겠다는 방을 보고는 표범을 잡을 욕심을 냈다.

　표범이 얼마나 사나운지 어지간한 포수들도 제대로 상대하지 못하였다. 표범을 만나고도 살아남은 사람은 사슴골에 사는 할아버지가 유일하였다. 욕심이 난 세 포수는 사슴골 할아버지를 찾아갔다. 할아버지는 포수가 혼자 갔다가는 성공하지 못할 것이라고 생각하면서 여러 포수들이 올 때를 기다리게 하였다. 그러자 세 포수들은 서로 자기가 표범을 잡을 것이라고 말하면서 할아버지 앞에서 실력을 보여주었다.

　세 포수는 각각 뛰어난 총 솜씨와 힘, 날랜 재주를 갖추고 있었다. 할

아버지는 세 포수들에게 각자의 재주가 뛰어나지만 자기의 잇속을 채우자고 덤벼들면 이기지 못할 것이라고 하면서 힘을 합쳐야 한다고 충고하였다. 세 포수는 마음을 합칠 생각이 없었지만 표범이 있는 곳을 알아내기 위해서 서로 힘을 합쳤다고 거짓으로 대답하였다. 세 포수는 표범을 잡으러 길을 떠나고 도중에 여러 난관을 만나지만 서로의 힘을 합쳐 벼랑도 지나고 절벽도 오르면서 표범이 있는 곳까지 도착하였다.

표범 발자국을 발견한 세 포수는 표범을 추격하고는 숨어서 표범을 기다렸다. 밤새도록 표범을 기다리던 세 포수 앞에 사슴이 나타나자 세포수는 먼저 사슴을 잡으려고 욕심을 냈다. 총소리가 나면 표범이 도망칠 것이라고 생각한 포수들은 맨 손으로 사슴을 잡기로 하였다. 두 포수가 맨 손으로 사슴을 잡는 사이 다른 한 포수가 두 포수의 총을 절벽 아래로 던져 버렸다. 자기 혼자 표범을 잡아 상을 받을 속셈이었다. 총이 없어진 것을 알게 된 두 포수와 남아 있던 포수, 세 사람은 총을 자기가 갖겠다고 서로 싸우다 서로 지쳐 쓰러졌다. 결국 세 포수는 힘도 제대로 써보지 못하고 표범에게 잡아먹히고 말았다.

셋째의 착한마음

- **제작** : 조선4·26아동영화촬영소, 1999년
- **시간** : 27분 • **분류** : 인형영화
- **스탭** : 각색: 최태형 / 연출: 손종권·박광진 / 책임미술: 조제현·정효섭 / 촬영: 강
태영·서광 / 미술: 김인철·계훈 / 작곡: 한상철 / 조종: 신상철·김은영 /
연주: 영화및방송음악단 / 노래: 평양률곡고등중학교 / 지휘: 장명일
- **등장인물** : 3형제, 봉선이, 우물집할아버지, 청룡.
- **주제** : 착하게 살아야 한다.

• **줄거리**

　먼 옛날 어느 한 마을에 부모를 잃고 살아가는 형제들이 있었다. 부모
를 잃은 형제들은 그럭저럭 빌어먹으면서 살고 있었다. 형제 중에서 셋
째는 마음씨도 착하고 형들을 위하는 마음이 컸다. 하지만 첫째와 둘째
는 욕심도 많고, 게을렀다.

　어느 날 둘째가 산삼과 불로초를 캐면 큰 상을 준다는 방을 가져왔다.
방을 본 형제들은 푸른 용이 살고 있는 청룡산에 가서 산삼과 불로초를
캐어오기로 하였다. 삼형제는 청룡산으로 들어가 산삼과 불로초를 찾았
지만 가을이 되도록 산삼을 찾지 못한다. 그러던 어느 날 셋째가 우물집
할아버지에게 드리려고 달래를 캐러 나섰다가 동굴 속에서 산삼을 발견
하였다. 셋째가 동굴 아래로 내려가서 보니 산삼밭이었다. 셋째는 첫째,
둘째와 함께 산삼을 캐기로 하고 산삼밭으로 내려갔다. 셋째가 내려가서
산삼을 캐서 바구니로 올려 보냈다. 바구니 가득 산삼이 올라가자 첫째
와 둘째는 욕심이 생겼다. 첫째와 둘째는 셋째를 놔두고는 산삼을 챙겨
먼저 도망쳤다.

동굴 속에 있던 셋째는 형들이 달아난 것도 모르고 형들이 승냥이에게 잡혀가지 않았나 걱정하였다. 산삼을 가지고 간 첫째와 둘째는 상을 타서 큰 부자가 되었지만 셋째를 찾으러 가지 않았다. 큰집을 지어 놓고 살면서 도움을 청하러 온 봉선이와 우물집할아버지를 매정하게 돌려보냈다.

동굴에서 정신을 잃었던 셋째는 동굴을 지키던 청룡의 도움을 받고 동굴 밖으로 나올수 있었다. 청룡은 원래 천주봉에서 산삼과 불로초를 키우면서 살고 있었는데, 돌사태가 나면서 동굴에 갇히게 되었다. 청룡은 돌덩이에 꼬리가 잘려서 날지 못하였다. 꼬리를 살릴 수 있는 유일한 방법은 천주봉 꼭대기 소나무에서 아침 이슬을 받아 산삼과 함께 먹는 것이었다. 천주봉은 깎아지른 절벽으로 천주봉 소나무에서 아침이슬을 받는 일은 천 길 낭떠러지로 떨어질 수 있는 매우 위험한 일이었다.

셋째는 청룡의 은혜에 보답하고자 천주봉 소나무에 올라 아침이슬을 받아왔다. 천주봉 소나무 이슬과 청룡이 준 산삼으로 약을 만들어 청룡의 꼬리를 만들어 주었다. 청룡은 마음 착한 셋째에게 조롱박을 주고 하늘로 올라갔다. 청룡이 준 조롱박은 마음 착한 사람이면 무엇이든 할 수 있는 조롱박이었다.

셋째는 청룡이 준 조롱박을 가지고 마을로 돌아왔다. 형들이 사는 집으로 간 셋째는 첫째와 둘째가 재물에 마음을 빼앗겨 욕심쟁이가 되었다는 것을 알게 되었다. 얼마 후 큰 가뭄이 들어 사람들이 굶어 죽게 되자 셋째는 조롱박으로 사람들에게 집과 농기구를 선물하였다. 마을사람들이 셋째를 칭찬하였다. 한편 일하지 않고 게으른 생활을 하던 첫째와 둘째는 마을에서 살 수 없어 마을을 떠나게 되었다. 셋째는 진심으로 잘못을 반성한 첫째와 둘째 형을 데리고 와서 같이 살았다.

소년과 구렁이

- **제작** : 조선과학교육영화촬영소 아동영화창작단
- **시간** : 17분　•**분류** : 인형영화
- **스탭** : 영화문학: 김유경 / 연출: 조재광 / 책임미술: 강도구 / 촬영: 김창호 / 작곡: 신근철 / 조종: 신상철 / 연주: 영화및방송음악단 / 노래: 평양률곡고등중학교 / 지휘: 김철의
- **등장인물** : 지주부부, 참동이, 구렁이, 사슴.
- **주제** : 죽을 각오로 싸운다면 아무리 무서운 것도 없다.

- **줄거리**

　옛날 어느 마을에 지주 부부가 있었다. 지주 부부는 오래 살 욕심으로 산삼을 구하고자 하였다. 산삼이 있는 곳은 구렁이가 득실거리는 위험한 곳이었다. 산삼을 지키는 구렁이는 보기만 해도 죽는다고 하였다. 하지만 산삼에 욕심이 난 지주는 집에서 일하는 참동의 효심을 이용하기로 하였다. 지주는 참동이에게 산삼을 캐어 오면 재산의 절반을 나누어 주겠다고 하고는 산삼을 캐오게 하였다.

　참동이는 엄마를 위해 산삼을 찾아 나섰다. 산 속에서 산삼을 발견한 참동이는 바구니 가득 산삼을 캐어 왔다. 지주는 참동이가 산삼을 캐어 오다가 혹시 감추어 두지 않을까 의심하였다. 지주는 산에 들어가 참동이가 캐어오는 산삼을 빼앗으려다가 그만 산삼을 지키는 구렁이를 보고 말았다. 구렁이를 본 이후 지주의 눈에는 모든 것이 구렁이로 보이는 환

영에 시달리게 되었다. 지주에게 산삼을 빼앗긴 참동이는 비로소 지주 부부의 속마음을 알게 되었다.

한편 지주 때문에 구렁이가 잠에서 깨어나자 마을은 공포에 빠졌다. 참동이가 구렁이를 잡으러 나섰다. 산 속에서 구렁이를 찾던 참동이는 사슴을 잡아먹으려던 구렁이를 발견하고 용감하게 싸웠다. 하지만 구렁이를 이기지 못하고 쓰러졌다. 그러자 구렁이에게 잡아먹힐 뻔했던 사슴이 나타나 참동이에게 도끼를 건네준다. 참동이는 다시 힘을 내서 싸우고 마침내 구렁이를 물리친다. 구렁이를 물리친 참동이가 지쳐 쓰러진다. 이번에는 사슴이 산삼을 물어다 주어 창동이를 살려냈다.

마을사람들은 참동이가 구렁이를 죽였다는 것을 알고 놀랐다. 참동이는 '죽을 각오로 싸우니까 무섭지 않았다'고 말하였다. 마을 노인은 언제나 마을 사람들을 위하는 참동이의 마음이 구렁이를 이길 수 있었다고 칭찬해 주었다.

소년과 어영대장

- **제작** : 조선과학교육영화촬영소 아동영화창작단, 1996년
- **시간** : 22분 • **분류** : 인형영화
- **스탭** : 각색: 김용권 / 연출: 리인철 / 책임미술: 정효섭 / 촬영: 김창호, 서광 / 조
  종 : 신상철, 김은영 / 작곡 : 백인선 / 노래 : 평양률곡고등중학교 / 연주 :
  영화및방송음악단
- **등장인물** : 어영대장, 차돌, 아전.
- **주제** : 백성을 괴롭히면 벌을 받는다.

• **줄거리**

왕궁을 지키는 어영대장이 임금의
명령으로 고을을 시찰하고 있었다. 마
을 사람이 어영대장의 행차에 고개를
숙이고 꼼짝하지 못하고 있었다. 이때
샘 골에 사는 차돌이가 병든 어머니를
위해서 고기를 잡아가지고 가다가 어영대장에게 잡혀갔다. 어영대장의
행차를 보지 못하였다는 죄목이었다.

차돌의 아버지 억쇠는 예전에 민란을 일으켰다는 죄로 처형당했었는
데, 그때 처형을 지시했던 사람이 어영대장이었다. 그 어영대장이 다시
고을로 시찰 왔다가 차돌이를 잡아들인 것이었다. 차돌의 목을 치려던
어영대장에게 아전이 나섰다. 아전은 추석날 백성들 앞에서 차돌이의 목
을 치면 백성들이 꼼짝하지 못할 것이라며 추석 때 죽이라고 말하였다.

옥에 갇힌 차돌은 바둑이의 도움으로 탈출하게 되었다. 차돌은 억울하

게 죽은 아버지와 마을 사람들의 원수를 구하겠다고 다짐하였다. 차돌이는 아버지의 장검을 갖고 도사를 찾아갔다. 도사를 만난 차돌이는 열심히 무술을 익혔다.

한편 차돌이가 옥을 탈출한 다음 어영대장은 아전에게 차돌이를 잡아오라고 명령하였다. 만약 차돌을 잡아오지 못하면 대신 목을 치겠다는 말에 고심하던 아전은 차돌이의 엄마와 누이를 잡아갔다. 도사에게서 무술을 배우던 차돌이는 마지막 시험을 통과하고 마을로 돌아왔다. 차돌이는 어영대장과 한판 대결을 벌이게 되었다. 차돌은 힘을 내서 어영대장을 죽이고 관군들을 물리쳤다.

소년장수

- **제작** : 조선과학교육영화촬영소 아동영화창작단, 1987년-1990년
- **분류** : 만화영화
- **주제** : 쇠메와 고구려 소년들의 용맹과 애국심.
- **특기** : 북한 어린이들에게 가장 인기가 높은 만화영화시리즈. 1980년대 후반부터 제작되기 시작했는데, 원래는 6~7부작 정도로 끝낼 계획이었으나 엄청난 인기를 모으면서, '어린이들이 좋아하는 영화이니 계속 만드는 것이 좋겠다' 는 지시에 따라 김정일 위원장의 60회 생일인 2002년 2월까지 100부작으로 제작할 계획을 세웠다가 1997년 무렵 50부작으로 일단락되었다.

- **줄거리**

　소년장수는 북한을 대표하는 장편 만화영화이다. 〈령리한 너구리〉시리즈와 달리 전체의 스토리가 하나로 연결되어 있다. 줄거리는 고구려를 배경으로 소년들이 조국을 위해 목숨을 바쳐 싸워나간다는 내용이다.

　아버지의 원수를 갚기 위해 쇠메라는 한 소년이 무술실력을 갈고닦아 해안방어사로 성장하여 해적을 물리친다는 내용의 50부작 만화영화로 각 편은 일정한 주제를 중심으로 독립되어 있으면서 전편이 하나의 주제로 연결되어 있는 다부작 형식의 만화영화다. 예동이와 날새, 웅거 등의 소년장수들이 쇠메를 도와 적들의 음모를 이겨내며 함께 죽음의 고비를 넘나드는 이야기로부터 시련을 딛고 대장수로 성장해 나간다는 이야기

이다.

소년장수 쇠메는 대추장의 집요한 공격과 유인 속에서도 영민한 판단력으로 적들과 싸워 이긴다. 또한 쇠메를 도와주려는 고구려의 소년들인 옹고, 예동이, 날새는 비롯 나이는 어리지만 자신에게 주어진 임무를 충실히 수행하는 충직한 모습을 보여준다.

1부 : 아버지의 장검

- **제작** : 조선과학교육영화촬영소 아동영화창작단, 1987년, 27분
- **스탭** : 영화문학: 황석환 / 연출: 손종권 / 책임미술: 김택전·김용찬 / 촬영: 고병화 / 작곡: 김명희·홍수일 / 연주: 영화및방송음악단 / 대사: 국립연극단 / 노래: 평양인흥녀자고등학교

2부 : 사냥경기

- **제작** : 조선과학교육영화촬영소 아동영화창작단, 1987년, 19분
- **스탭** : 영화문학: 황석환 / 연출: 손종권 / 책임미술: 김택전·김용찬 / 촬영: 고병화 / 작곡: 김명희·홍수일 / 연주: 영화및방송음악단 / 대사: 국립연극단 / 노래: 평양인흥녀자고등학교

3부 : 음모의 화살

- **제작** : 조선과학교육영화촬영소 아동영화창작단, 1987년, 21분
- **스탭** : 영화문학: 황석환 / 연출: 손종권 / 책임미술: 김택전·김용찬 / 촬영: 고병화 / 작곡: 김명희·홍수일 / 연주: 영화및방송음악단 / 대사: 국립연극단 / 노래: 평양인흥녀자고등학교

4부 : 복수의 맹세

- **제작** : 조선과학교육영화촬영소 아동영화창작단, 1987년, 21분
- **스탭** : 영화문학: 황석환 / 연출: 손종권 / 책임미술: 김택전 · 김용찬 / 촬영: 리영호 / 작곡: 김명희 · 홍수일 / 연주: 영화및방송음악단 / 대사: 국립연극단 / 노래: 평양인흥녀자고등학교

5부 : 간악한 원쑤

- **제작** : 조선과학교육영화촬영소 아동영화창작단, 1988년, 20분
- **스탭** : 영화문학: 황석환 / 연출: 손종권 / 책임미술: 김택전 · 김용찬 / 촬영: 고병화 · 리영호 / 작곡: 김명희 / 연주: 영화및방송음악단 / 노래: 평양률곡녀자고등중학교 / 대사: 국립연극단 / 지휘: 김병선

6부 : 성문열쇠

- **제작** : 조선과학교육영화촬영소 아동영화창작단, 1988년, 19분
- **스탭** : 영화문학: 김용권 / 연출: 김광선 / 책임미술: 김택전 · 김용찬 / 촬영: 고병화 / 작곡: 김명희 / 연주: 영화및방송음악단 / 노래: 평양률곡녀자고등중학교 / 대사: 국립연극단 / 지휘: 김병선

7부 : 어머니를 찾아서

- **제작** : 조선과학교육영화촬영소 아동영화창작단, 1988년, 20분
- **스탭** : 영화문학: 김용권 / 연출: 김광성 / 책임미술: 김택전 · 김영호 / 촬영: 리원택 / 작곡: 김명희 / 연주: 영화및방송음악단 / 대사: 국립연극단 / 노래: 평양률곡녀자고등중학교 / 지휘: 김병선

8부 : 통첩장의 비밀

• **제작** : 조선과학교육영화촬영소 아동영화창작단, 1988년, 21분
• **스탭** : 영화문학: 김용권 / 연출: 김광성 / 책임미술: 김택전·김용찬 / 촬영: 고병화
·리원택 / 작곡: 김명희 / 연주: 영화및방송음악단 / 대사: 국립연극단 / 노
래: 평양률곡녀자고등중학교 / 지휘: 김병선

9부 : 마지막 화살

• **제작** : 조선과학교육영화촬영소 아동영화창작단, 1989년, 19분
• **스탭** : 영화문학: 김용권 / 연출: 김광성 / 책임미술: 김영철 / 촬영: 고병화 / 작곡:
김명희 / 연주: 영화및방송음악단 / 대사: 국립연극단 / 노래: 평양률곡녀자
고등중학교 / 지휘: 김병선

10부 : 성루의 종소리

• **제작** : 조선과학교육영화촬영소 아동영화창작단, 1989년, 22분
• **스탭** : 영화문학: 김용권 / 연출: 손종권 / 책임미술: 김택전 / 촬영: 리원택 / 작곡:
김명희 / 연주: 영화및방송음악단 / 대사: 국립연극단 / 노래: 평양률곡녀자
고등중학교 / 지휘: 김병선

11부 : 승전고 울리는 속에서

• **제작** : 조선과학교육영화촬영소 아동영화창작단, 1990년, 17분
• **스탭** : 영화문학: 장은식 / 연출: 김영철 / 책임미술: 오선혁 / 촬영: 고병화 / 작곡:
김명희 / 연주: 영화및방송음악단 / 대사: 국립연극단 / 노래: 평양률곡녀자
고등중학교 / 지휘: 김병선

12부 : 잊지못할 고향

- **제작** : 조선과학교육영화촬영소 아동영화창작단, 1990년, 20분
- **스탭** : 영화문학: 김용권 / 연출: 김준옥 / 책임미술: 김인선 / 촬영: 리영호 / 작곡: 김명희 / 연주: 영화및방송음악단 / 대사: 국립연극단 / 노래: 평양률곡녀자고등중학교 / 지휘: 김병선

13부 : 무너진 성벽

- **제작** : 조선과학교육영화촬영소 아동영화창작단, 1990년, 11분
- **스탭** : 영화문학: 장은석 / 연출: 김광성 / 책임미술: 김영철·오신혁 / 촬영: 리원택 / 작곡: 김명희 / 연주: 영화및방송음악단 / 대사: 국립연극단 / 노래: 평양률곡녀자고등중학교 / 지휘: 김병선

14부 : 불타는 성

- **제작** : 조선과학교육영화촬영소 아동영화창작단, 1990년, 18분
- **스탭** : 영화문학: 김용권 / 연출: 손종권 / 책임미술: 김택전·오신혁 / 촬영: 고병화 / 작곡: 김명희 / 연주: 영화및방송음악단 / 대사: 국립연극단 / 노래: 평양률곡녀자고등중학교 / 지휘: 김병선

15부 : 축성도

- **제작** : 조선과학교육영화촬영소 아동영화창작단, 1990년, 18분
- **스탭** : 영화문학: 김용권 / 연출: 김광성 / 책임미술: 김영철 / 촬영: 리원택 / 작곡: 김명희 / 연주: 영화및방송음악단 / 대사: 국립연극단 / 노래: / 지휘: 김병선

16부 : 적진속에서

- **제작 :** 조선과학교육영화촬영소 아동영화창작단, 1990년, 21분
- **스탭 :** 영화문학: 김용권 / 연출: 김관선 / 책임미술: 리영호 / 촬영: 김인선 / 작곡: 김명희 / 연주: 영화및방송음악단 / 대사: 국립연극단 / 노래: 평양 제1금성 고등중학교 / 지휘: 김병선

17부 : 검은 독병

- **제작 :** 조선과학교육영화촬영소 아동영화창작단, 1990년, 21분
- **스탭 :** 영화문학: 김용권 / 연출: 김준옥 / 책임미술: 리영훈 / 촬영: 박정성·박서영 / 작곡: 김명희 / 연주: 영화및방송음악단 / 대사: 국립연극단 / 노래: / 지휘: 김병선

18부 : 음모의 그물

- **제작 :** 조선과학교육영화촬영소 아동영화창작단, 1990년, 25분
- **스탭 :** 영화문학: 김용권 / 연출: 김준옥 / 책임미술: 박서연·박정성 / 촬영: 리영훈 / 작곡: 김명희 / 연주: 영화및방송음악단 / 대사: 국립연극단 / 노래: 평양 제1금성고등중학교 / 지휘: 리현웅

19부 : 궤짝 속의 비밀

- **제작 :** 조선과학교육영화촬영소 아동영화창작단, 1990년, 18분
- **스탭 :** 영화문학: 김용권 / 연출: 김광성 / 책임미술: 김영철 / 촬영: 한영철 / 작곡: 김명희 / 연주: 영화및방송음악단 / 대사: 국립연극단 / 노래: / 지휘: 리현웅

20부 : 대결

- **제작** : 조선과학교육영화촬영소 아동영화창작단, 1990년, 21분
- **스탭** : 영화문학: 김용권 / 연출: 손종권 / 책임미술: 김택전 · 오신혁 / 촬영: 리원택 / 작곡: 김명희 / 연주: 영화및방송음악단 / 대사: 국립연극단 / 노래: 평양 률곡고등중학교 / 지휘: 리현웅

21부 : 쇠메가 남긴 편지

- **제작** : 조선과학교육영화촬영소 아동영화창작단, 13분
- **스탭** : 영화문학: 김광성 / 연출: 김광성 / 책임미술: 김영철 · 김종철 / 미술: 김영 · 리철 · 리문철 / 촬영: 한영철 / 작곡: 김명희 / 연주: 영화및방송음악단 / 대사: 국립연극단 / 노래: / 지휘: 리현웅

22부 : 무술시험

- **제작** : 조선과학교육영화촬영소 아동영화창작단, 13분
- **스탭** : 영화문학: 김광성 / 연출: 김광성 / 책임미술: 김영철 · 김종철 / 미술: 조명덕 · 김인철 / 촬영: 한영철 / 작곡: 김명희 / 연주: 영화및방송음악단 / 대사: 국립연극단 / 노래: / 지휘: 리현웅

23부 : 꺾어버린 칼

- **제작** : 조선과학교육영화촬영소 아동영화창작단, 1990년, 13분
- **스탭** : 영화문학: 김광성 / 연출: 김영철 / 책임미술: 오신혁 / 미술: 윤영길 · 도철 · 홍철호 / 촬영: 한영철 / 작곡: 김명희 / 연주: 영화및방송음악단 / 대사: 국립연극단 / 노래: 평양률곡고등중학교 / 지휘: 리현웅

24부 : 범을 다루는 아이

- **제작** : 조선과학교육영화촬영소 아동영화창작단, 1990년, 13분
- **스탭** : 영화문학: 김광성 / 연출: 김광성 / 책임미술: 김택전·김종철 / 미술: 김영
  · 리문철·정효섭 / 촬영: 한영철 / 작곡: 김명희 / 연주: 영화및방송음악단 /
  대사: 국립연극단 / 노래: / 지휘: 리현웅

25부 : 잊지못할 교훈

- **제작** : 조선과학교육영화촬영소 아동영화창작단, 1990년, 13분
- **스탭** : 영화문학: 김광성 / 연출: 김광성 / 책임미술: 김영철·김종철 / 미술: 백윤두
  · 권영길 · 김인철 / 촬영: 사상준 / 작곡: 김명희 / 연주: 영화및방송음악단 /
  대사: 국립연극단 / 노래: / 지휘: 리현웅

26부 : 맹세

- **제작** : 조선과학교육영화촬영소 아동영화창작단, 1990년, 13분
- **스탭** : 영화문학: 김광성 / 연출: 김광성 / 책임미술: 김영철·오신혁 / 미술: 조돈익
  · 윤영길 · 김정훈 / 촬영: 한영철 / 작곡: 김명희 / 연주: 영화및방송음악단 /
  대사: 국립연극단 / 노래: 평양률곡고등중학교 / 지휘: 김철의

27부 : 동굴속의 메아리

- **제작** : 조선과학교육영화촬영소 아동영화창작단, 13분
- **스탭** : 영화문학: 김광성 / 연출: 김광성 / 책임미술: 김택전 · 김종철 / 미술: 김영철
  · 리문철 · 정동철 / 촬영: 사상준 / 작곡: 김명희 / 연주: 영화및방송음악단 /
  대사: 국립연극단 / 노래: / 지휘: 김철의

28부 : 돛배우에서의 격전

- **제작 :** 조선과학교육영화촬영소 아동영화창작단, 13분
- **스탭 :** 영화문학: 김광성 / 연출: 김광성 / 책임미술: 김영철·김종철 / 미술: 김인철·윤영길·함춘일 / 촬영: 한영철 / 작곡: 김명희 / 연주: 영화및방송음악단 / 대사: 국립연극단 / 노래: / 지휘: 김철의

제29부 : 불길 속의 세소년

- **제작 :** 조선과학교육영화촬영소 아동영화창작단, 14분
- **스탭 :** 영화문학: 김광성 / 연출: 김광성 / 책임미술: 김영철 / 미술: 김택전·오신혁·김종철 / 촬영: 사상준 / 작곡: 김명희 / 연주: 영화및방송음악단 / 대사: 국립연극단 / 노래: / 지휘: 김철의

30부 : 돌두령의 비밀

- **제작 :** 조선과학교육영화촬영소 아동영화창작단, 13분
- **스탭 :** 영화문학: 김광성 / 연출: 손종권 / 책임미술: 김택전·김종철 / 미술: 권영길·송경수·정동철 / 촬영: 한영철 / 작곡: 김명희 / 연주: 영화및방송음악단 / 대사: 국립연극단 / 노래: 평양률곡고등중학교 / 지휘: 김철의

31부 : 홰불신호

- **제작 :** 조선과학교육영화촬영소 아동영화창작단, 13분
- **스탭 :** 영화문학: 김광성 / 연출: 손종권 / 책임미술: 김영철·오신혁 / 미술: 권영길·홍현수·김경수 / 촬영: 한영철 / 작곡: 김명희 / 연주: 영화및방송음악단 / 대사: 국립연극단 / 노래: / 지휘: 김철의

32부 : 함정

• **제작** : 조선과학교육영화촬영소 아동영화창작단, 13분
• **스탭** : 영화문학: 김광성 / 연출: 김광성·김택전 / 책임미술: 오신혁 / 미술: 송경수
·리철·조명덕 / 촬영: 사상준 / 작곡: 김명희 / 연주: 영화및방송음악단 /
대사: 국립연극단 / 노래: 평양률곡고등중학교 / 지휘: 김철의

33부 : 끝나지 않은 싸움

• **제작** : 조선과학교육영화촬영소 아동영화창작단, 13분
• **스탭** : 영화문학: 김광성 / 연출: 김광성·김택전 / 책임미술: 오신혁 / 미술: 백윤두
·윤영길·리문철 / 촬영: 한영철 / 작곡: 김명희 / 연주: 영화및방송음악단 /
대사: 국립연극단 / 노래: / 지휘: 김철의

34부 : 웅거의 급보

• **제작** : 조선과학교육영화촬영소 아동영화창작단, 25분
• **스탭** : 영화문학: 김용권 / 연출: 손종권 / 책임미술: 김영철·오신혁 / 미술: 홍현수
·리철·김경수 / 촬영: 한영철 / 작곡: 김명희 / 연주: 영화및방송음악단 / 대
사: 국립연극단 / 노래: 평양률곡고등중학교 / 지휘: 장명일

35부 군령

• **제작** : 조선과학교육영화촬영소 아동영화창작단, 21분
• **스탭** : 영화문학: 방용순 / 연출: 김광성 / 책임미술: 김영철·도철 / 미술: 리문철
·김정훈·최춘남 / 촬영: 한영철 / 작곡: 김명희 / 연주: 영화및방송음악단 /
대사: 국립연극단 / 노래: 평양률곡고등중학교 / 지휘: 김산동

36부 범동이

- **제작** : 조선과학교육영화촬영소 아동영화창작단, 20분
- **스탭** : 영화문학: 김용권 / 연출: 김영철 / 책임미술: 윤영길 / 미술: 선우희선·송경수·최춘남 / 촬영: 함인철 / 작곡: 김명희 / 연주: 영화및방송음악단 / 대사: 국립연극단 / 노래: 평양률곡고등중학교 / 지휘: 김산동

37부 청룡장도칼

- **제작** : 조선과학교육영화촬영소 아동영화창작단, 26분
- **스탭** : 영화문학: 박태술 / 연출: 김광성 / 책임미술: 도철·리문철 / 미술: 박서연·김창호·정동철 / 촬영: 사상준·김춘명 / 작곡: 김명희 / 연주: 영화및방송음악단 / 대사: 국립연극단 / 노래: / 지휘: 김철의

제38부 해전

- **제작** : 조선과학교육영화촬영소 아동영화창작단, 31분
- **스탭** : 영화문학: 방순용 / 연출: 손종권 / 책임미술: 김택전·홍철호 / 미술: 김인철·리철·계훈·함인철 / 촬영: 함인철·전광훈 / 작곡: 김명희 / 연주: 영화및방송음악단 / 대사: 국립연극단 / 노래: 평양률곡고등중학교 / 지휘: 박미선

39부 고향으로 가는 길

- **제작** : 조선과학교육영화촬영소 아동영화창작단, 25분
- **스탭** : 영화문학: 방순용 / 연출: 김광성 / 책임미술: 도철·최춘남 / 미술: 리문철·김인철·리철 / 촬영: 함인철·한인철 / 작곡: 김명희 / 연주: 영화및방송음악단 / 대사: 국립연극단 / 노래: 평양률곡고등중학교 / 지휘: 박미선

40부 말파리는 달린다

- **제작** : 조선과학교육영화촬영소 아동영화창작단, 21분
- **스탭** : 영화문학: 김용권 · 방순용 / 연출: 손종권 / 책임미술: 윤영길 · 김경수 / 미술: 리문철 · 김인철 · 고정숙 / 촬영: 함인철 · 한인철 / 작곡: 김명희 / 연주: 영화및방송음악단 / 대사: 국립연극단 / 노래: 평양률곡고등중학교 / 지휘: 김철의

41부 괴마산에 나타난 소녀

- **제작** : 조선과학교육영화촬영소 아동영화창작단, 26분
- **스탭** : 영화문학: 김광성 · 류시철 / 연출: 김영철 / 책임미술: 함춘일 · 정동철 / 미술: 김동철 · 조돈익 · 우승혁 / 촬영: 한영철 / 작곡: 김명희 / 연주: 영화및방송음악단 / 대사: 국립연극단 / 노래: 평양률곡고등중학교 / 지휘: 장명일

42부 사자목테의 비밀

- **제작** : 조선과학교육영화촬영소 아동영화창작단, 26분
- **스탭** : 영화문학: 방순용 / 연출: 김광성 / 책임미술: 도철 · 김경수 / 촬영: 한영철 · 함인철 / 미술: 김종철 · 김영 · 김정훈 · 고정숙 / 작곡: 김명희 / 연주: 영화및방송음악단 / 대사: 국립연극단 / 노래: 평양률곡고등중학교 / 지휘: 장명일

제43부 진달래

- **제작** : 조선과학교육영화촬영소 아동영화창작단, 26분
- **스탭** : 영화문학: 방순용 · 류시철 / 연출: 오신혁 · 김영철 / 책임미술: 리문철 · 유복순 / 미술: 리철 · 권영길 · 강복남 / 촬영: 한영철 / 작곡: 김명희 / 연주: 영화및방송음악단 / 대사: 국립연극단 / 노래: 평양률곡고등중학교 / 지휘: 박미선

44부 보물략도

- **제작** : 조선과학교육영화촬영소 아동영화창작단, 27분
- **스탭** : 영화문학: 방순용 / 연출: 손종권·도철 / 책임미술: 윤영길·계훈 / 미술: 김인철·김정훈·고정숙 / 촬영: 한영철 / 작곡: 김명희 / 연주: 영화및방송음악단 / 대사: 국립연극단 / 노래: 평양률곡고등중학교 / 지휘: 한학철

45부 : 단오날

- **제작** : 조선과학교육영화촬영소 아동영화창작단, 27분
- **스탭** : 영화문학: 방순용 / 연출: 김영철 / 책임미술: 리문철·정동철 / 미술: 리철·정창일·우승혁 / 촬영: 한영철 / 작곡: 김명희 / 연주: 영화및방송음악단 / 대사: 국립연극단 / 노래: 평양률곡고등중학교 / 지휘: 한학철

46부 : 주지 못한 갑옷

- **제작** : 조선과학교육영화촬영소 아동영화창작단, 1996년, 20분
- **스탭** : 영화문학: 방순용·최인성 / 연출: 김광성·도철 / 책임미술: 윤영길·최춘남 / 미술: 홍현수·김정훈·리해일 / 촬영: 한영철 / 작곡: 김명희 / 연주: 영화및방송음악단 / 대사: 국립연극단 / 노래: 평양률곡고등중학교 / 지휘: 한학철

47부 : 국화

- **제작** : 조선과학교육영화촬영소 아동영화창작단, 1996년, 26분
- **스탭** : 영화문학: 방순용·최인성 / 연출: 김광성·김영철 / 책임미술: 리문철·김경수 / 미술: 리철·김종철·고정숙 / 촬영: 한영철 / 작곡: 김명희 / 연주: 영화및방송음악단 / 대사: 국립연극단 / 노래: 평양률곡고등중학교 / 지휘: 한학철

48부 : 격전속의 메아리

- **제작 :** 조선과학교육영화촬영소 아동영화창작단, 1996년, 26분
- **스탭 :** 영화문학: 방순용 / 연출: 김영철 / 책임미술: 리문철·정동철 / 미술: 김인철·우승혁·선우희선 / 촬영: 한영철·리철남 / 작곡: 김명희 / 연주: 영화및방송음악단 / 대사: 국립연극단 / 노래: 평양률곡고등중학교 / 지휘: 장명일

49부 : 빛나는 장검

- **제작 :** 조선과학교육영화촬영소 아동영화창작단, 1996년, 25분
- **스탭 :** 영화문학: 방순용 / 연출: 김영철·도철 / 책임미술: 리문철·정동철 / 미술: 우승혁·선우희선·김경화 / 촬영: 한영철·리철남 / 작곡: 김명희 / 연주: 영화및방송음악단 / 대사: 국립연극단 / 노래: 평양률곡고등중학교 / 지휘: 장명일

50부 : 고구려만세

- **제작 :** 조선과학교육영화촬영소 아동영화창작단, 1996년, 31분
- **스탭 :** 영화문학: 방순용 / 연출: 김광성·김영철 / 책임미술: 윤영길·김경수 / 미술: 리창일·우승혁·김정훈 / 촬영: 한영철·리철남 / 작곡: 김명희 / 연주: 영화및방송음악단 / 대사: 국립연극단 쇠메: 리지영 호비: 김오식 / 노래: 평양률곡고등중학교 / 지휘: 장명일

손장수와 발장수

- **제작** : 조선4·26아동영화촬영소
- **시간** : 21분 **분류** : 만화영화
- **스탭** : 연출: 윤영길 / 미술: 김성준·김명길·곽창호·김원일·김은철·한옥순·김명수·리영일·김경화·류용일·리문철·오진건·리원근·리남철·정광훈·리성화 / 배경: 김경수 / 합성: 박철진 / 작곡: 한상철 / 대사: 김룡철·김대홍·원정숙·림복희·김미경·리은주 / 편집: 권은 / 록음: 강시현 / 채색: 서영이 / 연주: 영화및방송음악단 / 지휘: 리병의 / 가사: 오영옥 / 노래: 김강봉·유병철·평양률곡중학교 아동음악반
- **주제** : 재주를 자랑하지 말고 여러 사람을 위해서 써라.
- **특기** : '김정숙이 들려 준 이야기'를 바탕으로 한 작품

- **줄거리**

옛날 살기 좋은 어느 바닷가 마을에 풍년모임이 열렸다. 풍년모임이 열리자 산 속에서 재주를 수련하던 두 장수도 잔치에 참석하였다. 오늘 풍년모임은 바다 너머 호시탐탐 마을

을 노리는 적들을 대비하여 마을을 지키는 장수를 뽑기 위해 열린 잔치였다. 차돌이 형은 산 속에서 발재주를 익혀 억센 발을 자랑하는 발장수가 되었고, 억돌이 삼촌은 손을 단련하여 단단한 손장수가 되었다. 두 사람의 재주를 본 좌상은 두 사람의 힘을 합치면 큰 힘이 될 것이라고 생각하였다. 좌상은 두 장수에게 마을 사람들을 잘 단련시키라고 말하였다. 하지만 두 장수는 좌상이 자신을 믿지 못한다고 생각하였다.

한편 바다 건너 도적들은 마을을 침략할 계획을 꾸미고 있었다. 마을을 염탐하던 도적들은 마침내 마을 뒤쪽 노루목을 통해 몰래 쳐들어왔다. 도적이 쳐들어오자 좌상은 마을 사람들에게 병장기를 들려 앞 쪽으로 보내고, 두 장수를 노루목으로 보내면서 힘을 합쳐 꼭 지키라고 당부하였다. 두 장수가 노루목을 지키기 위해 출전하자 차돌이와 억돌이도 두 장수를 따라 나섰다. 좌상은 만일 두 장수에게 무슨 일이 생기면 연락하라고 하면서 차돌이와 억돌이를 함께 보냈다.

노루목에서 적을 만난 두 장수는 엄청난 손재주와 발재주로 도적을 물리쳤다. 하지만 노루목으로 침입했던 도적들 중에서 두 놈은 도망쳤다. 도망갔던 도적들이 다시 노루목으로 쳐들어왔다. 두 장수는 자기 힘이 더 센 것을 자랑하려는 생각으로 힘을 합하지 않고, 떨어져 싸우기 시작했다. 그러자 도적들은 무리 중에서 키가 큰 도적을 골라 발장수쪽으로 보내고, 키가 작은 도적들은 골라 손장수에게 보낸다. 발장수의 발차기는 키 큰 도적에게 닿지 않고, 손장수의 주먹은 키 작은 도적에게 미치지 못하였다. 손장수와 발장수는 도적들과 맞서 열심히 싸웠지만 점차 몰리기 시작하였다.

점차 도적에게 몰리던 두 장수는 마침내 힘을 합하였다. 발장수 위에 손장수가 올라타고 싸우기 시작하였다. 하지만 서로 마음이 통하지 않아 제대로 힘을 발휘하지 못하였다. 두 장수는 힘을 잃고 적에게 포위되어 위기에 몰렸다. 위기의 순간 좌상을 비롯한 마을 사람들이 나타나 도적을 물리치고 두 장수를 살려냈다. 두 장수는 자기의 재주를 뽐내기에 앞서 마을을 사랑하는 마음을 갖는 것이 중요하다는 것을 깨달았다. 이후 손장수와 발장수는 힘을 모아서 적들을 물리치고 고향을 지켜냈다.

손해본 너구리

- **제작** : 조선과학교육영화촬영소 아동영화창작단
- **시간** : 10분　**분류** : 인형영화
- **스탭** : 영화문학(각색): 김유경 / 연출: 김충성 / 촬영: 사상준 / 책임미술: 강도구 /
　작곡: 리경훈 / 조종: 최병숙 / 연주: 영화및방송음악단 / 대사: 방송연극단
　/ 노래: 평양률곡녀자중학교
- **등장인물** : 너구리, 사슴.
- **주제** : 친구 사이에 욕심을 부리면 안 된다.

- **줄거리**

사슴과 너구리가 왕밤을 잔뜩 따서 모아 놓고는 다음날 수레를 가지고 가서 나누기로 약속하였다. 너구리는 조금이라도 많이 갖고 싶었다. 이리저리 생각하던 너구리는 수레가 사슴 것이라는 것을 생각하고는 꾀를 냈다.

다음날 새벽같이 일어나 밤을 챙기러 간 너구리는 자루 한편에는 왕밤을 담고, 다른 자루에는 쭉정이와 껍질을 담았다. 쭉정이와 껍질을 담은 자루는 왕밤을 담은 자루보다 훨씬 컸다. 너구리가 쭉정이와 껍질을 담은 큰 자루를 싣고 돌아오려는데, 사슴이 나타났다. 사슴은 같이 나르자고 하였다. 너구리는 사슴에게 수레 주인이 더 가져야 하지 않겠느냐며 사슴에게 주려고 말하였다. 하지만 마음 착한 사슴은 너구리의 속마음을 알지 못하고, 아침부터 나와서 일한 너구리가 더 많이 가져야 한다면서

쭉정이와 껍질이 든 큰 자루를 너구리에게 주었다.

손해를 본 너구리는 다음날 자루 도토리를 한가득 담아 오게 되었다. 돌아오는 길에 사슴을 만난 너구리는 이번에는 자기가 끝까지 수레를 끌고 가겠다면서 수레를 끌었다. 너구리가 끌던 수레는 사슴의 집 앞에서 그만 수레축이 부러졌다. 수레축이 부서지면서 도토리 자루를 사슴집 앞에 내려놓게 되었다. 너구리는 결국 욕심을 내다 빈 자루만 들고 오게 되었다. 너구리는 사슴이 왕밤을 같이 나누자면서 왕밤자루를 메고 오는 것을 보면서 잘못을 뉘우쳤다.

신기한 수정구슬

- **제작** : 조선4·26아동영화촬영소, 1999년
- **등장인물** : 수돌이, 바우, 해적, 마을 사람들.
- **주제** : 협동. 힘과 지혜를 합치자.

- **줄거리**

옛날 바닷가 샘물 속에 수정구슬이 있었다. 수정구슬은 곡식도 잘 여물게 하고, 사람의 병도 고칠 수 있는 진귀한 구슬이었다.

어느 날 해적들이 쳐들어와서 수정구슬을 훔쳐갔다. 해적 두목은 수정구슬이 담긴 물을 마시고, 병을 고쳤다. 수정구슬을 빼앗긴 마을 사람들은 병에 걸리고 농사도 망쳤다. 마을 사람들이 병에 걸리고 농사도 망친 것을 본 수돌이는 수정구슬을 찾아오기로 하였다. 수돌이는 해적들이 있는 검은 바위섬으로 길을 떠났다. 그러나 수돌이는 검은 바위섬으로 가기도 전에 길목을 지키고 있던 해적들에게 잡혔다. 감옥에 갇힌 수돌이는 지렛대 원리를 이용하여 무거운 우리를 들어 올리고 빠져나왔다. 한편 수돌이가 떠난 다음 수돌이의 친구 바우가 뒤따라 왔다. 둘은 수정구슬을 찾는데 성공하였다. 하지만 바우는 큰 상처를 입고 위중한 상태가 되었다. 수돌이와 바우는 마을로 돌아와 수정구슬이 담긴 물을 마셨다. 수정구슬이 담긴 물을 마신 바우는 상처를 고치고, 건강해졌다. 그 뒤로 수돌이와 바우는 힘과 지혜를 합쳐 수정구슬을 잘 지키고 살았다.

신비한 나라(제1부) : 황새박사가 그린 지도

'신비한 나라'는 북한의 경제발전을 선전하는 내용의 시리즈 만화영화이다. 체제와 관련된 내용이 많지 않은 북한 아동영화에서 본격적으로 체제선전을 주제로 한 시리즈물이다.

- **제작** : 조선4·26아동영화촬영소
- **시간** : 19분 · **분류** : 만화영화
- **스탭** : 원작: 리송필 / 각색: 정철수 / 연출: 오신혁·리철 / 책임미술: 리창일·정동철 / 촬영: 김설남·김대훈 / 작곡: 김성희 / 미술: 정광훈·강성민·강영일 / 연주: 영화및방송음악단 / 노래: 평양률곡고등중학교 / 지휘: 김산동
- **주제** : 돼기밭을 넓은 평야로 개간한 맑은 아침의 나라의 기적같은 일
- **특기** : '신비한 나라 시리즈' 작품으로 북한의 농지개량 사업을 선전하는 만화영화

- **줄거리**

황새박사는 이 세상 새들이 어디든 지 날아갈 수 있도록 지도를 그려준 명망높은 지도박사였다. 월계상 시상을 앞두고 회의가 열렸다. 새들의 회의에서 두루미회장 앞으로 황새박사
에게 월계상을 주어야 한다는 엄청난 편지와 전화가 쇄도하였다.

지도를 완성하기 위해 연구하던 황새박사에게 초청장이 전해지고, 초청장을 받은 황새박사는 새들이 모이는 회의에 참석하였다. 황새박사가 나타나자 회의에 모인 새들은 황새박사에게 감탄과 존경을 표하였다. 당연하게 월계상이 수여될 것이라고 생각했던 황새박사에게 왁새박사가

황새박사의 박사학위를 박탈해야 한다고 주장하였다.

왁새박사는 의사였는데, 좋은 약초를 구하기 위하여 맑은 아침의 나라를 찾아갔다가 봉변을 당했던 이야기를 하였다. 왁새박사는 황새박사가 그린 맑은 아침의 나라 지도를 가지고 약초를 구하러 갔다가 약초밭을 찾지 못하였다는 것이었다. 황새박사는 뙈기밭을 보고 그린 것은 작년 가을이었다면서 틀리지 않았다고 말하였다. 하지만 왁새박사는 약초를 구하기 위해 얼마 전에는 장수바위골을 다녀왔다고 말하면서 황새박사의 지도가 잘못되었다고 주장하였다. 황새박사가 그린 지도에는 올망졸망한 뙈기밭들이 있는데, 실제로 그런 뙈기밭은 그림자도 없었다고 말하는 것이었다. 증거를 대라고 말하는 황새박사에게 도요새를 증인으로 불렀다. 그 도요새는 얼마 전에 왁새박사가 그려준 약도를 가지고 맑은 아침의 나라에 다녀왔었던 도요새였다.

맑은 아침의 나라에서 돌아 온 도요새는 왁새박사가 그려준 약도에는 장수바위 옆에 온천이 있다고 했는데, 약도하고 달라서 겪었던 일을 이야기 하였다. 도요새는 왁새박사가 그려준 약도를 따라 온천이 있다고 도착한 곳에서 휴식을 취하다가 물고기들의 공격을 받고 겨우 살아서 돌아왔다고 하였다. 그러면서 도요새는 올망졸망한 뙈기밭이 있다고 했던 곳에도 뙈기밭이 없었다고하면서 황새박사의 지도가 잘못되었다고 말하였다. 논쟁이 벌어지고 새들은 직접 현장에 가서 확인하기로 하였다.

강을 건너고 바다를 건너 맑은 아침의 나라에 도착한 새들은 장수바위를 찾아갔다. 장수바위가 있는 곳에 도착하였지만 뙈기밭은 찾을 수 없었다. 대신 넓은 벌판이 끝없이 펼쳐져 있었다. 놀란 황새박사는 자기의 지도를 보면서 믿을 수 없어하였다. 사방을 둘러보던 황새박사는 이 장소는 자기가 지도를 그리던 곳이 아니라고 말하였다. 왁새가 황새박사를 질책하였다. 이때 도요새가 황새박사를 비웃는 왁새에게 저기가 온천이 맞느냐고 물어보았다. 그제서야 왁새박사는 온천이 없어졌다는 것을 알고는 크게 놀랐다.

황새박사는 맑은 아침의 나라에 사는 새들에게 물어보자고 하였다. 맑은 아침의 나라에 살고 있는 크낙새에게 장수바위가 어디 있는지 물어보았다. 그러자 크낙새가 사진첩을 보여주었다. 사진첩에는 일년 전 사진이 있었다. 조상대대로 내려오던 뙈기밭이 개간되어 한 해 겨울에 사라지고 넓은 평야가 되었고, 작은 온천이 있던 자리에는 메기양어장이 새로 건설되었다는 것을 알게 되었다. 새들은 짧은 시간에 큰 변화가 있었다는 사실을 알고는 크게 놀랐다.

신비한 나라(제2부) : 보금자리는 어디일가?

- **제작** : 조선4·26아동영화촬영소
- **시간** : 18분   **분류** : 만화영화
- **스탭** : 영화문학: 조상철 / 연출: 리철 / 책임미술: 리철석·한철 / 콤퓨터합성: 김형룡 / 촬영: 한영철 / 작곡: 김성희 / 미술: 우승혁·김정훈·리문철·백영 / 연주: 영화및방송음악단 / 노래: 평양률곡고등중학교 / 지휘: 김산동
- **주제** : 뙈기밭을 넓은 평야로 개간한 맑은 아침의 나라.
- **특기** : 신비한 나라 시리즈 작품으로 북한의 자연생태를 선전하는 아동영화.

- **줄거리**

황새박사가 맑은 아침의 나라에서 전시회를 연다는 소식에 세상의 모든 새들이 모여들었다. 황새박사가 연 전시회의 인기가 대단하였다. 전시회에 모인 새들은 이렇게 신기한 나라가 있는가 하면서 놀라워하였고 황새박사에게 인터뷰를 요청하였다. 한편 전시회의 사진을 보던 다리를 다친 검은머리따옥이들은 저기가 우리가 살 곳이라고 하면서 맑은 아침의 나라로 가겠다고 말하였다.

한편 모든 새들이 모인 회의가 열릴때 였다. 회의에서는 멸종위기에 몰린 새들을 구원하는 문제가 제기되었다. 검은머리따옥이들이 다리를 다친 자기들을 맑은 아침의 나라로 데려다 달라고 요청하였다. 보금자리를 잃고 쫓겨난 검은머리따옥이들은 다른 곳으로 갔지만 공장에서 나오는 오염으로 몸을 다쳤었다. 검은머리 따옥이들은 다시 바닷가로 옮겼지

만 바닷가 폐기물 때문에 건강도 좋지 않게 되었다.

하지만 황새박사는 그곳까지 데려가는 것은 쉬운 문제가 아니라면서 좀 더 신중하게 해결해야 한다고 주장하였다. 황새박사가 방법을 모색하는 사이에 검은머리따옥이들은 편지를 남기고 떠나버렸다. 새들이 떠난 다음 기러기로부터 검은머리따옥이들이 떠났다는 긴급전보가 올라왔다. 새협회의 새들은 검은머리따옥이들을 구하기 위해서 맑은 아침의 나라로 떠나게 되었다.

맑은 아침의 나라에 도착한 새들은 맑은 아침의 나라 새들과 함께 검은머리따옥이들을 찾아 나섰다. 새들은 맑은 아침의 나라에 많은 나무들이 세워지고 있는 것을 보면서 감탄하였다. 새들은 황새박사를 만났다. 그런데 황새박사는 혼자였다. 새들은 검은머리따옥이들을 데려오지 않은 것을 보고 책임을 따졌다. 그때 바닷가 숲 속에서 검은머리따옥이 새들의 흔적이 있다는 연락이 오고, 모든 새들은 다시 바닷가 숲 속으로 향하였다. 새들은 바닷가 숲 속 무지개동산에서 얼마 전에 새로 온 검은머리따옥이 일행을 만났다. 검은머리따옥이들은 해를 따라 맑은 아침의 나라로 오다가 검은 공기를 만나 쓰러졌는데, 맑은 아침의 나라 새들의 도움을 받고, 이곳에서 살게 되었다고 말해 주었다. 검은머리따옥이 뿐만 아니라 멸종되었던 것으로 알려졌던 산골까치, 댕기두루미 같은 새들도 이곳에서 새로 보금자리를 틀고 잘 살고 있는 것을 보고 모든 새들이 놀라워 하였다.

신비한 나라(제3부) : 황새 박사가 보낸 초청장

- **제작** : 조선4·26아동영화촬영소, 1997년
- **시간** : 18분   • **분류** : 만화영화
- **스탭** : 각색: 박철 / 영화문학: 정철수·한영 / 연출: 리석훈 / 책임미술: 리창일·정 동철 / 촬영: 한영철 / 미술: 리성진·리문철·장순철 / 작곡: 김성희 / 연주: 영화및방송음악단 / 노래: 평양률곡고등중학교 / 지휘: 리정두
- **등장인물** : 거북이 박사, 황새박사, 펭귄부부, 크낙새.
- **주제** : 동해에다 염전을 건설한 기적을 이룬 밝은 아침의 나라가 제일 좋다.
- **특기** : 신비한 나라 시리즈 작품으로 동해안 원산에 건설된 광명성제염소를 선전하는 아동영화.

- **줄거리**

맑은 아침의 나라에 갔던 황새박사 일행은 놀라운 기적을 보고 큰음악축전을 열기로 하였다. 음악축전을 열어 온 세상 새들이 와서 맑은 아침의 나라의 기적을 볼 수 있도록 하자는 것이었다.

황새박사는 해양연구에 평생을 바친 지리박사인 거북이 원사(박사 위의 명예칭호)에게도 초청장을 보냈다. 초청장에는 음악축전이 맑은 아침의 나라 동해지구 소금밭에서 열린다고 적혀 있었다.

해양 연구를 끝내고 논문도 완성한 거북이 박사는 동해에 소금밭이 있다는 것을 의아해 하였다. 비행기에서 거북이 박사는 모든 새들이 동해

소금밭으로 오라는 초청장을 받고 동해로 간다는 것을 알게 되었다. 거북이 박사는 서해로 와야 한다는 초청장이 동해로 잘못 적혔다고 지적하였다. 거북이 박사는 삼백년을 연구해 보았지만 맑은 아침의 나라 동해에 소금밭이 있다는 소리를 듣지 못했다고 말하였다. 거북이 박사의 말에 새들의 의견이 갈라졌다. 많은 새들은 거북이의 의견을 따라 서해로 가고 몇몇 새들만 동해로 갔다.

서해에 도착한 새들은 음악축전이 열리는 곳을 찾아보지만 찾지 못한다. 새들은 거북이 박사에게 음악회가 열리는 곳을 찾으라고 독촉하였다. 그때 황새박사의 비행기가 도착하였다. 황새박사는 새들이 서해로 갈 줄 알고 찾아온 것이었다. 새들은 황새박사의 비행기를 타고 다시 동해로 왔다. 거북이 박사는 파도가 심하고 경사가 심하여 동해에 소금밭을 건설한다는 것은 불가능하다고 말하였다. 황새박사는 동해에 소금밭을 만드는 것은 불가능하지만 그 불가능을 가능한 것으로 바꾸었다고 말하면서 동해의 소금밭을 보여주었다.

황새박사는 크낙새에게 설명을 부탁하였다. 크낙새는 얼마 전까지 파도대왕이 '살판치는 곳'이었는데, 이 사나운 파도를 막고 소금밭을 건설했다고 말하였다. 크낙새의 설명을 들은 거북이 박사는 자신의 논문을 다시 써야 하겠다고 말하였다. 신나는 음악축전이 열리고 온갖 새들의 아름다운 경연이 펼쳐졌다.

신비한 나라(제4부) : 봄 노래 경연

- **제작** : 조선4·26아동영화촬영소
- **시간** : 16분 **분류** : 만화영화
- **스탭** : 영화문학: 주영옥 / 연출: 오신혁·리철 / 책임미술: 조정철·박승구 / 콤퓨터 합성: 리은희 / 촬영: 한영철 / 작곡: 김성희 / 미술: 리문철·리원일·백만식 / 연주: 영화및방송음악단 / 노래: 평양률곡중학교 / 지휘: 리정두
- **주제** : 두벌농사를 하게 된 맑은 아침의 나라.
- **특기** : 신비한 나라 시리즈 작품으로 북한의 두벌농사를 선전하는 아동영화.

- **줄거리**

제비들이 모여서 맑은 아침의 나라에서 열리는 봄철노래공연에 참가할 준비를 하고 있었다. 제비들은 봄철 공연을 미리 알아보기 위해서 선발대 제비들을 보냈다. 선발대 제비들은 맑은 아침의 나라를 가기 위해 얼음봉을 넘다가 병에 걸려 입원하게 되었다. 제비들을 만난 황새박사는 추위에 약한 제비들을 위해서 공연장소를 알아보기로 하였다.

봄철 노래공연을 앞두고 공연준비를 하고 있던 제비들에게 황새박사가 공연장소를 정했다는 소식이 전해졌다. 바다제비가 먼저 공연할 장소를 찾아가고, 다른 제비들은 남아서 열심히 공연 준비를 하였다. 제비들이 공연을 준비하고 있다는 소식을 듣고 새 기자가 인터뷰를 하겠다고 찾아왔다. 새협회에서는 제비들이 가을 노래를 준비한다고 알려져 있었

다. 알고 보니 황새박사가 가을 노래를 부르는 것이 좋겠다고 말했다는 것이었다.

제비들은 봄철노래공연이어서 씨뿌리기와 모내기를 맞이하여 봄철 노래를 준비하고 있는데, 가을 노래를 한다고 잘못 알려졌다고 하면서 직접 알아보기로 하였다. 제비왕은 한 해 일모작 밖에 못하는 맑은 아침의 나라에서 봄철에 가을걷이를 한다는 것이 말이 되느냐면서 직접 나서서 알아보기로 하였다.

맑은 아침의 나라에 도착한 제비들은 봄철에 농작물을 수확하는 것을 보고는 깜짝 놀랐다. 제비들이 놀라고 있을 때, 황새박사가 나왔다. 황새박사는 말로는 믿기 어려울 것이라고 하면서 한 곳을 데려갔다. 그 곳에서는 대규모의 감자밭에서 감자를 수확하고 있었다. 가을이 되어서야 할 수 있는 수확을 봄철에 하고 있는 것이었다. 제비들은 맑은 아침의 나라에서는 지난 겨울 새 종자연구소에서 겨울도 잘 지내고 튼튼한 새로운 종자를 파종하였고, 봄철 종자를 심은 지 얼마 지나지 않아 곡식을 거두게 되었다는 것을 알게 되었다. 두벌 농사를 짓게 된 사연을 알게 된 제비왕은 크게 놀랐다. 마침내 봄철노래경연이 열리고 제비들이 가을걷이 노래를 하는 가운데 추수가 시작되었다.

쏠치형제들

- **제작** : 조선4·26아동영화촬영소
- **시간** : 16분   **분류** : 3D 입체
- **스탭** : 영화문학: 박철 / 연출: 리인철 / 책임미술: 손영삼·박광렬 / 미술: 김성진·김은정·김광석·김은별·박룡희·한철수 / 조종: 맹광일·안군철·유일광·최충혁·장정남·홍창림·박성일·서광혁 / 배경: 김명수·백영·전철수·조은심 / 합성: 한성국·김광춘·김광수·리금별 / 작곡: 함철 / 대사: 원정숙·차진매 / 편집: 방인영 / 록음: 강시현 / 연주: 영화및방송음악단 / 지휘: 허상혁 / 가사: 오영옥 / 노래: 평양륙곡중학교 아동음악반
- **주제** : 힘을 모으면 큰 적도 물리칠 수 있다.

- **줄거리**

바닷속에서 쥐치가 술래가 되어 작은 물고기들이 숨바꼭질을 하고 있을 때였다. 그때 갑자기 갈치가 나타나고, 작은 물고기들이 급하게 몸을 피하였다. 갈치가 물고기들을 위협하  고, 물고기들은 위험에 처하게 되었다. 물고기들이 위험에 처한 순간 쏠치가 용감하게 맞섰다. 쏠치는 갈치에게 맞서 몸에 난 가시로 갈치의 눈을 공격하여 물리쳤다.

물고기들이 보이지 않자 쏠치는 쥐치와 함께 물고기들을 찾아 나섰다. 쏠치와 쥐치가 물고기를 찾아 침몰선 안으로 들어갔다가 숨어있던 갈치를 만났다. 다행히 갈치의 공격은 피했지만 언제 다시 갈치가 공격할 지 걱정이 되었다. 쏠치는 물고기들에게 갈치와 맞서 싸우자고 설득하였다.

하지만 쥐치를 비롯한 다른 물고기들은 이길 수 없다면서 포기하였다. 쏠치는 갈치와 싸웠던 경험을 떠올리면서 힘을 모으면 갈치를 이길 수 있다고 생각하고는 형제들을 모아서 공격할 계획을 짰다.

한편 갈치를 피해 숨어 살 곳을 찾던 쥐치는 갈치에게 쫓기다 잡히게 되었다. 갈취는 쥐치를 포로로 잡고 바위 틈에 숨어 있는 물고기들에게 나오라고 협박하였다. 이때 거대한 상어 그림자가 나타나자 겁을 먹은 갈치가 꼼짝 못하고 있었다. 이때 쏠치형제들과 물고기들이 일시에 달려들어 갈치를 공격하였다. 솔치형제들은 도망하는 갈치를 쫓아가서 눈을 공격한 다음 화산골로 몰고 가 죽였다.

아금랑

- **제작** : 조선과학교육영화촬영소 아동영화창작단
- **시간** : 18분 • **분류** : 지형영화
- **스탭** : 영화문학: 김용권 / 연출: 류충웅·김순희 / 책임미술: 김연수 / 촬영: 강기권
  ·리영호 / 작곡: 홍수일 / 조종: 리준기·류숙영 / 대사: 국립연극단 / 연주:
  영화및방송음악단 / 노래: 평양률곡녀자고등중학교
- **등장인물** : 사로주(대장장이), 아금랑(사로주의 딸), 모량아(사로주의 아들), 이사달
  (사로주를 형님처럼 모시는 고구려의 백성), 영장(고구려의 신하이지만
  오랑캐와 내통하여 고구려를 배반한 인물)
- **주제** : 아금랑을 비롯한 고구려인들의 애국심.
- **특기** : 고구려때부터 전해오는 전설을 소재로 한 아동영화.

- **줄거리**

고구려를 침략했던 오랑캐들이 고
구려의 강성한 힘에 놀라 물러갔다는
승전보가 올라왔다. 임금은 대신을
모아놓고 앞으로 어떻게 해야 할지
의견을 물었다. 오랑캐와 내통하고
있던 영장이 나서서, 적들이 물러갔으
니 창칼을 녹여 호미와 낫을 만들자고 말하였다. 하지만 다른 대신들은 물
러간 적들이 언제 다시 쳐들어올지 모른다면서 반대하였다. 임금이 다시
오랑캐를 방비할 대책을 물었다. 대신들은 자명종을 만들자고 말하였다.
임금은 영장에게 즉시 자명종을 만들 대장장이를 찾아오도록 명하였다.

고구려를 침략했던 오랑캐들이 싸우지도 않고 물러간 것은 고구려의
힘이 너무도 강하여 이길 수 없다고 판단하였기 때문이었다. 오랑캐들은

영장과 내통하면서 고구려가 방심하는 틈을 타서 기습할 준비를 하고 있었다. 권력욕에 눈이 먼 영장은 고구려의 힘을 약하게 하려고 창칼을 녹여 호미와 낫을 만들자고 하였던 것이었다.

자명종을 만들게 된 대장장이 사로주에게는 활솜씨가 뛰어난 아들과 딸이 있었다. 자명종을 만들게 된 사로주는 자식들에게 은장도를 주면서 잘 간직하도록 하였다. 사로주는 백성들의 뜨거운 마음이 담긴 쇠만 있으면 종을 만들 수 있다고 하면서 종을 만들기 시작하였다. 백성들은 뜨거운 마음으로 자명종을 만드는데 필요한 쇠붙이를 모았다. 사로주의 딸 아금랑은 자명종을 만드는데 쓰라면서 돌아가신 어머니가 남겨준 은비녀를 바쳤다.

사로주의 딸 아금랑과 아들 모량아는 아버지의 뜻대로 부지런히 무술을 연마하여 뛰어난 무예실력을 갖추게 되었다. 자명종을 만드는 작업이 순조롭게 진행되고 있을 때였다. 오랑캐와 내통하고 있는 영장은 군장에게 사로주가 보물을 가로챘다고 모함하였다. 하지만 군장은 영장의 말을 믿지 않았다. 영장은 자명종에 관한 소식을 오랑캐에게 알려주고는 오랑캐 대장의 편지를 기다렸다. 오랑캐 대장은 영장에게 자명종을 만들지 못하게 하면, 영장에게 군장 자리를 주겠다고 하면서 '찬돌'을 주었다. 오랑캐 밀사로부터 찬돌을 받은 영장은 가마에 몰래 찬돌을 넣었다. 영장이 넣은 찬돌로 쇳물이 굳어갔다. 그날 밤 아금랑은 사로주가 준 은장도의 색깔이 변하는 것을 보고 아버지를 찾아갔다. 사로주는 누명을 쓰고 옥에 갇히게 되었다.

아버지로부터 불돌이 있어야 찬돌을 녹일 수 있다는 말을 들은 아금랑은 불돌을 가지러 불산으로 갔다. 아금랑을 본 영장은 아금랑을 죽이려 하다가 오히려 아금랑의 칼을 맞고 쓰러졌다. 불돌을 찾으러 가던 아금랑은 도중에 백호를 만났다. 아금랑은 백호에게 진정 이 땅의 호랑이라면 불돌을 찾아가는 자기의 앞길을 막을 수 있겠느냐고 호통을 쳤다. 그러자 호랑이는 아금랑에게 등을 내주었다. 아금랑은 백호를 타고 불산에 도착하였다. 불산에 도착한 아금랑은 바위벽을 보고 통곡하였다. '바위도 이 땅의 바위가 아니냐'고 애통해 하자 바위산이 열리면서 불돌이 나왔다.

한편 종 만드는 것을 보러 왔던 군장은 영장이 군장의 명을 핑계로 사로주를 잡아 갔다는 것을 알게 되었다. 자명종을 만들 쇳물은 영장이 넣은 찬 돌로 굳어가고 있었다. 쇳물을 녹이기 위해 숯을 넣었지만 막을 수 없었다.

불돌을 가지고 호랑이를 타고 돌아오던 아금랑은 오랑캐 첩자가 쏜 화살을 맞고 쓰러졌다. 아금랑이 쓰러지는 것을 본 호랑이가 오랑캐 첩자를 절벽 아래로 떨어뜨렸다. 한편 영장은 아금랑이 화살을 맞고 쓰러져 있는 것을 보고 아금랑을 죽이려 하였다. 이때 모량아가 영장을 발견하고 영장을 죽인 다음 아금랑을 구하였다. 누명을 풀고 옥에서 풀려난 사로주와 고구려 백성들이 굳어가는 쇳물을 보고 안타까워하고 있을 때였다. 아금랑과 모량아가 돌아와 불돌을 넣었다. 불돌이 들어가자 쇳물이 다시 녹기 시작하였다.

마침내 자명종이 완성되고, 오랑캐의 침입을 알렸다. 자명종이 울리자 모량아를 비롯한 온 나라 백성들이 힘을 모아 오랑캐를 물리쳤다. 오랑캐를 물리친 것을 기뻐하던 군장은 아금랑의 안부를 물었다. 사로주는 아금랑이 자명종을 만들기 위해 애쓰다 죽었다고 말하였다. 사람들은 모두 아금랑의 죽음을 안타까워하였다. 이후 오랑캐가 쳐들어오기만 하면 자명종이 울려 고구려를 지켜주었다고 한다.

알을 찾은 물오리

- **제작** : 조선과학교육영화촬영소 아동영화창작단
- **시간** : 14분   • **분류** : 지형영화
- **스탭** : 영화문학: 박태술 / 연출: 마죽희 / 책임미술: 리경철·림병채 / 촬영: 고병화
  ·강기권 / 작곡: 백인선 / 조종: 류숙영·리준기 / 연주: 영화및방송음악단 /
  대사: 방송연극단
- **주제** : 적이 강하다고 피하기만 해서는 안된다. 용기와 지혜를 가지고 싸워 이겨야
  한다.

• **줄거리**

물오리가 호숫가의 풀숲에서 알을
품고 있었다. 어느 날 보금자리에서
알을 품고 있던 물오리가 고기를 잡
으러 나갔다. 물고기를 잡으러 나갔
던 물오리가 돌아오니 알이 하나도
없었다. 물오리가 고기를 잡으러 간 사이에 까마귀가 날아와서 알을 몽
땅 가져간 것이었다. 물오리는 알이 하나도 남지 않은 텅 빈 보금자리를
보고는 너무도 억울해 하였다.

물오리는 까마귀와 싸울 결심을 하였다. 물오리는 지금까지 까마귀를
피했지만 알을 잃은 것이 너무도 억울하였다. 물오리는 하늘로 올라
까마귀와 싸우지만 까마귀를 이기지 못하였다. 물오리가 울고 있을 때
너구리가 나타나 물오리의 알 찾는 것을 도와주었다. 까마귀가 감추어
둔 알을 찾은 물오리는 다시 까마귀를 죽여버리기로 하였다.

물오리는 호수 가운데 오리알 바구니를 띄워 놓고 물밑에서 까마귀를 기다렸다. 까마귀가 다가오자 물오리가 물 밑에서 솟아오르면서 내려오는 까마귀를 잡고 물속으로 들어갔다. 물오리가 까마귀를 죽이는 것을 본 너구리는 이젠 알을 찾았으니 승냥이가 오기 전에 빨리 도망치자고 말하였다. 하지만 물오리는 승냥이까지 잡겠다고 하였다. 그리고는 낚싯대를 이용하여 승냥이까지 잡았다. 무섭다고 피하지 말고 굳은 마음을 갖고 싸운다면 좋은 생각도 떠오르고, 승리할 수 있다는 것을 보여준 이야기라는 나레이션이 나오면서 끝난다.

야옹이와 곰

- **제작 :** 조선과학교육영화촬영소 아동영화창작단
- **분류 :** 인형영화
- **스탭 :** 영화문학(각색): 리광영 / 연출: 사상준 / 책임미술: 강도구 / 촬영: 김창호 / 작곡: 한준석 / 조종: 최병숙·신상철 / 대사: 방송연극단 / 연주: 영화및방송음악단 / 지휘: 홍승학
- **등장인물 :** 곰, 쥐, 야옹이, 다람이.
- **주제 :** 어려울 때 도움을 청하고, 필요 없을 때 버리는 친구는 진정한 친구가 아니다.

- **줄거리**

　곰의 창고에 쥐가 나타나 양식을 훔쳐갔다. 그러자 곰은 야옹이를 데려올까 고민하였다. 곰은 야옹이를 데려오고 싶지만 야옹이에게 줄 양식이 아까웠다. 하지만 곰은 창고에 있는 쥐가 한두 마리가 아니라는 것을 알고는 야옹이에게 같이 살자고 부탁하였다.

　야옹이와 다람이는 곰이 겨울 양식을 마련해 준다는 말을 듣고는 곰을 도와주기로 하였다. 곰의 집으로 온 야옹이는 쥐들을 물리쳤다. 쥐들은 야옹이의 소리만 듣고서도 감히 창고로 오지 않았다.

　쥐들이 창고를 넘보지 못하고, 창고에 양식이 쌓이는 것을 본 곰은 생각이 달라졌다. 양식을 혼자서 먹는다면 실컷 먹을 수 있을 것이라고 생각하니 욕심이 생겼다. 겨울이 되어 겨울 양식을 구하러 나갔던 곰은 먹을 것을 실어오다가 다리를 다쳤다. 야옹이는 양식 뒤편에서 소리가 들리자 쥐가 뒤에 숨어오는 것을 알고는 숨어서 쥐를 기다렸다. 이때 다람이의 부축을 받으면서 집으로 온 곰은 야옹이가 양식더미 뒤에서 나오는

322

것을 보고는 낮잠을 자고 있었던 것으로 오해하였다.

　며칠 후 겨울바람을 맞으며 깊은 얼음을 깨고 물고기를 잡으러 갔던 곰은 야옹이가 늦잠을 자고 있을 것이라고 의심하였다. 곰은 야옹이가 숨어서 쥐를 지키고 있는 것을 보고 야옹이가 늦잠 자는 것으로 오해하였다. 곰은 자기가 야옹이 소리를 낼 수 있는데, 야옹이 소리를 내면 쥐들이 도망갈 것이라고 생각하고 고양이를 돌려보냈다.

　야옹이를 보낸 다음 곰은 혼자서 양식을 마음껏 먹고 있었다. 양식을 실컷 먹던 곰이 창고를 가보니 쥐들이 나와서 양식을 훔쳐 먹고 있었다. 곰은 쥐들을 쫓아보기도 하고, 야옹이 울음소리도 내보지만 쥐들은 도망하지도 않고 양식만 훔쳐갔다. 곰은 다시 야옹이를 찾아갔다. 야옹이와 다람이는 반갑게 맞이하였다. 곰은 야옹이에게 미안하다고 사과하고 야옹이의 도움을 요청하였다.

야옹이의 구명대

- **제작** : 조선4·26아동영화촬영소, 1998년
- **시간** : 20분　**분류** : 만화영화
- **스탭** : 영화문학: 최인성·김화성 / 연출: 김광성 / 책임미술: 김인철·정동철 / 촬영: 한영철 / 미술: 김종철·리철·함춘일 / 작곡: 정병철 / 연주: 영화및방송음악단 / 노래: 평양률곡고등중학교 / 지휘: 박미순
- **등장인물** : 야옹이(고양이), 멍멍이(개), 매매(염소), 돼지, 쥐.
- **주제** : 수영은 몸과 마음을 건강하게 만드는 좋은 운동이다.

- **줄거리**

　동산 수영장에서 여름방학을 맞이하여 멍멍이의 수영시범이 펼쳐지고 있었다. 멍멍이는 높은 곳에 올라가 멋진 폼으로 다이빙을 하였다. 모든 동물들이 다 모인 가운데 유독 야옹이만 보이지 않았다. 야옹이는 '수영을 배워서는 무엇 하겠느냐'고 불평하였다. 멍멍이가 '왜 수영하지 않느냐'고 묻자 야옹이는 아프다고 핑계만 대었다. 멍멍이는 수영이야 말로 건강을 지키고 마음을 튼튼하게 하는 운동이라며 수영을 권해보았지만 야옹이는 관심을 두지 않았다.

　시합이 얼마 남지 않았다. 다른 동물들은 훈련에 열중하는데, 야옹이만 게으름을 부렸다. 겨우 물에 들어간 야옹이는 구명대만 있으면 문제 없을 거라고 생각하고는 구명대 없는 훈련에는 참가하지 않았다. 야옹이는 훈련 중에도 방울낚시에만 신경 썼다. 방울낚시의 방울이 울리고 야

옹이의 낚시에 큰 물고기가 걸렸다. 물고기와 씨름하던 야옹이는 물속에 빠졌지게 되었지만 구명대 때문에 무사히 밖으로 나올 수 있었다. 이후로 야옹이는 더욱 구명대만 믿고 수영을 게을리 하였다.

친구들이 아무리 수영을 하라고 권해 보았지만 야옹이는 구명대만 믿고 수영연습을 하지 않았다. 얼마 후 야옹이가 잠든 사이에 생쥐들이 나타나 야옹이 구명대에 구멍을 뚫고 종이로 살짝 막아놓은 다음 물고기를 훔쳐갔다. 생쥐들이 물고기를 훔쳐갔다는 것을 알게 된 야옹이가 생쥐들을 쫓아 구명대를 갖고 강물로 뛰어 들었다. 종이로 구멍을 막은 야옹이의 구명대는 점점 바람이 빠지고 야옹이는 강물 한 가운데 빠지게 되었다. 강물에 빠진 야옹이는 수영을 배우지 않은 것을 후회하였다. 다행히 멍멍이의 도움으로 목숨을 구한 야옹이는 열심히 수영연습을 하였다. 야옹이는 열심히 연습하여 단체수영시합에서 우승하였다.

약물통에 빠진 꿀꿀이

- **제작** : 조선과학교육영화촬영소 아동영화창작단
- **시간** : 17분 **분류** : 만화영화
- **스탭** : 각색: 박태술 / 연출: 김준옥 / 책임미술: 김준옥 / 촬영: 고병화·한경섭 /
  작곡: 홍수일 / 대사: 국립연극단 / 연주: 영화및방송음악단 / 노래: 평양률
  곡녀자고등중학교 / 지휘: 장명일
- **등장인물** : 돼지 할아버지, 꿀꿀이, 맴매, 야옹이.
- **주제** : 잘못을 숨기다간 더 큰 잘못을 저지르게 된다.

- **줄거리**

풍년이 든 산골 마을에 돼지 할아
버지가 나무에 올라가 호박을 세고 있
었다. 돼지 할아버지가 세고 있는 호
박은 돼지 할아버지의 손자 꿀꿀이가
키운 호박이었다. 돼지 할아버지는 꿀
꿀이에게 호박이랑 붕어새끼 말린 것을 잘 지키라고 당부하고는 과수원
에 약을 주러 나갔다.

할아버지가 떠난 다음 꿀꿀이가 집을 지키고 있을 때였다. 까마귀가
날아들어 잘 말린 붕어새끼를 훔치려다 꿀꿀이 들켜서 혼이 났다. 까마
귀를 쫓아낸 꿀꿀이는 까마귀가 떨어뜨린 말린 붕어새끼를 먹어보고는
입맛을 다셨다. 붕어새끼 맛을 본 꿀꿀이는 붕어새끼 말린 것을 몇 개 더
먹으려 지붕위로 올라갔다. 꿀꿀이는 붕어새끼를 먹으려 하다가 지붕 위
에 있는 호박을 떨어뜨리고 말았다.

할아버지가 아끼던 호박을 떨어뜨린 꿀꿀이는 할아버지 눈에 잘 보이지 않은 곳에 열린 호박을 땄다. 그리고는 떨어진 호박 자리에 두려고 하였다. 꿀꿀이가 담장 위 호박잎 속에 있는 호박을 따려고 하였다. 하지만 이번에는 야옹이네 담장 기와를 떨어뜨렸다.

쥐를 잡으려다 담장 기와가 무너진 것을 알게된 야옹이가 꿀꿀이에게 화를 냈다. 그러자 꿀꿀이는 아까 맴매가 지나갔는데, 맴매가 그랬을 것이라고 거짓말을 하였다. 그러고는 자기가 맴매에게 갔다 오겠다고 하고는 맴매 집으로 갔다. 맴매의 집에 도착한 꿀꿀이는 맴매집 담장의 기와를 한 장 가져와서 야옹이에게는 맴매에게서 가져왔다고 말하면 일이 끝날 것이라고 생각하였다.

꿀꿀이는 맴매집 기왓장을 훔치기 위해 나무 위로 올라갔다. 이번에는 나뭇가지에서 떨어져 약물통에 빠졌다. 약물통에 빠졌던 꿀꿀이는 약물통이 구르는 바람에 약물통을 타고 담장으로 굴러 떨어졌다. 이 때문에 여름 내내 가꾼 호박을 모두 망치게 되었다. 꿀꿀이는 작은 잘못을 숨기려하다가 자꾸 더 큰 사건을 일으키게 된다는 것을 깨달았다. 꿀꿀이는 잘못을 뉘우치고 정직한 아이가 되겠다고 다짐하였다.

약샘을 찾아떠난 두소녀

- **제작** : 조선과학교육영화촬영소 아동영화창작단, 1992년
- **시간** : 20분 • **분류** : 만화영화
- **스탭** : 영화문학: 박태순 / 연출: 김영출 / 촬영: 한영철 / 작곡: 김명희 / 책임미술: 도출 / 미술: 리문철·고정숙·송진욱 / 노래: 평양률곡고등중학교 / 연주: 영화및방송음악단
- **등장인물** : 옥이(박서방 딸), 박서방, 난이.
- **주제** : 권선징악. 사람은 겉과 속이 다 좋아야 한다.

- **줄거리**

양반집 머슴인 박서방에게는 예쁘고 마음씨 착한 옥이라는 딸이 있었다. 옥이는 마음씨도 곱고 얼굴도 예뻐서 동네 사람들의 칭찬이 자자하였다. 한편 양반집 주인의 딸인 난이는 얼굴도 못생겼을 뿐만 아니라 질투도 많고 마음씨도 못되었다.

단오가 되자 난이는 얼굴에 치장을 하고 마을 사람들이 모인 곳으로 가지만 마을 사람들은 옥이를 거들떠보지 않았다. 난이는 마을 사람들이 거들떠보지 않자 그네를 뛰면 사람들이 자신을 보아줄 것이라고 생각하였다. 난이는 사람들이 뛰고 있는 그네를 빼앗아 혼자서 그네를 뛰어 보려고 애를 썼다. 난이가 그네랑 씨름하는 동안 사람들은 윷놀이나 하자면서 자리를 옮겼다. 사람들이 윷놀이 판으로 자리를 옮기자 난이도 다시 윷놀이 판을 찾아가 윷놀이를 하겠다고 덤벼들었다. 하지만 사람들이

끼워주지 않았다.

사람들에게 외면당하고 집으로 돌아 온 난이는 옥이 아빠가 장작 패는 것을 보고는 옥이 아빠가 자신을 때렸다고 거짓말을 하였다. 양반 내외는 전후 사정을 알아보지도 않고 옥이 아빠를 때려 몸져눕게 만들었다. 나중에 난이가 거짓말 하였다는 것을 알았지만 옥이 아빠에게 잘못을 뉘우치지도 않고, 어떤 보상도 하지 않았다.

한편 옥이는 몸져누운 아빠를 살리는 유일한 길이 쌍고개 너머에 있는 약수를 먹는 것이라는 말을 듣고는 약수를 찾아 나섰다. 약수를 찾아가던 옥이는 밭에 쓰러진 할머니를 도와주었다. 할머니는 옥이에게 약샘 가는 길을 알려주었다. 약샘으로 가는 옥이는 이번에는 막다른 절벽을 만났다. 옥이는 절벽에서 어린 학을 구해주고 어미학의 등을 타고 절벽을 건너 무사히 약샘에 도착하고, 샘물을 담아 왔다.

옥이가 떠난 다음 난이는 옥이가 약수를 떠오는 것을 보고는 절벽 위에 놓인 외나무다리를 흔들어 옥이를 절벽 아래로 떨어뜨렸다. 절벽 아래로 떨어진 옥이는 다행히 동네 할아버지에 의해 살아났다. 옥이는 다시 약수를 가지고 왔다. 박서방과 옥이는 옥이가 떠온 약수를 먹고 살아났다.

옥이가 약수를 구해온 것을 본 난이도 약샘을 찾아 나섰다. 약수를 찾아가던 난이는 도중에 도와달라는 할머니를 만나지만 바쁘다고 외면하였다. 할머니는 난이에게 약샘가는 길을 가르쳐 주었다. 할머니가 가르쳐 준 길은 사실 독샘이 있는 곳이었다. 난이는 독수를 약수로 알고 가져 왔다. 양반집 식구들은 난이가 떠온 독수를 마시고 흉한 얼굴이 되었다.

어부총각과 검은룡

- **제작** : 조선과학교육영화촬영소 아동영화창작단
- **시간** : 56분 • **분류** : 만화영화
- **스탭** : 영화문학: 차계옥 / 연출: 김광성 / 책임미술: 윤영길·함춘일 / 촬영: 한영철 ·한봉기·리철남 / 작곡: 백인선 / 미술: 김택전·김종철·김인철·고정숙·김정훈·홍현수·리은희·김옥경 / 대사: 해조이(리지영)·진나리(김진완)·검은룡(리용덕)
- **등장인물** : 해조이(바닷가 마을의 청년), 진나리(바닷가 마을의 처녀), 검은룡(여의주를 갖고 마을사람들을 해치는 나쁜 용)
- **주제** : 힘을 합쳐 싸울 때 진정한 승리가 얻어진다.

- **줄거리**

먼 옛날 동해바다 기슭에 살기 좋은 마을이 있었다. 어느 날 검은 구름이 몰려오면서 검은 룡이 나타나 온갖 횡포를 부리기 시작했다. 동네청년들이 검은룡을 물리치기 위해 무술과 힘을 배워오기로 하고 마을을 떠났다. 동네청년 가운데 힘이 장사인 해조이가 있었고, 그를 기다리는 처녀 진나리가 있었다. 얼마 후 해조이를 비롯한 마을청년들이 돌아왔다. 소식은 바닷속 검은룡에게도 알려졌다.

단오가 되어 마을에서는 잔치가 열렸다. 단오노래가 울리는 가운데 그네뛰기며, 널뛰기, 씨름판이 벌어졌다. 이 광경을 지켜보고 있던 검은룡은 진나리의 아름다움에 반하여 진나리를 납치해 갔다. 해조이가 진나리를 구하려고 맞서 보았지만 검은룡을 이기지 못하였다. 진나리를 끌고 간 검은룡은 진나리에게 맛있는 음식을 주면서 달래보았다. 하지만 진나리가 말을 듣지 않자 독풀 속에 가두어 두었다. 해조이가 검은룡을 찾아 검은룡

과 싸워보았지만 이기지 못하였다. 도리어 검은룡의 공격에 쓰러졌다.

검은룡과 싸우다 쓰러진 해조이에게 좌상할아버지가 나타나 '진나리 하나 만을 생각해서는 안 된다면서 마을사람들을 전체를 생각해야 한다'고 하면서 '온 마을 사람들과 함께 힘과 재주를 합쳐야 이길 수 있다'고 알려주었다. 마을사람들은 힘을 합하여 쇠로 만든 장수작살을 만들어 해조이에게 주었다. 마을노인은 해조이에게 검은룡에게는 조화를 부릴 수 있는 여의주가 있는데, 검은룡을 이기기 위해서는 먼저 여의주를 없애야 한다고 귀뜸해 주었다. 해조이는 마을사람들이 만들어 준 장수작살을 가지고 검은룡을 찾아갔다. 검은룡에게 가는 도중 해조이는 바다에서 목숨을 구해주었던 거북이를 만났다. 거북이의 도움을 받아 진나리가 있는 곳으로 찾아간다. 진나리가 있는 곳을 찾아갔지만 독가시 때문에 구할 수 없었다. 해조이는 검은룡을 물리치고 다시 오기로 약속하고 그곳을 떠났다.

한편 바닷속에서 잔치를 벌이던 검은룡이 진나리를 보러 왔다가 해조이가 찾아 왔다는 것을 알게 되었다. 해조이와 검은룡은 다시 한 판 싸움을 벌이게 되었다. 쇠작살을 이용한 해조이는 검은룡과의 격전 끝에 검은룡의 이빨을 부러뜨리기는 하지만 여의주를 빼앗지 못하였다. 도리어 검은룡의 공격을 받아 돌더미에 깔리게 되었다. 진나리는 돌더미에 깔린 해조이를 보고 슬퍼하다 해조이와 운명을 같이 하겠다면서 쇠작살을 가슴에 묶고 물속으로 뛰어들었다. 하지만 진나리는 검은룡의 하수인인 문어에게 잡히고 다시 검은룡의 별궁에 갇히게 되었다. 한편 돌더미에 깔렸던 해조이는 다시 정신을 차리고 거북의 등을 타고 빠져나왔다. 거북이는 해조이를 검은룡이 있는 용궁으로 데려다 주었다.

검은룡은 빠진 이빨 사이로 여의주가 흘러내려 음식도 편히 먹지 못하고, 편히 웃지도 못했다. 해조이는 진나리에게 장수작살이 있는 곳을 알려달라는 편지를 보냈다. 해조이는 검은룡을 없애지 못한다면 제2, 제3의 진나리가 생길 수 있다면서 장수작살이 있는 곳을 알려달라고 간곡히 부탁하였다. 그러나 진나리는 장수작살이 있는 곳을 알려주면 해조이가 다시 검은룡과 싸우게 될 것이고, 그렇게 되면 죽게 될 것이라고 생각하였다. 그리고 장수작살이 있는 곳을 알려주지 않았다. 진나리의 편지를 받은 해조이는 진나리에게 '노예처럼 사는 것을 살지 못하는 것만 못하다' 는 진나리 아버지의 글을 보여 주었다. 아버지의 글을 본 진나리는 해조이 뜻대로 장수작살을 찾아주기로 결심하고 위치를 알려 주었다. 장수작살을 찾아나선 두 사람은 상어의 위험을 무릅쓰고 장수작살을 찾아왔다.

해조이는 검은룡의 생일날이 얼마남지 않은 것을 알고는 생일날 털게 껍질을 뒤집어 쓰고 쳐들어 갈 계획을 세웠다. 진나리에게 마을사람들이 모여 있는 거북섬으로 가서 계획을 알리게 하였다.

검은룡의 생일날이 되자, 마을사람들은 해조이를 도와주기 위해 용궁으로 향하기 시작했다. 바닷속에서는 검은룡의 생일 잔치가 열렸다. 흥겨운 분위기 속에서 털게가 검은룡의 이빨을 찾아왔다면서 이빨을 바쳤다. 이빨과 함께 편지가 있었는데, 편지에는 임금의 이빨이 바닷 속을 이리저리 돌아다니느라 깨끗하지 못하기에 털게의 집게발로 이빨을 맞추어야 한다는 내용이 있었다. 검은룡이 허락하고 이빨을 맞추려는 순간 사람냄새가 난다면서 털게를 의심하였다. 털게껍질을 쓴 해조이가 잡히려는 순간 털게껍질을 쓴 마을사람들이 나타났다. 사람들을 본 검은룡은 진나리에게 어서 이빨을 맞추라고 말하였다. 진나리는 검은룡의 이빨을 맞추는 척하면서 검은룡의 여의주를 빼냈다. 한바탕 큰 전투가 벌어지고, 마침내 해조이가 검은룡을 물리쳤다. 검은룡이 없어지면서 바다는 평화를 되찾고 해조이와 진나리도 행복하게 살게 되었다.

없어진 생일날

- **제작** : 조선과학교육영화촬영소 아동영화창작단, 1986년
- **시간** : 12분   **분류** : 아동영화(인형영화)
- **스탭** : 영화문학: 림창규 / 연출: 손종권 / 책임미술: 진공훈 / 촬영: 사상준 / 작곡: 김명희 / 조종: 조명 / 연주: 영화및방송예술단 / 대사: 방송예술단 / 노래: 평양률곡녀자고등중학교
- **등장인물** : 꿀꿀이(돼지), 꼴꼴이(돼지), 황소.
- **주제** : 2월 29일은 4년마다 한 번씩 돌아온다.
- **특기** : 군중창작 현상공모 작품.

- **줄거리**

　꿀꿀이의 첫돌이 다가왔다. 꿀꿀이 형은 동생 생일날을 알리는 편지를 많이 써서 보내고, 전화로도 알렸다. 꿀꿀이의 생일날은 2월 29일이었다.

　황소로부터 2월 29일은 달력에 없다는 편지가 도착하였다. 꿀꿀이 형은 달력을 살펴보면서 작년에 있었던 2월 29일이 올해는 없었다. 꿀꿀이 형은 꿀꿀이에게 달력을 잘못 샀다고 화를 냈다. 아이들이 통신원에 전화를 해서 물어보았다. 통신원 아저씨는 2월 29일은 4년에 한 번씩 돌아오는 윤년이라는 사실을 설명해 주었다. 꿀꿀이의 형은 공부를 열심히 하지 않은 것을 부끄러워하고, 열심히 공부하겠다고 다짐하였다.

여우가 놓은 다리

- **제작** : 조선과학교육영화촬영소 아동영화창작단
- **시간** : 10분   •**분류** : 지형영화
- **스탭** : 영화문학(각색): 리광영 / 연출: 마죽희 / 촬영: 리영호 / 미술: 김관선 / 작곡: 백인선 / 조종: 류숙영 / 대사: 국립연극단 / 연주: 영화및방송음악단
- **등장인물** : 여우, 곰.
- **주제** : 나쁜 마음으로 남을 해치려 하다가는 도리어 자기가 다친다.

• **줄거리**

숲 속을 거닐던 여우가 냇가에 앉아 물고기를 잡고 있는 곰을 발견하였다. 곰은 이미 두 마리의 물고기를 잡았다. 이를 본 여우는 나뭇가지를 꺾어 낚싯대를 만들고는 곰 옆에 앉아 낚시하는 척하였다.

곰은 또 한 마리를 잡는데, 팔뚝만한 물고기였다. 팔팔 뛰는 물고기를 붙잡는 동안 여우는 잽싸게 곰이 잡은 물고기를 자기 낚싯대에 묶어 두고는 자기가 잡은 것처럼 시치미를 떼었다. 여우는 물고기를 잡은 것처럼 소리치고는 낚싯대에 묶여 있던 물고기를 먹어 치우고 다시 낚싯대를 던졌다. 이를 지켜보던 곰은 낚싯대에 물고기가 없는 것을 보고는 여우가 물고기를 훔쳐간 것을 알아챘다. 곰은 여우를 잡아서 깔아뭉개고 땅바닥에 패대기친 다음 나뭇가지에 던져버렸다.

나뭇가지에 걸려 죽은 척하던 여우는 잡은 고기를 가지고 집으로 가는 곰을 보고는 꾀를 생각했다. 절벽 사이에 놓인 나무다리를 썩은 것으로 바꾸어 놓고 곰을 죽이려 하였다. 여우는 썩은 나무를 절벽 사이에 걸쳐 놓고는 곰의 집에 가서 물고기를 훔쳐 나오면서 곰을 유인하였다. 여우가 곰의 집에서 훔친 물고기를 잔뜩 지고는 썩은 다리를 건너게 되었다. 물고기를 가득 진 여우의 무게를 견디지 못하고 나무다리가 부러졌다. 곰을 속여 물고기를 가로채려던 여우가 도리어 자기 꾀에 속아 벼랑으로 떨어졌다.

염소형제

- **제작** : 조선과학교육영화촬영소 아동영화창작단
- **시간** : 20분   • **분류** : 지형영화
- **스탭** : 각색: 최태형·김수화 / 연출: 손종권·류충웅 / 책임미술: 조제현 / 촬영: 장
  철호 / 조종: 류숙영 / 작곡: 함철 / 연주: 영화및방송음악단 / 노래: 평양률
  곡고등중학교 / 지휘: 박미선
- **등장인물** : 염소형제, 돼지형제.
- **주제** : 협동하면서 열심히 일해서 미래를 대비하자.

- **줄거리**

염소형제와 돼지형제가 밭을 갈면서 농사를 짓고 있었다. 염소형제는 서로 도와주지만 돼지형제는 서로에게 일을 미루면서 요령만 피웠다. 염소 동생은 형이 수레를 끌자 동생이라고 쉬운 일만 해서 되겠느냐면서

형 대신 수레를 끌겠다고 나섰다. 하지만 돼지 형제는 수레도 만들지 않고 거름도 서로에게 미루었다. 돼지형제는 염소형제에게서 수레를 빌려왔지만 서로 거름을 실어오라고 다투다가 거름을 실어오지 못하였다.

결국 거름 없이 호박씨를 뿌렸다. 반면 염소형제들은 서로 도와가면서 거름을 주고 다음 호박씨를 뿌렸다. 호박밭에 잡초가 자라자 염소형제는 열심히 김을 맸다. 동생 염소에게 물집이 생기자 형 염소는 동생을 억지로 쉬게 하고는 자기가 일을 하였다. 밤이 되어 동생염소는 낮 동안 형이

336

힘들게 일한 것을 생각하면서 김을 매러 밭으로 나갔더니, 형 염소가 이미 김매기를 끝내 놓았다. 밭 가운데서 만난 염소형제는 서로를 생각하는 마음을 알게 되었다.

시간이 흐르고 호박밭에서는 호박이 무럭무럭 자라고, 지지대를 세우게 되었다. 이번에도 염소형제는 튼튼하게 지지대를 세우지만 꿀꿀이와 꼴꼴이는 서로에게 일을 미루었다. 꼴꼴이와 꿀꿀이는 일을 나누었다. 꼴꼴이가 지지대감을 구하기로 하고, 꿀꿀이는 김을 매기로 하였다. 꼴꼴이가 산으로 지지대감을 구하러 간 사이 꿀꿀이는 김매기를 미루고 잠만 잤다. 지지대감을 구하러 갔던 꼴꼴이는 염소에게서 지지대감을 얻어왔다. 꿀꿀이는 꼴꼴이가 빨리 돌아오자 산에서 구하지 않은 것이라고 의심하였다. 꼴꼴이는 산에서 가져왔다고 우겼다. 이때 형 염소가 지지대가 더 필요할 것이라며 지지대를 가져왔다. 꼴꼴이가 염소에게 지지대감이 얻어왔다는 사실이 알려졌다. 서로 다투던 돼지형제는 지지대 세우는 것을 귀찮아하면서 대충대충 세웠다.

가을이 되자 염소네 밭에서는 호박이 주렁주렁 크게 열렸다. 하지만 돼지네 밭에 심은 호박은 조금밖에 열리지 않았다. 그나마 돌개바람이 불면서 지지대를 대충 세워둔 돼지형제네 호박 대부분이 떨어졌다. 호박농사가 엉망이 되었는데도 돼지형제는 서로 탓만 하였다. 호박을 거두는데, 염소형제는 호박을 많이 수확하지만 꿀꿀이 밭에서는 겨우 두 개만 수확할 수 있었다.

예방주사 맞는 날

- **제작** : 조선4·26아동영화촬영소
- **시간** : 15분 **분류** : 인형영화
- **스탭** : 영화문학: 리봉화 / 연출: 김경일 / 촬영: 김창호 / 조종: 신상철·김광혁 / 미술: 김형주·장순길·림영철·리성갑·사상근 / 소도구: 안봉길·고성길 / 장치: 박금철·장대렬 / 합성: 황용흠·황미옥·고영명·허철·손태봉·장명림 / 작곡: 백은호 / 대사: 오류경·허경희·림운영 / 편집: 방인영 / 록음: 박정호 / 조명: 강성락 / 연주: 평양영화음악록음소 / 지휘: 리병의 / 가사: 리봉화 / 노래: 평양률곡중학교 아동음악반
- **주제** : 왜 예방주사를 맞아야 하는 지를 알려주는 영화. 예방주사를 잘 맞아서 건강을 지키자.

- **줄거리**

새별소학교에 다니는 영남이는 반에서 힘이 센 친구였다. 친구들과 팔씨름을 해서 모두 다 이겼다. 팔씨름으로 자신을 상대할 친구가 없는 것을 본 영남이는 자신의 팔 힘이 가장 세다고 우쭐거렸다. 그때 예방주사를 놓으러 양호선생님이 오시고, 진료소에서 예방주사를 맞기로 하였다.

친구들이 예방주사를 맞는 것을 본 영남이는 주사 맞는 것이 무서워졌다. 영남이는 자신처럼 건강한 사람은 예방주사를 맞지 않아도 된다고 생각하면서 집으로 도망쳤다. 집에 온 영남이는 선생님이 집으로 찾아오자 선생님을 피하여 마당에 숨었다.

장독대 뒤에 숨었던 영남이는 몸이 튼튼하고 예방주사를 맞지 않으면 병균들이 쉽게 들어와 건강을 해칠 수 있다는 선생님의 말을 듣고는 병균들과 싸우는 상상에 빠졌다. 병균들이 몸 속에 들어와 자기 몸을 해치는 것을 상상하던 영남이는 예방주사가 얼마나 중요한지를 알게 되었다. 영남이는 장독대 뒤에서 나와 예방주사를 맞았다.

옛말할아버지 : 꾀동이

- **제작** : 조선중앙텔레비죤
- **시간** : 18분   • **분류** : 합성영화
- **스탭** : 출연: 서영광 / 각색: 서영광 / 연출: 서영광 / 촬영: 최희성 / 편집: 오선옥
  / 분장: 김애숙 / 음악: 김정녀 / 효과: 김정녀
- **주제** : 지혜가 있으면 어떤 어려움도 이겨낼 수 있다.
- **특기** : 2010년 새해를 맞이하여 옛말 할아버지가 나와서 덕담도 하면서, 옛날 이야
  기를 들려주는 형태로 실사와 만화영화의 합성 영화.

- **줄거리**

새해를 맞이하여 할아버지가 나와
서 새해를 축하한다는 인사를 하는
것으로 이야기가 시작한다. 전화기가
울리고 좋은 일을 하여 장군님께 칭
찬을 받은 김룡범 학생을 비롯해서
피아노 독주로 일등을 한 류설희 학생들의 축하전화가 연결되었다. 새해
를 맞이한 꽃봉오리를 위해서 새로운 이야기를 들려준다고 하면서 '꾀
동이' 이야기를 시작하였다.

먼 옛날 어느 마을에 심술도 많고 깍쟁이인 권지주가 있었다. 권지주
의 집에는 꾀가 많아 꾀동이로 불리는 순돌이라는 머슴도 있었다. 권지
주는 큰 돈을 벌어볼 생각으로 순돌이에게 큰 짐을 지우고 당나귀를 타
고 길을 나섰다. 길을 나선지 한참이 되어 배가 고파진 꾀동이는 점심을

340

먹자고 말한다. 권지주는 자기가 먹을 만큼의 엽전을 주면서 국수를 사오라고 시켰다.

권지주는 자기 돈으로 왜 꾀동이 국수까지 사줘야 하느냐면서 배고픈 것도 참아야 한다고 말하였다. 국수를 사러 갔던 꾀동이는 국수를 사오면서 콧물이 떨어졌다면서 손가락으로 국수 가락을 휘휘 저으면서 오고 있었다. 이를 본 권지주는 화를 내면서 점심을 먹고 올 테니까 짐과 당나귀를 잘 지키고 있으라고 하고는 마을로 내려갔다. 권지주가 내려간 다음 꾀동이는 국수를 맛있게 먹는다.

나무 그늘 아래서 쉬고 있을 때였다. 할머니와 어린 손자가 길을 가고 있었다. 어린 손자는 힘이 들어서 가지 못하겠다고 투정을 부렸다. 할머니와 어린 손자를 본 꾀동이는 두 사람을 도와줄 방법을 생각하다가 당나귀를 가져가라고 말하였다. 할머니에게 당나귀를 준 꾀동이는 지주가 올 때까지 눈을 가리고 귀를 가리고 있었다. 마침내 마을에서 돌아온 지주가 당나귀를 찾자 꾀동이는 놀란 척하면서 "이 곳에서는 벌건 대낮에도 코를 베어 가고 눈도 빼어 간다"고 해서 눈과 코를 막고 있었는데, 그 사이에 당나귀를 훔쳐갔다고 능청을 떨었다.

꾀동이와 계속 가다가는 무슨 일을 당할지 걱정이 된 지주는 꾀동이를 집으로 돌아가라고 돌려보냈다. 지주는 꾀동이 등에다 글씨를 쓴 다음 반드시 마님에게 보여주라고 하였다. 집으로 가던 꾀동이는 서당을 발견하고는 훈장을 찾아갔다. 꾀동이 등에는 "꾀동이를 가죽부대에 넣어 바다에 쳐 넣으라"고 씌여 있었다.

꾀동이는 등에 쓰인 글자를 지우고 자기가 부르는 대로 글을 써 달라고 부탁하였다. 집에 도착한 꾀동이는 마님에게 등에 쓰인 글씨를 보이는데 꾀동이 등에는 "꾀동이는 생명의 은인이니 우리집 땅을 주라"는 것이었다. 땅을 받은 꾀동이는 마을사람들에게 땅을 나누어 주었다.

얼마 후 장사를 마치고 돌아 온 지주는 꾀동이에게 속았다는 것을 알고는 꾀동이를 가죽자루에 넣어 죽이려 하였다. 하지만 일이 이렇게 될 것을 예상하고 있던 꾀동이는 가위를 품에 품고 있다가 가죽을 뚫고 헤엄쳐 나왔다.

다음날 아침 지주집으로 돌아온 꾀동이는 "주인님 덕분에 용궁 구경을 잘했습니다"라고 하면서 용궁에 다녀온 이야기를 들려주었다. 용궁에는 별의별 것이 다 있는데, 용궁에도 없는 것이 있다고 하면서 용왕님이 그것만 가져오면 용궁의 보물을 몽땅 주겠다고 말하였다고 하였다. '그것이 무엇이냐'고 묻는 지주에게 꾀동이는 용궁에 섬돌이 없다고 말하였다. 그러자 지주와 부인은 섬돌을 지고 용궁으로 가겠다면서 바다로 뛰어 들었다.

왜 몰랐을까요

- **제작** : 조선4·26아동영화창작소, 2000년
- **시간** : 20분   • **분류** : 인형형화
- **스탭** : 영화문학: 엄순희 / 연출: 손종권·박광진 / 책임미술: 김은하 / 촬영: 서광 / 작곡: 백인선 / 조종: 신상철·김은영 / 연주: 영화및방송음악단 / 노래: 평양 률곡고등중학교 / 지휘: 김산동
- **등장인물** : 반달곰, 오소리, 반달곰 삼촌.
- **주제** : 자만하지 말고 과학적인 사고를 학습하자, 온도와 산소량의 관계를 이야기 형식으로 보여주면서 상식을 전달한다.

• **줄거리**

반달곰이 양어장을 꾸려놓고 고기를 키울 생각을 하였다. 물고기를 키우려는 반달곰에게 오소리는 물고기를 키우려면 고기에 대해서 많이 알아야 한다고 충고하였다. 하지만 반  달곰은 잘 안다고 자만하고 공부하지 않았다. 반달곰은 크고 좋은 종자고기를 받으러 갔다. 양어연구소에서 종자고기를 받은 반달곰은 날씨가 더울 것이라고 생각하고는 물통을 두 개나 가지고 돌아왔다.

돌아오는 길에 날씨가 더워지자, 종자고기들이 힘들어 하였다. 돌아오는 길에 얼음을 싣고가던 반달곰 차를 만났다. 반달곰 삼촌은 얼음차에 실으라고 하지만 반달곰은 어떻게 살은 고기를 얼음통에 싣겠느냐면서 지나갔다. 날씨가 계속 더워 종자고기들이 죽으려고 하였다. 반달곰은

펌프질을 하면서 공기를 공급하랴 물을 새로 떠오랴 법석을 떨었다.

뒤에 따라오던 오소리도 반달곰 삼촌차를 만났다. 반달곰 삼촌은 반달곰에게 주려고 했던 물고기 상식책을 오소리에게 주었다. 책을 본 오소리는 온도가 낮으면 산소량이 적어도 된다는 사실을 알게 되었다. 그리고 얼음에 물고기를 채워서 운반하였다. 오소리는 반달곰을 만나 반달곰이 가져가던 물고기도 같이 가져가게 되었다. 반달곰과 꿀꿀이는 종자고기가 죽었다고 생각하면서 쫓아갔다.

뒤늦게 도착한 반달곰은 화를 내다가 종자고기가 살아 있는 것을 보고의아해 하였다. 오소리는 차분히 원리를 설명해 주면서, 반달곰 삼촌에게서 받았던 책을 주었다. 반달곰은 자세히 알지도 못하면서 우쭐하였던것을 반성하고 열심히 공부할 것을 약속하였다.

욕심많은 개

- **제작** : 조선4·26아동영화촬영소
- **분류** : 만화영화
- **등장인물** : 들개, 촉새, 콩콩이.
- **주제** : 자기가 가진 것을 만족하지 않고 욕심을 내다가는 자기의 것도 잃게 된다.

- **줄거리**

촉새가 냇가에서 큰 물고기를 잡는  것을 본 들개는 새둥지에서 새가 잡아 놓은 물고기를 훔쳐 먹을 계획을 세웠 다. 들개는 새둥지를 알고 있는 콩콩 이를 찾아가 새둥지를 물어보았다. 하 지만 콩콩이는 혼자만 먹을 생각으로 새둥지를 가르쳐 주지 않았다.

콩콩이는 들개의 말을 듣고는 물고기를 먹을 생각으로 새둥지를 찾아 갔다. 하지만 새 둥지에 물고기는 없고 알만 있었다. 콩콩이는 둥지의 알 까지 손이 뻗치지 않았다. 그러자 알과 비슷한 모양의 참 돌을 가지고 새 를 속이고 물고기를 얻어냈다. 콩콩이를 뒤따라 온 들개는 콩콩이가 물 고 있던 물고기를 빼앗았다. 들개가 입에 물고 냇가를 걸어갈 때였다. 냇 가를 걷던 들개는 자기 입에 물고 있던 물고기가 냇물에 비치자, 물속에 물고기가 있는 것을 보고 욕심을 냈다. 물속의 물고기도 차지하겠다는 욕 심을 내던 들개는 그만 물고 있던 물고기를 강물에 떨어뜨렸다.

우리 뽈

• 제작 : 조선과학교육영화촬영소, 1993년
• 시간 : 10분
• 분류 : 인형영화
• 등장인물 : 꿀꿀이(돼지), 야옹이(고양이), 꽉꽉이(오리).
• 주제 : 친구들과는 욕심내지 말고 같이 놀아야 한다.

• 줄거리

　야옹이와 꽉꽉이가 꽃잎을 가지고
재미있게 노는 것을 본 꿀꿀이가 심술
이 났다. 꿀꿀이는 여러 색깔이 든 공을
가지고 자랑하였다. 야옹이와 꽉꽉이
가 같이 놀자고 하였다. 그러자 잠시 같

이 놀던 곰돌이는 공이 닳는다고 하면서 공에다 자기 이름을 쓰고는 혼자
놀았다.

　공을 가지고 놀던 꿀꿀이는 높은 나무를 보고는 자기 공도 높이 올라
갈 수 있을까 생각하고는 공을 찼다. 꿀꿀이가 찬 공이 나무에 걸렸다.
혼자서 애를 쓰던 꿀꿀이는 공을 내리지 못하였다. 꿀꿀이가 나무타기
명수인 야옹이에게 부탁하였다. 야옹이가 나무에서 공을 내려주자 꿀꿀
이는 꽉꽉이는 놔두고 야옹이에게만 놀자고 말하였다. 야옹이와 꽉꽉이
는 공을 같이 가지고 놀자고 하였지만 꿀꿀이는 야옹이하고만 놀겠다고
하였다. 화가 난 야옹이와 꽉꽉이가 꿀꿀이에게 혼자 놀라고하면서 가버

렸다. 꿀꿀이는 나무가 없는 곳에서 놀면 된다고 생각하였다. 꿀꿀이는 공을 가지고 들판에서 놀았다.

들판에서 놀던 꿀꿀이가 공을 강물에 빠트렸다. 공을 찾으려다 물에 빠졌다. 마침 지나가던 꽉꽉이와 야옹이가 도와주었다. 꿀꿀이는 야옹이와 꽉꽉이의 도움으로 공도 찾고 물에서 나올 수 있었다. 꿀꿀이는 잘못을 뉘우쳤다. 꿀꿀이는 '내 공이 아니라 우리 공' 이라고 하면서 같이 놀자고 하였다.

우리 동산 동무들

- **분류** : 만화영화
- **등장인물** : 삐용이(닭), 엄마닭, 꽉꽉이(청둥오리), 거위, 다름이.
- **주제** : 어려울 때 도와주는 동무가 참된 동무이다.

- **줄거리**

　어린 닭 삐용이가 병든 엄마 닭을 위해 수정강으로 물고기를 잡으러 갔다. 삐용이가 낚시를 가자 청둥오리, 거위 등의 친구들이 나서 도와주었다. 수정강을 앞두고 개울을 건너던 새(鳥) 친구들은 삐용이가 잘 건널 수 있도록 도와주었고, 삐용이가 잃어버린 낚싯대도 건져주었다.

　수정강에 이른 새 동무들은 삐용이를 위해 물고기를 잡아 왔다. 청둥오리는 큰 가물치를 잡아 오고, 거위는 그물로 붕어새끼 여러 마리를 잡아 왔다. 청둥오리가 물고기를 잡으러 물속으로 들어간 사이에 거위는 더 많은 물고기를 잡겠다면서 다른 곳으로 옮기려다 독수리를 만났다.

　독수리가 물고기를 먹느라 한 눈을 파는 사이에 삐용이와 거위는 도망치지만 금방 독수리에게 쫓기게 되었다. 독수리가 쫓아오자 거위는 삐용이를 놔두고 혼자 물속으로 뛰어들었다. 그 사이에 독수리는 삐용이를 잡아 하늘로 올라갔다. 물고기를 먹은 독수리는 삐용이를 내일 먹기로 하고 가두어 두고는 게사니(거위)를 잡아먹으려 하였다.

　청둥오리 꽉꽉이는 거위에게 '좋은 때는 동무하다가 위험할 땐 버리는 너절한 동무인 줄 몰랐다면서' 삐용이를 구해야 하겠다고 나섰다. 그러나 거위는 '어떻게 구하냐'고 하면서 집으로 돌아갔다. 하지만 꽉꽉이

348

는 삐용이를 구하려고 굴러떨어지는 위험을 무릅쓰면서 험한 벼랑을 기어 올라갔다.

다람이와 함께 독수리 둥지를 찾아간 꽉꽉이는 독수리 둥지에서 도망친 삐용이와 함께 독수리에게 용감하게 맞서 싸웠다. 독수리를 강물로 유인한 청동오리는 독수리를 창으로 찔러 물리쳤다. 하지만 자신도 의식을 잃고 물속으로 쓰러졌다. 이때 자신의 행동을 뉘우치고 나타난 거위가 물속에 쓰러져 있던 꽉꽉이를 찾아냈다. 동무들 앞에서 거위는 동무들을 버리고 달아난 자신의 잘못을 빌고 용서를 구하였다.

우쭐대던 개구리

- **분류** : 인형영화
- **등장인물** : 철로 만든 개구리, 나무로 만든 닭, 천으로 만든 사슴.
- **주제** : 철, 나무, 천 등의 물체의 특성을 상식으로 알려주면서, 어려울 때 돕는 친구가 진짜 친구라는 주제를 전달한다.

- **줄거리**

닭과 사슴이 백화점에서 열린 경기에 나갈 철개구리를 위해 밤을 꼬박 세워 자동차를 만들었다. 자동차의 조립이 완전히 끝나지 않고 날개를 달아야 하였지만, 철개구리는 자동차를 몰면서 으스대기만 하였다. 백화점에서 빨리 오라는 전화가 여러 번 왔지만 철개구리는 닭과 사슴의 충고를 듣지 않고 자동차를 가지고 놀다가 자석에 끌려 기어이 사고를 냈다.

자동차 경기를 위해 다른 짐승들이 모두들 떠났지만 철개구리는 자동차 없이도 갈 수 있다고 고집부리면서 혼자서 경기장으로 갔다. 경기장으로 가던 철개구리는 앞서가던 자동차들을 뛰어 넘으면서 길을 방해하면서 길을 갔다. 그러다가 다리목에서 태엽이 풀리고 물에 빠졌다.

한편 철개구리 뒤에 출발한 나무 닭과 인형 사슴은 경기장에서 철개구리의 행방을 물어 보았다가 아직 오지 않았다는 것을 알았다. 나무 닭과 인형 사슴은 혹시 태엽이 풀려 물에 빠진 것이 아닌가 걱정하면서 철개구리를 찾으러 나갔다. 물에 빠진 철개구리는 물속에서 메기의 습격을 받고 쓰러져 꼼짝하지 못하게 되었다. 강으로 온 나무 닭과 헝겊 사슴은 메기에 맞섰다. 나무 닭과 헝겊 사슴은 마침내 메기를 물리치고 철개구리를 구하였다.

경기가 다시 열리고 날개를 단 철개구리는 높은 장벽을 뛰어넘은 활약 속에 일등을 하였다. 철개구리는 일등의 공을 닭과 오리에게 돌리면서, 어려울 때 돕는 동무가 진정한 동무라고 믿게 되었다.

우쭐대던 수탉

- **제작** : 조선과학교육영화촬영소 아동영화창작단
- **분류** : 만화영화
- **등장인물** : 수탉, 병아리, 여우, 황소, 강아지, 병아리
- **주제** : 남의 조그마한 칭찬에 우쭐해서 주의를 게을리 해서는 안 된다.
- **특기** : 동물 그림이 동양화적이고 사실적이며, 음악이 많은 뮤지컬 만화영화

- **줄거리**

수탉은 아침이 되면 나뭇가지에 올라 홰를 치면서 아침을 알렸다. 동산의 동물들은 수탉의 아침 소리가 좋다고 칭찬하였다. 동물들의 칭찬에 신이 난 수탉은 멍멍이의 목소리가
나무통 두드리는 소리 같다면서 멍멍이의 흉을 보았다. 멍멍이는 저마다 목소리가 하는 역할이 다르다면서 목소리가 좋다고 우쭐거리지 말라고 충고하였다. 하지만 수탉은 듣지 않았다.

수탉이 나뭇가지에 올라 목소리를 자랑하고자 목청껏 울었다. 수탉의 우는 소리를 들은 여우가 수탉에게로 와서 수작을 걸었다. 수탉에게 다가간 여우는 자신은 다른 여우와 달리 노래나 부르며 사는 여우라고 속이고는 목소리를 들려 달라고 말하였다. 여우는 귀가 먹어 소리가 잘 들리지 않는다고 하면서 가까이 와서 불러달라고 말한다. 수탉은 여우를 의심하였지만 자신의 목소리를 칭찬하는 여우에게 속아 나뭇가지에서

내려왔다.

여우는 이제야 겨우 수탉의 아름다운 목소리를 듣게 되었다면서 수탉에게 같이 노래를 부르자고 제안하였다. 여우는 수탉과 함께 노래를 부르는 척하면서 수탉에게 덤벼들었다. 놀란 수탉이 피하고 여우에게 쫓기게 되었다. 여우에게 쫓기던 수탉은 멍멍이가 쫓아오는 바람에 간신히 위기를 모면한다. 수탉을 쫓던 여우는 멍멍이가 시선을 다른 곳으로 몰린 사이 수탉을 다시 쫓아갔다.

여우에게 잡혀 죽게 된 수탉은 여우에게 마지막으로 노래를 한 번만 더 불러보고 싶다고 말하였지만 여우는 속지 않았다. 수탉이 여우에게 죽게 되었을 때 여우 뒤를 쫓아온 멍멍이의 도움으로 가까스로 위기를 모면하였다. 수탉은 자신의 잘못을 뉘우치고 진심으로 우쭐대지 않기로 결심하였다.

우쭐대던 장수곰

- **분류** : 만화영화
- **제작** : 장수곰, 다람쥐, 토끼, 승냥이, 여우.
- **주제** : 세상에서 가장 큰 힘은 혼자 힘이 아니라 여럿이 힘을 합친 것이다.

- **줄거리**

아름다운 산속 동산에 우쭐대기를 좋아하는 힘센 장수곰과 작은 동물들이 살고 있었다. 가을이 되어 밤을 터는데 힘센 장수곰은 힘으로 밤을 털고 날랐다. 힘센 곰은 혼자 두 자루를  날랐지만 힘이 약한 토끼, 다람쥐, 노루 셋은 힘을 모아도 밤자루 하나를 들지 못하였다.

곰이 밤 자루를 들고 먼저 집으로 돌아왔다. 장수곰이 집으로 간 사이에 승냥이와 여우가 나타났다. 승냥이와 여우가 토끼, 다람쥐, 사슴을 잡으려 하였다. 이 때 다시 돌아온 곰에게 걸려서 실패하였다. 승냥이와 여우는 힘이 약한 동물들을 잡아먹으려고 꾀를 내어 보지만 장수곰 때문에 번번이 실패하였다. 토끼와 다람쥐, 노루는 승냥이와 여우가 번번이 자신들을 노리는 것을 알고는 세 동물의 재주를 합하여 맞서 싸우기로 하였다. 장수곰이 힘이 약한 동물들이 어떻게 맞서 싸우겠느냐고 퉁을 놓았다. 동물들은 장수곰에게 너무 자랑하지 말라고 충고하였다.

번번이 먹잇감을 놓친 여우와 승냥이는 장수곰부터 없애기로 작정하고 꾀를 냈다. 여우는 힘이 세다고 우쭐대기를 좋아하는 장수곰의 성격을 이용하기로 하였다. 그리고는 장수곰에게 벼락골에서 일대일로 힘대결을 하자는 경고장을 보냈다. 다른 동물들이 이상하다면서 같이 가자고 하였다. 하지만 장수곰은 필요 없다면서 혼자 벼락골로 갔다.

장수곰이 혼자 씩씩거리며 힘 대결장으로 가는 도중에 여우가 나타났다. 여우는 방금 전에 승냥이가 집을 빼앗고 자신을 내쫓았다면서 장수곰을 속였다. 여우는 장수곰에게 꿀을 먹고 힘을 내서 승냥이를 혼내 달라고 부탁하였다. 장수곰은 여우의 꾀에 속아 꿀단지에 머리를 박고 꿀을 먹었다. 그때 숨어 있던 승냥이와 여우가 나타나 몽둥이로 장수곰을 때려 눕혔다.

한편 장수곰이 혼자 떠난 다음 경고장이 이상하다고 생각한 토끼와 다람쥐, 노루가 장수곰의 뒤를 따라 왔다가 여우와 승냥이를 만났다. 여우와 승냥이는 장수곰이 기절한 사이에 토끼와 다람쥐, 노루를 잡아 먹으려고 덤볐다. 그 사이 기절했던 장수곰이 깨어나 동물들을 구하려고 하였다. 하지만 정신을 차리지 못하였다. 동물들은 벼랑에 매단 밧줄을 타고 벼랑위로 피하였다. 여우와 승냥이도 밧줄을 타고 쫓아 왔다. 먼저 올라간 동물들이 밧줄을 끊자, 여우와 승냥이는 낭떠러지로 떨어져 죽었다.

장수곰은 힘만 믿고 우쭐대다 속아 넘어간 자신이 어리석었다고 후회하였다. 토끼는 장수곰에게 세상에서 가장 큰 힘은 혼자가 아니라 여럿이 힘을 합치는 것이라고 일러 주었다.

원숭이 형제

• **분류** : 만화영화
• **등장인물** : 원숭이 형제, 수리, 사슴할아버지.
• **주제** : 게으름을 피우지 말고 열심히 일을 해야 한다.

• **줄거리**

먼 옛날 수림 속에는 부지런한 형 원숭이와 일하기를 싫어하는 동생 원숭이가 살고 있었다. 형 원숭이는 겨울을 잘 나려면 부지런히 열매를 모아야 한다며 밤을 털자고 말하지만  동생 원숭이는 게으름만 피웠다. 동생 원숭이는 떨어지지도 않는 밤을 어떻게 떨어뜨릴 수 있겠냐면서 포기하였다. 하지만 형 원숭이는 밤을 떨어트리기 위해서 여러 가지로 고민하며 나무 막대기로 밤을 터는 방법을 터득하였다.

형 원숭이가 나뭇가지로 밤을 터는 것을 본 동생 원숭이는 재미있어 하면서 밤을 털었다. 하늘을 나는 수리를 보고는 부러운 마음이 들었다. 동생 원숭이는 수리에게서 깃털을 얻어 왔다. 동생 원숭이는 수리의 깃털로 날개를 만들어 붙이고는 공중에서 날아보지만 떨어지고 밤송이에 엉덩이를 찔렸다.

사슴할아버지는 동생 원숭이에게 건달병이 걸렸다면서 송진을 발라주었다. 형 원숭이는 엉덩이가 찔려 누워있는 동생을 위해 밤새도록 과일을 날라 모았다. 동생 원숭이는 사슴할아버지가 붙여준 송진으로 병이 나았지만 게으름을 피우고 싶었다. 동생 원숭이는 병이 아직 다 완쾌되지 않았다고 핑계를 대고는 놀러만 다녔다.

놀다가 형에게 걸리자 동생 원숭이는 형 원숭이에게 일을 하는 것이 좋냐고 물어보았다. 형 원숭이는 동생 원숭이에게 일을 할수록 새 힘이 생기고, 먹을 것도 많아진다면서 동생에게 밤을 나르게 하였다. 그리고는 다른 곳으로 열매를 찾으러 갔다. 밤을 나르던 동생 원숭이는 동면에 들어가려던 곰을 만났다. 동생 원숭이는 곰처럼 많이 먹고 동면할 생각으로 밤을 먹고는 잠이 들었다. 동생 원숭이가 잠든 사이에 쥐들이 나타나 밤을 훔쳐갔다.

밤을 실컷 먹은 동생원숭이는 곰이 가을에 충분히 먹고는 나무에서 떨어져서 아프지 않으면 겨울잠을 잔다는 이야기를 듣고는 곰처럼 나뭇가지에 올라가 떨어졌다. 몸이 아프지 않았다. 그러자 조금씩 높은 곳으로 올라가서 떨어졌다. 나무에 올라가서 떨어져도 아프지 않자 동생 원숭이는 나무 끝으로 올라가 떨어지려고 하는데, 갑자기 배가 아파오기 시작하였다. 아픈 배를 움켜쥐고 내려온 동생 원숭이는 사슴할아버지의 치료를 받았다. 동생 원숭이는 아픈 배가 가라앉자 자신의 잘못을 뉘우쳤다.

원쑤를 갚은 옥돌이

- **제작** : 조선4·26아동영화촬영소
- **시간** : 19분   **분류** : 만화영화
- **스탭** : 원작: 원도홍 / 각색: 김수화 / 연출: 리철 / 책임미술: 홍영남·정동철 / 컴퓨터 합성: 박준혁 / 촬영: 김영철 / 작곡: 백인선 / 미술: 리문철·리성진·조정철 / 연주: 영화및방송음악단 / 노래: 평양률곡고등중학교 / 지휘: 김산동
- **주제** : 욕심을 부리면 천벌을 받는다.

- **줄거리**

먼 옛날 어느 마을에 늙은 할아버지와 옥돌이라는 소년이 살고 있었다. 어느 봄날이었다. 종달새들이 노래하는 밭에서 옥돌이가 열심히 밭을 갈면서 할아버지를 기다리고 있었다.

할아버지는 강지주네 집에서 고구마 종자를 가져와 키울 생각이었다. 하지만 강지주네 집으로 간 옥돌이 할아버지에게 강지주는 옥돌이를 머슴으로 주지 않으면 종자도 주지 않고, 밭도 짓지 못하게 하겠다고 말하였다.

돌아온 할아버지에게 옥돌이는 자기가 머슴으로 가야 종자도 얻고 농사지을 밭도 얻지 않겠느냐면서 가겠다고 하였다. 옥돌이 할아버지는 원쑤 같은 강지주에게 머슴으로 줄 수는 없다면서 강지주의 집에서 일하다 죽은 옥돌이 엄마와 아빠의 일을 들려주었다. 옥돌이의 엄마는 옥돌이를 낳고 제대로 먹지도 못하고 연자방아를 돌리다 병이 나서 죽었고, 옥돌이 아빠는 한겨울에 잔치에 쓸 고기를 잡으러 갔다가 차디찬 강물에 빠

358

져 죽었다. 엄마 아빠 이야기를 들은 옥돌이는 다시는 강지주 집에 가지 않겠다고 다짐하였다.

다음 날 옥돌이는 밭에서 고구마를 발견하였다. 옥돌이가 고구마를 마당에 심으려 할 때였다. 강지주와 지주의 아들이 나타나 옥돌이의 고구마를 빼앗고는 옥돌이를 두들겨 팼다. 고구마 한 조각을 빼앗기지 않으려고 모진 매를 견딘 옥돌이는 고구마를 가져와 마당에 심었다. 그랬더니 놀랍게도 하루 사이에 엄청나게 큰 고구마가 되었다. 옥돌이와 할아버지는 동네 사람들을 불러 모으고 신기해 하는데, 강지주가 나타나 억지로 빼앗으려고 덤벼들었다. 마을 사람들이 옥돌이 편을 들면서 도리어 마을 사람들에게 망신만 당하였다. 하지만 강지주는 밤 사이 옥돌이의 마당에 있던 고구마를 기어이 훔쳐 갔다.

다음날 고구마가 없어진 것을 알게 된 마을 사람들이 고구마의 행방을 찾는데, 고구마들이 길에 떨어져 있었다. 고구마는 강지주의 집으로 이어져 있었다. 마을 사람들이 강지주 집으로 와서 훔쳐온 고구마를 달라고 하였다. 강지주는 자기가 가져온 것이 아니라고 떼를 쓰면서 이 집에 없으면 어떻게 하겠느냐며 도리어 역정을 냈다.

옥돌이는 만약 강지주 집에서 고구마가 나오면 어떻게 하겠느냐고 말하고는 나무 위에 올라간다. 옥돌이는 큰 소리로 '고구마야 커져라' 하고 소리쳤다. 그러자 고구마는 순식간에 엄청난 크기로 커졌다. 엄청나게 커진 고구마 때문에 강주지네 집은 부서졌다. 부서진 강지주의 집에서는 금은화가 쏟아져 나왔다. 강지주가 죽자 마을 사람들은 함께 춤추면서 기뻐하였다. 강지주가 없는 마을에서 사람들은 열심히 농사를 지으면서 살게 되었다.

위험한 지름길

- **분류** : 인형영화
- **등장인물** : 닭(교통보안원), 고양이(말썽꾸러기), 멍멍이.
- **주제** : 교통질서를 잘 지켜야 한다.

- **줄거리**

   교통질서도 안 지키고, 정원이나 잔디밭에서 공도 차고 함부로 다니는 말썽꾸러기 고양이가 있었다. 어느날 고양이에게 할머니가 무지개금붕어를 가지고 오신다는 전보가 도착하였다. 고양이 형제가 할머니를 마중 나갔다. 고양이 형제의 아버지는 냉장차를 운전수였다. 형제는 아버지에게 할머니가 오시기로 하였다고 전화로 알려주었다. 그리고 마중가기 위해 정류장에서 버스를 기다렸다.

   정류장에서 버스를 기다리던 고양이는 동생 고양이와는 달리 줄도 서지 않았다. 버스가 도착하고 손님들이 다 내리기도 전에 버스에 올랐다. 이 때문에 돼지 아줌마가 넘어지는 사고를 냈다. 버스가 정거장에 도착하자 버스에서 내리던 야옹이는 건너편에 역전으로 가는 버스가 들어오는지 보았다. 차들이 다니는 차도를 건너 버스를 타려고 하였다. 함부로 길을 건너려던 고양이는 수탉 교통보안원에게 잡혔다. 그러나 고양이는 교통 보안원이 다른 동물을 잡으러 간 사이에 몰래 빠져나와 버스를 탔다.

   버스에 오르던 고양이가 먼저 타려고 먼저 오르던 돼지를 밀쳤다. 그 바람에 수박을 들고 버스에 오르려던 돼지가 수박을 떨어뜨렸다. 돼지가 떨어진 수박을 주워가려고 길에 뛰어들었다가 교통사고를 당할 뻔 했다.

그런데 이 화물차의 운전수는 다름 아닌 야옹이의 아버지였다. 야옹이의 아버지는 급하게 차를 세우려다 머리를 부딪치는 부상을 당하였다.

　야옹이는 이리저리 차도를 뛰어다니면서 버스를 타고 급하게 가려다 도리어 시간만 늦어졌다. 버스에서 내린 야옹이가 다시 급하게 차도를 건너다 교통사고를 냈다. 동물들이 모여들어 야옹이에게 한마디씩 흉을 보았다. 사고경위가 밝혀지고 야옹이의 모든 잘못이 드러났다. 야옹이는 교통보안원에게 잡혀 교통안전 교양실로 끌려갔다.

유희장에 간 꿀꿀이

- **제작** : 조선과학교육영화촬영소 아동영화창작단
- **시간** : 15분　　**분류** : 지형영화
- **스탭** : 영화문학: 박태술·김휘순 / 연출: 고병화·마죽희 / 책임미술: 맹순정 / 촬영: 조광철 / 작곡: 백인선 / 조종: 류숙영 / 연주: 영화및방송음악단 / 지휘: 김철의
- **주제** : 수학의 곱하기 법칙.

- **줄거리**

　꿀꿀이는 시험성적이 좋지 않아 기분이 우울하였다. 그런 꿀꿀이에게 야옹이와 깡충이가 놀러와서 새로 생긴 유희장으로 함께 가자고 말하였다. 친구들보다 시험을 잘 보지 못해 자존심이 상한 꿀꿀이는 놀지 않겠다고 말한다. 꿀꿀이 친구들은 5점을 맞았지만 꿀꿀이는 수학에서 3점을 맞아서 속이 상했다. 친구들이 유희장으로 돌아간 다음이었다. 굴꿀이 동생이 유희장으로 가자고 졸랐다. 꿀꿀이는 동생이 놀러 가자고 조르자 따라 나섰다.

　새로 생긴 유희장은 삼각자, 분도기 등 모두 학용품으로 된 놀이터였다. 유희장의 놀이기구는 학습문제를 잘 풀어야지 놀 수 있는 곳이었다. 꿀꿀이를 본 야옹이와 깡충이가 함께 놀자고 하였다. 하지만 꿀꿀이는 자신 있다고 큰소리 치면서 동생과 둘이서 놀겠다고 하였다. 꿀꿀이는

쉬운 문제를 맞추면서 동생과 함께 놀이를 즐겼다.

로케트를 타게 되었다. 로케트를 타기 위해서는 문제를 풀어야 했다. 로케트를 타기 위해 풀어야 하는 문제는 소수점이 포함된 두 숫자 사이에 더하기, 빼기, 곱하기, 나누기 표시가 있었다.

가장 높은 숫자를 누르면 바닷속으로 가게 되어 있었고, 가장 적은 숫자를 누르면 공중으로 날아가게 되어 있었다. 꿀꿀이는 곱하기를 누르면 가장 많은 숫자가 나온다고 생각하고는 곱하기를 눌렀다. 그리고는 오리발과 구명조끼를 입고 로케트에 올라탔다. 하지만 로케트는 하늘로 올라가고 낙하산을 준비하라는 방송이 나왔다. 오리발과 구명조끼를 하고 공중으로 올라갔다가 망신을 당한 꿀꿀이는 1보다 적은 소수를 곱하면 숫자는 적어진다는 사실을 알게 되었다. 꿀꿀이는 동생과 함께 돌아오는 길에 수학을 열심히 공부하겠다고 다짐하였다.

은동이

- **제작** : 조선과학교육영화촬영소
- **시간** : 20분   • **분류** : 인형영화
- **스탭** : 각색: 박태술 / 연출: 손종권 / 책임미술: 정효섭 / 촬영: 김창호 / 조종: 신 상철·김은영 / 작곡: 김영성 / 연주: 영화및방송음악단 / 지휘: 김산동 / 노 래: 평양률곡고등중학교
- **주제** : 남을 괴롭히다가는 도리어 자기가 어려움을 당한다.
- **특기** : 지주와 은동이를 통하여 지주가 나쁘다는 것을 교양하는 주제의 아동영화.

- **줄거리**

옛날 어느 마을에 은동이가 살고 있었다. 은동이가 사는 마을에는 방지 주가 살고 있었다. 지주는 마음씨가 포악하여 마을 사람들이 애써 가꾼 땅을 빼앗으려 하였다. 방지주는 군수의  힘을 빌어서 땅을 빼앗으려 계획하고는 군수를 초대하였다. 방지주는 군수에게 대접한다면서 마을 사람들에게서 돼지와 암탉 등을 빼앗아 갔다.

한편 지주의 아들인 풍덕이도 성격이 포악하였다. 풍덕이는 동네아이 들이 팽이를 갖고 노는 것을 보자, 아이들의 팽이를 짓밟고 행패를 부렸다. 이 광경을 본 은동이가 풍덕이에게 팽이치기를 하자면서 내기를 걸었다. 이긴 사람이 시키는 대로 하기로 하고 팽이치기 시합을 벌였다. 팽이치기에서 은동이가 이겼다. 은동이는 풍덕이에게 개를 보고 "할아버지 세배 받으세요"라고 하면서 절을 하라고 하였다. 풍덕이는 은동이가

시키는 대로 하기 싫어 도망치려 하였다. 하지만 아이들이 약속을 지키지 않는다고 놀리자 놀라서 절을 하였다. 풍덕이가 절을 하자 아이들은 풍덕이는 '개손자'이고 방지주는 '개아들'이라면서 놀렸다.

화가 난 풍덕이는 집에 있는 호랑이 가죽을 가지고 나와서 은동이를 놀려주려고 하였다. 하지만 은동이는 호랑이 뱃가죽 사이로 옷이 튀어나온 것을 보고는 풍덕이가 호랑이 가죽을 뒤집어 쓴 것을 알아냈다. 그리고는 호랑이 등에 올라타고는 풍덕이를 놀려 주었다.

화가 난 풍덕이는 나중에 지주가 되면 은동이의 땅을 차지하겠다고 다짐하였다. 방지주 집에서 풍덕이가 말하는 것을 들은 은동이는 꾀를 내어 지주와 풍덕이를 골려줄 계획을 꾸몄다. 풍덕이가 방주지가 군수를 대접하기 위해서 만든 찰떡을 먹다가 혼나는 것을 본 은동이는 친구들과 계획을 짰다. 친구들에게 은동이가 찰떡을 무서워한다고 풍덕이에게 알려주라고 하였다. 은동이가 찰떡을 먹다가 체한 다음부터 찰떡만 보면 도망간다는 이야기를 들은 풍덕이는 군수에게 줄 찰떡을 은동이 집에다 가져다 놓았다.

찰떡을 본 은동은 무서워서 벌벌 떠는 척하였다. 이때 친구들이 나타나 풍덕이에게 은동이가 삶은 집짐승을 보면 몸에 두드러기 난다고 말하였다. 풍덕이는 은동이를 혼낼 생각으로 친구들이 가져오지 말라고 한 통닭과 통돼지까지 가져와서 은동이 집에 놔두었다. 그러고는 지주에게 은동이를 혼냈다고 자랑하였다. 이때 군수가 온다는 소식이 들렸다. 하지만 지주는 군수를 대접할 음식이 없어서 망연자실하였다.

음악경연날에 있은 일

• **분류** : 인형영화
• **등장인물** : 고구마, 감자, 통배추, 홍당무.
• **주제** : 감자는 땅속에서 열매를 맺어도 줄기식물이다(과학상식).

• **줄거리**

식물들의 풍년음악경연대회가 열리 자 각종 식물들은 경연준비에 들어갔 다. 뿌리 식물들이 모여서 경연대회 연주를 하는데, 장새납 연주가 잘되지 않았다. 이에 고구마는 홍당무를 대신 하여 장새납 명수인 감자를 데려오자고 하였다.

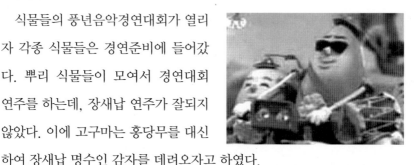

고구마는 줄기식물들이 연습하는 곳으로 가서 감자를 데려오려고하였다. 그런데 감자는 통배추가 자신을 줄기식물이라고 말하였다고 말하면서 가 지 않으려 하였다. 고구마는 그것은 통배추가 속임수로 한 말이라면서, 감자가 줄기식물이면 고구마인 자기도 줄기식물이냐고 반문하면서 감자 를 데려갔다. 밤이 되어 통배추가 고구마를 찾아왔다. 통배추는 감자가 줄기식물이라고 따졌지만 고구마는 어림없는 소리라면서 돌려보냈다.

경연대회가 열리고 작물들이 참가하는데, 통배추가 보이지 않았다. 뒤 늦게 통배추가 책을 하나 들고 나타났다. 경연은 오후 2시에 열리기로 예정되어 있었다. 감자를 제외한 뿌리 식물들은 음료수를 사러 갔다. 뿌

366

리작물들이 돌아와 보니 감자가 보이지 않았다. 비로소 감자가 없어진 것을 알게 되었다. 이때 줄기작물들의 연주가 시작되는데 감자가 함께 있었다. 감자를 빼앗긴 고구마는 감자의 장새납 연주를 멈추게 하면서 심사위원들에게 이의를 제기하였다.

고구마의 이의가 받아들여지고, 심사위원들의 평가가 내려졌다. 고구마는 감자가 땅속에서 자란다고 뿌리작물이라고 주장하였지만 통배추가 가져온 작물 책에 감자는 줄기작물이라고 쓰여져 있었다. 감자는 땅속 줄기에서 생기기 때문에 줄기작물이라는 것이었다. 식물은 땅 속에 있고 없는 것이 중요한 것이 아니라 어디에서 생기느냐에 따라서 줄기작물과 뿌리작물로 구분된다는 것을 알려주었다.

음악회날에 있었던 소동

- **분류** : 사람과 인형의 합성영화, 주로 인형의 이야기가 중심.
- **등장인물** : 영남이, 동물인형들.
- **주제** : 온도에 따른 공기의 팽창과 수축(과학지식).
- **특기** : 사람과 인형이 등장하여 연기하면서 합성으로 촬영한영화로 나무, 헝겊 등의 다양한 재질로 이루어진 동물들이 등장한다.

- **줄거리**

　음악회가 열리고 온갖 동물들이 모여서 즐겁게 음악을 연주하고 있었다. 동물인형들은 최우등을 한 영남이를 위해서 음악회를 준비하고 있었다. 이때 영남이가 방에 들어와 가방을 놔두고 공부하러 나갔다.

　영남이가 두고 간 가방에서 풍선코끼리가 나왔다. 가방에서 나온 코끼리가 춥다고 말하자 동물들은 보일러 밸브를 열어 방안의 온도를 높혔다. 동물들은 코끼리에게 북을 칠 수 있냐고 물어보았다. 코끼리는 북을 칠 수 있다고 말하였다. 동물들이 코끼리와 함께 음악연습을 시작하였다. 얼마 후 갑자기 코끼리가 배가 아프다고 하더니 몸이 불어났다.

　배가 엄청나게 불어난 코끼리 때문에 음악 연습은 중단되었다. 원인을 찾기 시작하였다. 인형들은 코끼리가 헛배가 부른 것으로 알고는 소화제를 주었지만 효과가 없었다. 코끼리는 답답하다면서 시원한 곳으로 데려다 달라고 말하였다. 인형들은 이번에는 냉장고에 넣고, 보일러의 밸브를 잠갔다.

　코끼리를 냉장고에 넣고 난 다음 다람이는 동물백과에서 코끼리가 더

368

운 곳에서 산다는 것을 알아냈다. 더운 곳에 사는 코끼리를 위해 냉장고에서 코끼리를 꺼내려고 냉장고 문을 열었다. 이번에는 코끼리가 조그맣게 꽁꽁 얼어 있었다. 인형들은 보일러를 다시 틀고, 수건으로 몸을 감싸 코끼리를 살리려 하였다.

이때 밖에 나갔던 영남이가 들어와 밸브를 잠그고는 문을 열고 코끼리를 창문에 매달아 시원한 바람을 쏘이게 하였다. 코끼리가 다시 살아나고 영남이를 위한 음악회도 성대하게 열릴 수 있었다.

이마 벗어진 앵무새

• **분류** : 만화영화
• **등장인물** : 복남(나뭇꾼 소년), 앵무새, 누이, 할아버지.
• **주제** : 남의 말을 뜻도 모르고 졸졸 따라 하다가는 일을 망칠 수 있다.
• **특기** : 북한 아동영화에서는 보기 드문 코미디 물.

• **줄거리**

숲에서 나무를 하면서 쉬던 나뭇꾼 소년 복남이가 자기 말을 흉내 내는 앵무새를 보았다. 복남이는 흉내 내는 앵무새를 신기해 하면서 데려왔다. 복남이가 앵무새와 함께 시장에서 나무를 팔자, 사람들은 앵무새를  신기해하면서 나무를 사갔다. 나무를 다 판 복남이는 누나에게 줄 빨간 댕기를 사가지고 집으로 돌아왔다.

가족의 사랑을 받으면서 집에 머물게 된 앵무새에게 복남이는 덕쇠할아버지가 오는 날 인사를 할 수 있도록 훈련시켰다. 다음날 아침이었다. 앵무새가 밥상에 올라온 국을 훔쳐 먹으려다 국에 데어 머리가 벗겨졌다. 그러자 복남이가 앵무새를 보고 '머리가 벗겨진 것을 보니 국을 훔쳐 먹은 게로구나' 라고 말하였다. 며칠 뒤에 복남이네와 사돈을 맺으려고 덕쇠 할아버지가 찾아왔다.

앵무새는 복남이의 훈련대로 덕쇠 할아버지에게 인사를 잘하였다. 그때 바람이 불면서 덕쇠 할아버지의 모자가 벗겨지고 덕쇠할아버지의 대머리가 드러났다. 앵무새는 '머리가 벗겨진 것을 보니 국을 훔쳐 먹은 게로구나' 라고 말했던 것을 그대로 흉내 냈다. 그러자 복남이는 앵무새에게 '남의 말을 뜻도 모르고 졸졸 따라 배우기만 한다면 일을 망칠 수 있다' 면서 멀리 쫓아 버렸다.

잃어버린 1분

- **제작** : 조선4·26아동영화촬영소
- **시간** : 20분   **분류** : 인형영화
- **스탭** : 영화문학: 박학문 / 연출: 리인철 / 촬영: 서광·리영훈 / 책임미술: 김은하 / 작곡: 한상철 / 조종: 신상철·김은영 / 컴퓨터화상처리: 손영삼·백영 / 연주: 영화및방송음악단 / 노래: 평양률곡중학교
- **등장인물** : 깡충이(토끼), 염소(선생님), 곰, 토끼, 양.
- **주제** : 숲속에서 방향을 찾는 법을 올바로 알자. 수업시간에는 일 분 일 초라도 한눈 팔지 말고 배워야 한다.

- **줄거리**

깡충이(토끼)와 양과 곰돌이는 같은 반 친구들이었다. 학교에서 수업을 마치고 다래를 따러 다래골로 가고 있었다. 친구들은 깡충이에게 다래골이 남쪽이라고 알려 주고 먼저 출발하였다.

깡충이는 수업시간에 숲속에서 방향 찾는 방법을 배웠다. 하지만, 수업 마지막 1분 동안에는 다래 먹을 생각에 빠져 빛이 잘 들지 않는 깊은 숲속에서 방향 찾는 법은 그만 듣지 못하였다. 그래서 깡충이는 다래골로 가는 도중에 숲속에서 길을 잃고 헤매게 되었다. 수업 마지막 1분 동안에는 빛이 잘 들지 않는 숲속에서 방향 찾는 방법을 배웠다면 방향을 찾을 수 있었겠지만 깡충이는 정확하게 배우지 않았다. 다래골로 가는

도중 깡충이는 숲속에서 길을 잃고 헤매게 되었다.

깡충이는 개미를 만나 도움을 청했다. 하지만 깡충이와 개미는 크기도 다르고 가는 방법도 달랐다. 개미들은 쌍바위골로 간다고 하였다. 그리고는 열심히 길을 갔다. 개미들이 굴을 지나고 절벽을 오르는 고생 끝에 쌍바위골에 도착하였다. 하지만 개미들이 힘들게 도착한 쌍바위골은 작은 돌덩이였다. 작은 개미에게는 쌍바위였지만 덩치가 큰 깡충이에게는 작은 돌조각에 불과하였던 것이다. 개미에게 도움을 청했던 깡충이는 실망하고 다시 길을 찾아 나섰다. 깡충이는 산속에서 갖은 고생을 다하다가 부엉이의 도움으로 친구들과 동생을 만났다. 깡충이는 마지막 1분동안 제대로 공부하지 않은 것을 후회하였다.

잘못낀 안경

- **분류** : 만화영화
- **등장인물** : 토끼, 멍멍이.
- **주제** : 인사를 잘하는 어린이가 되자.

- **줄거리**

　토끼는 인사를 잘하지만 멍멍이는 그렇지 않다. 경기를 하러 시합장으로 가는 멍멍이는 어른들을 만나도 인사를 잘하지 않았다. 양과 멍멍이는 축구경기장으로 가는 길에 양할아버지는 만났다. 토끼는 양할아버지에게 인사를 잘하였지만 멍멍이는 인사를 하지 않았다.

　멍멍이는 사람들이 지나가는 거리에서 공을 차지 말라는 토끼의 말도 듣지 않고 공을 차다가 공으로 산양심판원을 맞추었다. 산양심판원이 멍멍이를 나무랐다. 하지만 멍멍이는 사과도 않고 눈이 나쁘다고 핑계를 대었다. 축구시합이 열렸다. 경기에 참가하게 된 멍멍이는 눈이 잘 안 보인다고 말하였던 터라 산양할아버지의 안경을 쓰고 나가게 되었다. 눈이 아른거린 멍멍이는 공을 잘 차지 못하고, 이를 본 산양할아버지는 안경이 떨어질까봐 걱정되어 그런 줄 알고 안경을 묶어주었다. 멍멍이는 기어이 자기 골문으로 공을 차 넣었다. 동물들이 달려와서 무슨 일이냐고 물었다. 그러자 멍멍이는 비로소 사실대로 말하였다. 이후로 멍멍이는 인사를 잘하게 되었다.

잠자던 고양이

• **분류** : 만화영화
• **등장인물** : 고양이, 멍멍이, 쥐.
• **주제** : 아무리 자기가 잘 하는 일이라도 마음이 헤이해서는 잘 할 수 없다.

• **줄거리**

먹을 것이 없어진 들쥐들이 호시탐탐 먹이창고를 노렸다. 하지만 야옹이 때문에 접근하지 못하였다. 야옹이는 쥐들이 자신의 울음소리만 듣고도 도망치는 것을 보고는 우쭐댔다. 야옹이는 멍멍이에게 숲에서 먹을 것이나 찾아오라고 시키고는 남아서 창고를 지켰다. 멍멍이는 먹을 것이 없어진 쥐들이 창고를 노릴 것이라면서 경계를 단단히 하라고 일러주었다. 하지만 야옹이는 보초도 서지 않고 호수에서 물고기를 잡아먹으면서 울음소리만 냈다.

야옹이의 울음소리에 놀란 들쥐들은 야옹이가 보초를 서지 않고 물고기를 잡아먹으면서 들쥐들이 오지 못하도록 울음소리만 냈다는 것을 알게 되었다. 야옹이의 울음소리에 놀라 달려왔던 멍멍이도 야옹이가 거짓으로 울음소리를 냈다는 것을 알게 되었다.

멍멍이가 돌아간 다음 물고기를 실컷 먹은 야옹이는 배가 불러 잠이 들었다. 야옹이가 잠든 사이 들쥐들이 나타나 잠자는 야옹이를 묶어 버렸다. 잠이 든 야옹이가 깨어 들쥐들을 보지만 잠에 취해 꿈에서 헤어나지 못하였다.

야옹이가 잠든 사이 들쥐들은 창고에 들어 양식을 훔쳐갔다. 그제서야 잠에서 깬 야옹이가 들쥐들을 잡으려고 애를 써보았지만 몸이 묶여 있어

잡을 수가 없었다. 뒤늦게 멍멍이가 나타나 야옹이를 풀어 주었지만 이미 창고는 텅 비어 있었다. 여름 내 땀 흘려 모은 양식도 모조리 잃어 버린 다음이었다. 멍멍이는 야옹이에게 아무리 잘하는 일이라도 마음이 헤이해서는 잘할 수 없다고 충고하였다. 야옹이도 자신이 경솔했다는 것을 반성하였다.

장미꽃의 이야기

- **제작 :** 조선과학교육영화촬영소 아동영화창작단
- **시간 :** 14분　 **분류 :** 만화영화
- **등장인물 :** 벌레, 장미(장미꽃, 장미줄기, 장미뿌리), 나비.
- **주제 :** 장미의 꽃과 줄기, 뿌리를 통해서 식물의 역할에 대한 과학상식.

- **줄거리**

　장미벌레가 장미꽃에게 오르려 하
였다. 하지만 가시가 있어서 오르지
못했다. 장미벌레가 꾀를 냈다. 장미
벌레는 꽃전람회가 열린다는 것을 알
려주면서 위험하니 가시를 없애라고
부추겼다.

　장미꽃은 꽃전람회에서 거추장스러운 가시가 도움이 되겠느냐는 장미
벌레의 말에 넘어가 줄기와 뿌리를 놔두고 혼자서 꽃전람회에게 갔다.
그러나 전람회에 가던 도중 바람을 만나 바람에 휩쓸렸다. 줄기 없이는
바람과 맞설 수 없다는 말을 들은 장미는 줄기, 뿌리와 함께 전람회에 가
려고 되돌아왔다. 이때 장미벌레가 공격하였다. 다행히 줄기와 잎의 도
움으로 위기를 모면하였다. 줄기와 잎은 목이 말랐지만 물을 먹을 수 없
었고, 뿌리는 땅 속의 물을 찾으려고 하여도 잎사귀가 없어 힘을 쓸 수
없었다. 잎과 줄기와 뿌리가 모두 한 몸이 되어야 비로소 살 수 있다는
것을 알게 되었다.

재간둥이 멍멍이

- **제작** : 조선과학교육영화촬영소 아동영화창작단
- **분류** : 지형영화
- **스탭** : 영화문학: 김준옥 / 연출: 김준옥 / 책임미술: 박철호 / 촬영: 김창호 / 작곡: 백인선 / 연주: 영화및방송음악단
- **등장인물** : 멍멍이, 너구리, 여우.
- **주제** : 공부를 열심히 해야 어려울 때 지혜를 발휘할 수 있다.

- **줄거리**

재간둥이 멍멍이는 승냥이가 배불 뚝이 너구리를 놀린다는 말을 듣고는 승냥이를 혼내주기로 하였다. 100Kg 이 넘는 무거운 역기를 들고 있는 너 구리 사진을 찍어 보냈다. 사실은 물  구나무를 서서 찍은 것이었는데, 다른 동물들은 진짜 무거운 역기를 든 것으로 알았다. 무거운 역기를 든 너구리 사진을 본 승냥이도 너구리가 진짜 무거운 역기를 들은 것으로 알고 너구리를 피하게 되었다.

멍멍이 집에 놀러간 너구리는 멍멍이가 공부하고 있는 것을 보았다. 너구리는 멍멍이를 놀려주려고 살금살금 다가갔다. 멍멍이는 너구리의 모습을 거울로 보고 있다가 잽싸게 피하였다. 멍멍이는 잠망경을 만들고 있었는데, 잠망경을 완성하여 너구리에게 선물로 주었다.

권투경기 결승전 표를 갖고 있던 너구리는 멍멍이에게 권투경기장으

로 구경 가자고 하였다. 경기장에 도착하고 보니 자리가 모두 다 차서 들어갈 수 없었다. 멍멍이는 잠망경을 동물들에게 보여주었다. 동물들은 서로 보려고 다투었다. 이를 본 멍멍이는 확대렌즈(볼록렌즈)와 거울을 이용하여 모두들 편히 앉아서 경기를 볼 수 있도록 하였다.

집으로 돌아가던 동물들이 승냥이가 파 놓은 함정에 빠졌다. 동물들이 무등을 타고 올라가려고 하였지만 여우에게 들켜 탈출도 못하였다. 승냥이는 밧줄을 던져 한 명씩 올라오게 하였다. 이를 안 동물들은 힘을 합쳐 밧줄을 당겨 밧줄을 빼앗았다. 멍멍이와 친구들은 잠망경을 이용하여 승냥이가 없는 것을 보고는 밧줄을 이용하여 구덩이에서 빠져나왔다. 그리고는 구덩이를 살피던 승냥이를 구덩이 속으로 밀어 넣었다. 이런 일을 겪고 나서 멍멍이는 공부를 열심히 하는 것이 중요하다는 것을 알고는 바로 숙제를 하러 집으로 갔다.

재미있는 이야기 연속편 : 구멍을 넓힌 쥐

- **제작 :** 조선과학교육영화촬영소 아동영화창작단
- **분류 :** 만화영화
- **스탭 :** 영화문학(각색): 채경원·김준옥 / 연출 김준옥 / 촬영: 고병화 / 미술: 김준옥 / 작곡: 배용삼
- **등장인물 :** 고양이, 쥐, 닭.
- **주제 :** 남을 잡아먹으려고 욕심을 부리다가 도리어 자기가 당한다.
- **특기 :** 별도의 주제로 이루어진 연속물.

- **줄거리**

쥐들이 밖으로 나갔다가 고양이에게 쫓기게 되었다. 고양이에게 쫓기던 쥐들은 쥐구멍으로 간신히 도망쳤다. 쥐구멍은 크기가 작아서 쥐만 도망칠 수 있고, 고양이는 들어올 수 없었다.

얼마 후였다. 쥐들이 나와서 마당의 닭을 잡았다. 마당에서 닭을 잡은 쥐가 자기 굴로 물어오려고 하였지만 구멍이 작아서 잡아 오지 못하였다. 구멍이 작아 닭을 잡아오지 못한 쥐가 닭을 잡아 올 생각으로 구멍을 크게 넓혔다. 구멍을 넓힌 쥐는 다시 밖에 나가 병아리를 잡아 굴로 몰고 왔다. 하지만 굴 안에는 자기가 넓힌 굴로 들어온 고양이가 있었다. 결국 쥐는 고양이에게 잡아먹혔다.

재미있는 이야기 연속편 : 남수의 환상

- **제작** : 조선과학교육영화촬영소 아동영화창작단
- **시간** : 14분   • **분류** : 지형영화
- **스탭** : 영화문학: 박태술 / 연출: 마죽희 / 촬영: 고병화 / 미술: 리경철 / 작곡: 김명희
- **주제** : 공부를 열심히 하여 과학자가 되자.
- **특기** : 북한 아동영화 중에서는 드물게 로봇이 나오는 영화.

- **줄거리**

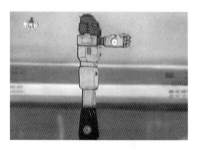

과학자를 꿈꾸는 남수는 생물체의 세포에 자기를 닮게 하는 물질이 있기 때문에 서로 다른 동물의 세포를 합치면 새로운 동물을 만들어 낼 수 있다는 것을 알게 되었다. 남수는 세상에서 가장 큰 돼지를 만들어 바다에서 키우겠다며 철이와 함께 과학궁전 실험실로 찾아갔다.

남수와 철이는 실험실에서 세상에서 가장 큰 돼지를 만들기로 하고 정보를 얻기 위해 과학궁전을 둘러보았다. 과학궁전에는 로봇이 있었다. 로봇을 본 철이는 로봇을 움직여보자고 말하였다. 남수는 세상에서 가장 큰 돼지를 만들자며 먼저 책을 보고 공부를 더 해야 한다면서 공부를 하자고 하였다. 철이는 스위치만 누르면 로봇이 다 한다면서 아무 버튼이나 눌렀다가 크게 혼이 났다.

남수는 철이와 함께 게로봇을 싣고 만능 비행기를 타고서 바닷속으로 들어갔다. 남수는 500톤짜리 고래를 만나자 게로봇을 보내 고래 살점을 떼라고 명령하였다. 고래에게 접근한 게로봇이 고래 뱃속으로 들어갔다. 게로봇에게 고래 뱃속의 살점을 떼어내게 하였다. 그런 다음 고래를 추적하여 레이저포로 고래를 잡고 게로봇을 꺼냈다.

　철수와 남수는 게로봇이 떼어 온 고래 살점과 돼지의 살점을 배양기에 넣고 컴퓨터를 이용하여 돼지의 네 발과 코를 가지고 물속에서도 살 수 있는 돼지고래를 만들어 냈다. 돼지고래는 작은 새끼였지만 어항 속의 물고기를 잡아먹으면서 금방금방 자랐고, 얼마 지나지 않아 바닷속으로 들어갔다.

　철이가 신호장치를 이용하여 고래돼지를 불렀다. 그러자 엄청난 돼지고래들이 모여들었다. 바다는 돼지고래로 넘쳐나고, 바닷가 공장에서는 돼지고래 통조림이 쏟아져 나왔다.

재미있는 이야기 연속편 : 남수와 곰

- **제작** : 조선과학교육영화촬영소 아동영화창작단
- **시간** : 14분　**분류** : 지형영화
- **스탭** : 영화문학: 박승진 / 연출: 리준기 / 책임미술: 민영욱 / 촬영: 리연호·강기권 / 작곡: 정일영 / 조종: 류숙영·리준기 / 대사: 국립연극단 / 연주: 영화및방송음악단 / 노래: 평양률곡녀자고등중학교
- **주제** : 좋은 이름을 놔두고 별명을 부르지 말자.

- **줄거리**

　남수는 동식과 함께 밤을 따러 가기로 하였다. 남수는 동식의 이름을 부르는 대신 '곰아, 곰아'라고 불렀다. 동식은 왜 자기 이름인 동식을 놔두고 자꾸 곰이라고 부르냐면서 화를  냈지만 남수는 곰처럼 미욱한 것이 곰이 아니냐면서 계속해서 곰이라고 불렀다.

　동식이 화가 나서 먼저 간 사이 꾀꼬리가 나타났다. 꾀꼬리와 남수는 이전부터 잘 알고 있던 사이였다. 꾀꼬리는 남수가 친구인 동식의 별명인 곰을 부르는지 모르고 진짜 곰이라고 생각하였다. 밤나무에서 잔뜩 밤을 딴 남수는 동식을 찾으면서 '곰아-'하고 불렀지만 화가 난 동식은 대답하지 않았다. 이를 본 꾀꼬리는 자기가 가서 곰을 불러 오겠다면서 잠자고 있던 진짜 곰을 깨워서 보냈다.

한편 남수는 동식을 아무리 불러도 대답이 없자, 미련하고, 나무도 잘 타지 못하고 뚱뚱하다고 욕을 한다. 남수가 말하는 것을 들은 곰은 화가 났다. 곰은 남수를 혼내려 하였다. 남수는 곰에게 친구의 별명을 불렀다고 말한다. 곰은 남수의 말을 듣고는 세상에서 곰은 자기 하나 밖에 없는데, 누구를 불렀느냐며, 그렇지 않을 경우에는 혼을 내겠다고 말한다. 남수는 동식에게 '곰아ー' 하고 불렀지만 화가 난 동식은 대답하지 않고 내려갔다.

남수가 친구를 데려오지 못하자 곰은 남수를 혼내려고 하였다. 이때 꾀꼬리가 나타났다. 남수는 사실 자기 친구인 동식의 별명을 부른 것이었다고 말해 주었다. 꾀꼬리가 동식이를 데려오면서 사실이 밝혀지고 진짜 곰도 오해를 풀었다. 남수는 좋은 이름을 놔두고 별명을 부른 것에 대해 사과하면서 다시는 별명을 부르지 않겠다고 다짐하였다.

재미있는 이야기 연속편 : 외나무 다리에서

- **분류** : 만화영화
- **등장인물** : 너구리, 멍멍이.
- **주제** : 서로 양보하여야 한다.

- **줄거리**

　축구시합에 참여하기 위해서 급하게 기차시간에 맞추려 뛰어가는 너구리와 야영가는 버스시간을 맞추기 위해 개울을 건너던 멍멍이가 외나무 다리를 사이에 두고 마주쳤다.

　둘은 서로 자기가 급하다고 하면서, 서로 가겠다고 실랑이를 벌였다. 너구리와 멍멍이는 누가 먼저 왔는지를 재어보자면서 배낭을 두고는 거리를 재어 보았다. 노끈으로 길이를 재 보았지만 노끈은 정확하지 않다면서, 다시 망치를 꺼내 거리를 재었다. 그러다 망치를 물에 빠트리고 말았다. 거리를 재느라 시간을 보내고 나서도 서로 양보하지 않겠다고 다투다가 결국 둘 다 시간을 놓치게 되었다. 비로소 서로 양보하지 않았던 자신들의 행동을 후회하였지만 때는 이미 늦었다.

재미있는 이야기 연속편 : 먹이를 찾던 두 짐승

- **제작** : 조선과학교육영화촬영소 아동영화창작단
- **분류** : 만화영화
- **스탭** : 영화문학: 채경원·김준옥 / 연출: 김준옥 / 촬영: 고병화 / 미술: 김준옥 / 작곡: 배용삼
- **등장인물** : 족제비, 승냥이.
- **주제** : 자기 배만 채우려고 욕심을 부리다가는 반드시 대가를 치르게 된다.

- **줄거리**

벼랑에 매달려 새알을 찾던 승냥이는 벼랑에서 새 둥지로 앞발을 뻗어 보지만 발이 짧아 먹지 못하였다. 이때 족제비가 나타나 서로 힘을 합쳐 알을 가져오고, 가져온 알을 나누어 갖자고 제안하였다.

벼랑 끝 나무가지에 승냥이가 매달리고 나무가지 끝에는 족제비가 새 둥지를 털기로 하였다. 하지만 족제비는 약속을 어기고 네 개의 새알 가운데 세 개를 먹고 하나만 승냥이에게 주었다. 족제비가 새알을 몰래 먹은 것을 알고 있었던 승냥이는 족제비가 주는 한 개의 새알도 족제비에게 양보하였다. 그러고는 새알을 다 먹은 족제비를 잡아먹으려 덤벼 들었다. 족제비는 승냥이를 피해 나뭇가지로 숨었다. 하지만 족제비의 무게를 견디지 못하고 나뭇가지가 부러졌다.

나무에서 떨어진 족제비는 승냥이는 뱃속으로 들어갔다. 이때 족제비가 붙잡고 있었던 나뭇가지도 함께 승냥이 목으로 떨어졌다. 승냥이는 목에 걸린 족제비와 나뭇가지 때문에 숨을 쉴 수 없었다. 결국 족제비와 승냥이 둘 다 죽었다.

저울형제가 일으킨 소동

- **제작** : 조선4·26아동영화촬영소
- **시간** : 23분   • **분류** : 3D 입체
- **스탭** : 영화문학: 김효준 / 연출: 김혁철 / 촬영: 김창호 / 미술: 김명길·리영일·황성혁·김원·서성철·리원일·김준일·한옥순·차은희·리미향·김충실·홍태혁·리성진·김춘일·강영일·백반서·김영수·정광훈·김명선·허충혁·곽창호·리성화 / 배경: 강승국 / 합성: 박철진·김광현 / 작곡: 한상철 / 대사: 김복희·리은주·김영철·허경희·원정숙·림운영·김조경 / 편집: 권은 / 록음: 박정호 / 연주: 영화및방송음악단 / 지휘: 리병의 / 가사: 오영옥 / 노래: 평양률곡중학교 아동음악반
- **주제** : 버섯의 종묘는 눈에 보이지 않을 정도로 작지만 수확량이 높은 작물이다.

- **줄거리**

종자를 보관하는 무지개 동산 종자 창고에 저울형제가 있었다. 씨앗연구소의 현미경 박사는 풍년을 이룬 종자들을 축하하면서 겨울에도 농사를 지을 수 있는 종자를 보내겠다고 전화를 하였다.

동생저울은 온실을 크게 지어놓고 종자를 기다리고 있겠다고 대답하였다. 전화를 끊은 현미경 박사는 버섯재배를 잘 알지 못하는 저울형제가 온실에서 버섯을 재배하려한다는 것을 알고는 플라스크에게 버섯재배에 대해서 잘 알려주라고 부탁하였다. 저울형제들은 버섯은 여름에 재배하는 것이므로 온실을 본보기로 잘 재배해보라고 보내는 것으로 알고

387

준비하였다.

한편 종자창고 한마당에는 옥수수 알갱이를 빼내고 남은 옥수수들이 산더미처럼 쌓여 있었다. 저울형제들은 옥수숫대를 어떻게 치울 것인가 걱정하였다. 형저울은 옥수숫대를 빈 창고에 치우겠다고 하면서 동생에게는 자동차 열 대를 가지고 가서 종자를 받아오라고 말하였다. 동생이 막 떠나려 하는데, 플라스크가 버섯종자를 가지고 도착하였다.

저울 형은 플라스크에게 생산량이 어느 정도 인지를 물어보았다. 플라스크는 정보당 100톤 정도 생산된다고 말하였다. 플라스크의 이야기를 들은 저울형제는 플라스크의 무게가 겨우 300g이라는 것을 알고는 플라스크의 말을 믿지 않았다. 플라스크는 저울형이 주겠다고 말한 온실이나 농약을 마다하고는 옥수수 속대가 있는 창고를 자신들이 쓰겠다고 하였다. 플라스크는 옥수수 속대를 갈고 버섯균을 심어 두었다. 플라스크의 관리 속에서 버섯종균들은 잘 정착하고 겨울을 보냈다. 겨울이 지나고 이제 3일 후면 버섯수확을 앞두게 되었다.

플라스크가 나간 사이에 저울형제는 몰래 버섯창고를 들어가서 재배장을 돌아보았다. 저울형제는 창고에 낀 버섯종균을 보고는 버섯종균을 곰팡이로 오해하였다. 저울형제는 곰팡이가 끼게 되면 종자들이 상할 수 있을까 걱정하면서 버섯창고를 못질해서 막아두었다. 3일이 지나자 창고가 터질 것 같이 흔들렸다. 이때 현미경 박사가 기자들을 데리고 종자창고로 취재 나왔다. 저울형제는 창고에 있는 것이 곰팡이라고 생각하였다. 그리고 현미경박사가 거짓말하였다고 말하려고 하였다. 이때 버섯들이 창고를 뚫고 나왔다. 그제야 저울형제는 버섯이 정보당 수확량이 높은 작물이라는 것을 인정하였다.

전기궁전에 간 명진이

- **제작** : 조선4·26아동영화촬영소, 2009년
- **시간** : 15분　　• **분류** : 만화영화
- **스탭** : 영화문학: 김철민 / 연출: 리철 / 미술: 김원일·강영일·홍태혁·오진건·김철·김명수·성광훈·허충혁·김경화·리문철·리남철·김영수 / 배경: 김경수 / 합성: 박철진 / 작곡: 한상철 / 대사: 리은주·김미경 / 편집: 권은 / 록음: 강시현 / 채색: 서영이 / 연주: 영화및방송음악단 / 지휘: 려명기 / 가사: 오영옥 / 노래: 평양률곡중학교 아동음악반
- **주제** : 대기등 같은 작은 전력도 아껴야 한다.

- **줄거리**

　명진이와 명진이 동생 여진이가 텔레비전을 보고 있다가 남수로부터 걸려온 전화를 받았다. 전화는 새로 건설한 전기궁전에서 우리가 절약한 전기 알갱이들이 모여서 공연을 한다고 초대한다는 내용이었다. 명진이와 여진이는 전기궁전에 가기에 앞서 리모컨으로 텔레비전과 선풍기를 껐는지 확인하였다.

　전기궁전에서는 전기알갱이들이 공연을 준비하고 있었는데, 깜빡이와 반짝이가 보이지 않았다. 공연에 초대받은 명진이와, 여진이, 신철이와 범순이를 비롯하여 초청한 어린 친구들이 모두 도착하였다. 하지만 막상 공연을 시작하려는데도, 깜빡이와 반짝이가 나타나지 않아서 시작하지 못하고 있었다.

　사실 깜빡이와 반짝이는 공연에 나가고 싶었지만, 주인이 쓸데없이 일을 시키는 바람에 공연에 나갈 수가 없었다. 우리 꽃마을 아파트에 갔던 전기

알갱이들이 아직 돌아오지 않았다는 것을 알게 되었다. 꽃마을 친구들은 누구 집 때문에 공연을 하지 못하게 되었는지 확인하러 아파트로 찾아 나섰다.

명진을 제외하고 친구집을 돌아보았지만 전기알갱이는 찾을 수 없었다. 마지막으로 명진이 집을 찾아갔다. 전기는 모두 꺼져 있었다. 하지만 명진이가 리모컨으로 전기를 끄는 바람에 대기등에 전기가 남아 있었다. 이 때문에 공연을 하지 못하였던 것이다. 명진이는 리모콘으로 전기를 끄면 대기등에 전기가 있지만 한 시간에 고작 2와트 밖에 안 되는 작은 전력이라고 생각했었다.

대기등을 손으로 끄자 깜빡이와 반짝이가 전기궁전으로 향할 수 있었다. 공연장에서는 대기등에서 일하는 작은 전기알갱이들이 모여서 공연을 시작하였다. 작은 전력이라도 모으면 큰 힘이 된다는 것을 알게 된 명진이는 전기를 절약하겠다고 다짐하였다.

전화소동

- **제작** : 조선4·26아동영화촬영소
- **시간** : 12분   • **분류** : 만화영화
- **스탭** : 영화문학: 김수화 / 연출: 리철 / 책임미술: 김인철·한철 / 컴퓨터합성: 리은희 / 촬영: 김길남 / 작곡: 함철 / 미술: 리문철·리성진·한금희 / 연주: 영화 및방송음악단 / 노래: 평양률곡중학교
- **등장인물** : 꿀꿀이, 꼴꼴이, 멍멍이.
- **주제** : 전화예절을 잘 지키자.

- **줄거리**

꽃나무를 가꾸기로 한 날 꿀꿀이는 멍멍이가 약속시간에 늦자 집으로 전화를 하였다. 꿀꿀이가 전화하는 것을 본 멍멍이는 꿀꿀이에게 전화예절이 없다면서 전화예절을 지키라고 충  고했지만 꿀꿀이는 듣지 않았다. 꿀꿀이는 도리어 화를 내며 전화를 끊었다.

꿀꿀이의 동생이 급히 달려와서 할머니가 아프다고 하였다. 꿀꿀이는 삼촌이 일하는 의학연구소에 전화를 걸어서 삼촌을 찾았다. 삼촌이 자리를 비우고 없었다. 그러자 의학연구소 접수실에 전화를 해서 약제사를 찾아 달라고 하였다. 꿀꿀이는 약제사가 없다는 말을 듣고는 자신이 누구인지도 밝히지 않고는 약을 가지러 갈 것이니 약을 지어 두라고 말하고는 전화를 끊었다. 전화를 끊은 꿀꿀이는 동생 꼴꼴이에게 약재연구소

에 가서 약을 가지고 오라고 시켰다.

전화를 받은 사슴은 약제사에게 '누군지 밝히지도 않고 약을 지어 두라' 고 했다는 말을 전했다. 그러자 약제사는 꽃나무 거리 멍멍이일 것이라고 생각하였다. 멍멍이가 꽃나무를 가꾸러 가기 위해 살균제를 가지러 올 것이라고 하였다. 약제사는 사슴에게 살균제를 맡겨두었다. 의학연구소에 간 꿀꿀이는 사슴이 준 살균제를 할머니 약으로 알고 가져갔다.

한편 멍멍이는 꽃나무들이 병든 것을 보고 의학연구소 접수실에 살균제를 가지러 가겠다는 전화를 하였다. 사슴은 꿀꿀이 동생이 이미 살균제를 가지고 갔다고 알려 주었다. 멍멍이는 꿀꿀이가 살균제가 필요해서 가져갔을 것이라고 생각하였다. 멍멍이는 살균제를 받기 위해 꿀꿀이를 찾아 나섰다. 멍멍이를 만나 꿀꿀이가 살균제를 가져갔다는 사실을 알게 된 꿀꿀이가 급하게 집으로 돌아왔다. 집에는 할머니가 누워있고 약병은 비어 있었다.

할머니는 약을 먹고 누워있었는데 꿀꿀이는 할머니가 살균제를 먹고 죽은 줄로 알고는 사방으로 전화를 걸었다. 전화를 하면서도 자신이 누구인지를 밝히지도, 누구를 찾는지도 밝히지 않고 그저 '할머니가 위독하다', '아버지를 찾아달라' 는 말만 남기고는 전화를 끊었다. 사방으로 전화를 한 꿀꿀이 때문에 급기야 온 동네가 한바탕 소동이 일어났다. 도시에 동물들이 몰려 나오는 소동 끝에 꿀꿀이는 이 모든 사건이 자신 때문에 일어난 일이란 것을 알게 되었다. 꿀꿀이는 전화예절을 잘 지키겠다고 반성하였다.

제일 큰 힘

- **제작** : 조선과학교육영화촬영소 아동영화창작단
- **분류** : 인형영화
- **스탭** : 영화문학: 차계옥 / 연출 김충성 / 촬영: 사상준 / 미술: 림병채 / 작곡: 김명희
- **등장인물** : 꾀돌이 개미, 장돌이 개미, 독거미.
- **주제** : 세상에서 가장 큰 힘은 여럿이서 힘을 합하고 모으는 것이다.

- **줄거리**

개미 마을에 살고 있는 꾀돌이는 힘이 약한 개미였다. 열매도 제대로 운반하지 못했다. 그래서 번번이 장돌이 개미의 도움을 받았다. 열매동산에서 열매를 가지러 갔을 때였다.

꾀돌이는 하나도 제대로 옮기지 못하는데, 장돌이는 두 개나 굴리고 있었다. 다른 친구들이 도와달라고 하였지만 장돌이는 자기 힘만 빠질 것이라며 혼자서 갔다.

개미들이 집으로 돌아갈 때였다. 난데없이 콩깍지가 날아와 길을 막고 있었다. 길도 파여 호수가 되어 있었다. 황소가 풀을 먹으러 가면서 길을 엉망으로 만든 것이었다. 장돌이가 콩깍지를 옮기려 하였지만 옮길 수 없었다. 장돌이는 콩깍지를 옮기지 못하자 독거미가 있는 흰바위산으로 돌아갔다. 하지만 꾀돌이를 비롯한 나머지 개미들은 힘을 모아 콩깍지를

치웠다. 그리고 콩깍지를 이용하여 풍차를 만들어 더 많은 열매를 실어
날랐다.

   흰바위산으로 돌아가던 장돌이가 독거미를 만났다. 장돌이는 제대로
싸워보지도 못하고 거미줄에 걸렸다.   열매를 싣고 가던 다른 개미들이
거미줄에 걸린 장돌이를 보았다. 개미들은 독거미에게 잡힌 장돌이를
구하려고 나섰다. 개미들은 모두 힘을 합쳐 한꺼번에 독거미들을 공격하
였다. 개미들은 콩깍지 비행기를 이용하여 장돌이를 구하고는 독거미도
물리쳤다. 친구의 도움으로 살아난 장돌이는 친구들에게 자신의 잘못을
뉘우치고 용서를 구하였다.

지혜로운 붉은 거부기

- **제작** : 조선4·26아동영화창작단
- **시간** : 20분 **분류** : 지형영화
- **스탭** : 영화문학: 한영 / 연출: 손종권·리인철 / 책임미술: 조제현·최영식 / 촬영: 장철호 / 작곡: 한상철 / 연주: 영화및방송음악단 / 노래: 평양률곡고등중학교 / 지휘: 장명일
- **등장인물** : 거북이, 아귀, 도치, 성대(물고기).
- **주제** : 동무를 도와주거나 싸워 이기려면 아는 것이 많아야 한다.

- **줄거리**

바다 밑 평온한 물속 마을에 몸에 달린 등불로 물고기를 유혹하여 잡아 먹는 나쁜 물고기 대장 아귀가 나타났다. 아귀는 거북이를 보자 '거북이가 삼백년을 산다'고 하면서 잡아먹으려고 달려들었다. 하지만 아귀는 거북이를 도우러 온 성대 때문에 실패하고, 도리어 등불안테나만 꺾였다.

물러난 아귀는 부하들에게 명하여 병을 고칠 약을 구해오도록 하였다. 아귀의 부하 물고기는 붉은 거북이를 구하려다 다친 성대도 약이 필요할 것이라고 생각하고는 무슨 약을 쓰는지 몰래 엿들었다.

붉은 거북이는 바다 위에 사는 새우할아버지가 키우는 해맞이 꽃 열매가 아픈 병을 낳게 해준다는 것을 알았다. 다친 성대를 데리고 새우할아버지에게 가려고 하였다. 붉은 거북이와 푸른 거북이가 성대를 물 바닥

에서 물 위로 데려가려고 하였다. 물 위로 올라가자 성대는 점점 몸이 터질 것 같다면서 함께 가지 못하였다. 결국 붉은 거북이 혼자 새우할아버지에게로 가서 해맞이꽃 열매를 받아 왔다. 거북이는 고마운 마음으로 새우할아버지에게 물속 마을로 꼭 놀러오라고 초대하였다. 하지만 새우할아버지는 그 부탁만은 들어줄 수 없다고 말하였다. 이유인 즉 바다에서는 압력이 있어 밑으로 내려갈수록 압력이 세어져 몸을 죄어 오는 것 같아서 견딜 수가 없기 때문이었다.

해맞이꽃 열매를 갖고 돌아오던 붉은 거북이는 길목에서 지키고 있던 아귀의 부하들에게 잡히게 되었다. 아귀는 붉은 거북이의 열매를 먹으려고 보따리를 풀어 보는데, 통통하던 열매가 다 터지고 쭈그러들어 있었다. 거북이는 새우할아버지에게서 들었던 깊이와 수압에 대한 이야기를 생각하였다. 그리고는 아귀와 부하 물고기들을 물 위로 가야한다고 꾀었다.

붉은 거북이의 꾀에 속은 아귀와 부하 물고기들은 물 위로 가려고 하였다. 이때 붉은 거북이의 계획을 알지 못한 푸른 거북이가 나서서 아귀에게 맞서다 도리어 물고기 부하들에게 잡히게 되었다. 수면 위로 올려가던 아귀와 물고기들이 숨이 막혀 머뭇거리자 붉은 거북은 푸른 거북이를 풀어주었다. 붉은 거북이는 아귀와 부하물고기의 약을 올려 계속 따라오게 하였다. 계속 올라가던 아귀와 물고기들은 눈이 뛰어나오고, 배가 튀어나오고 정신을 차리지 못하였다.

푸른 거북이와 착한 물고기들이 힘을 모아 아귀를 위로 밀어 올렸다. 그러자 아귀와 아귀의 부하 물고기들은 몸이 터져 죽었다. 오해를 푼 푸른 거북이와 붉은 거북이는 조개에 해맞이 열매를 넣고 물속으로 돌아와 성대 물고기를 살렸다. 푸른 거북이는 동무를 도와주거나 원수와 싸우려면 아는 것이 많아야 한다는 것을 배웠다고 말한다.

진주마을 선수 : 바다쪽 동물들의 경주

- **제작** : 조선과학교육영화촬영소 아동영화창작단
- **시간** : 14분   • **분류** : 지형영화
- **스탭** : 영화문학: 한종익·최태형 / 연출: 류충웅 / 책임미술: 조지현 / 촬영: 장철호
  / 조종: 류숙영 / 작곡: 한준석 / 연주: 영화및방송음악단 / 지휘: 장명일
- **등장인물** : 줄방어, 상어, 거북이 할아버지.
- **주제** : 물은 서로 끌어당기는 성질이 있다.

- **줄거리**

산호컵 달리기 시합이 다가왔다.
진주마을에서는 줄방어 선수가 대표
로 나섰다. 바다쪽 동물들의 경주를
앞두고 줄방어는 열심히 연습하였다.
상어와 줄방어를 본 거북이 할아버지
는 이번 달리기 시합이 지혜를 함께 겨루는 시합이라고 하면서 유명한
선수들의 훈련 장면을 보여주었다.

줄방어는 다른 선수들의 연습장면을 보면서 시합을 준비하였다. 하지
만 상어는 빠른속도를 내어 산호컵을 가져오겠다면서 자기가 얼마나 빨
리 달리는 지를 보여준다면서 우쭐거렸다. 상어가 물살을 일으키면서 헤
엄쳐 가는 것을 본 줄방어는 상어가 간 다음에 물풀들이 상어쪽으로 움
직이는 것을 보고는 한 가지 꾀를 냈다. 진주마을 친구들도 줄방어가 작
고 힘이 없어 질 것이라고 생각하였다. 하지만 줄방어는 크다고 이기고

작다고 지는 것이 아니라고 말하면서 상어에게 시합을 요청하였다.

시합이 시작되었다. 줄방어가 앞서 나가는데도 상어는 헤엄치지 않았다. 상어는 줄방어를 멀리 앞세워 놓고도 이길 수 있을 것이라고 생각하였다. 상어는 한참 있다가 출발했다. 상어는 순식간에 앞서 나갔다. 상어는 물살을 끌어당기기도 하고, 밀어내기도 하면서 앞서갔다. 힘차게 달리던 상어가 바위돌 때문에 속도를 내지 못하는 사이에 줄방어가 따라붙었다. 그리고는 바위틈에 숨었다.

바위틈에서 상어를 기다리던 줄방어는 상어가 지나가는 순간 상어의 물결속으로 들어갔다. 바위골에서 줄방어가 없어지자 진주마을 친구들이 줄방어를 찾았지만 줄방어가 보이지 않았다. 결승점을 코앞에 두고 상어는 자기가 일등이라고 자만하고 있었다. 그때 갑자기 줄방어가 나타서 테이프를 끊었다. 상어가 항의하자 새우는 줄방어와 상어가 경주하던 장면을 텔레비전으로 다시 보여주었다. 줄방어는 상어가 헤엄치는 옆에 붙어 있다가 마지막 순간에 힘을 실어 상어를 이겼다. 줄방어는 물은 서로 끌어당기는 성질이 있어서 물속에서 빨리 움직이면 물결은 주변의 물체를 끌고 간다는 원리를 이용하여 이겼다고 설명해 주었다.

차에서 떨어진 승냥이

- **제작** : 조선과학교육영화촬영소 아동영화창작단
- **시간** : 18분   • **분류** : 지형영화
- **스탭** : 영화문학: 류충웅 / 연출: 류충웅 / 촬영: 리영호 / 미술: 김관선 / 작곡: 김명희 / 조종: 류숙영 / 대사: 국립연극단 / 연주: 영화및방송음악단
- **등장인물** : 승냥이, 토끼, 너구리.
- **주제** : 관성의 법칙

- **줄거리**

토끼와 너구리가 트럭을 몰고 산길을 가고 있었다. 토끼는 차 안에서도 어제 배운 것을 복습하면서 공부를 게을리 하지 않았다. 이때 트럭을 본 승냥이가 나타나 차를 멈추라고 소리쳤  다. 승냥이를 본 토끼는 승냥이를 깔아 죽이자면서 차를 몰고 돌진하였다. 차를 보고 피한 승냥이는 차 뒤를 쫓아왔다.

차를 쫓던 승냥이는 자동차 적재함에 올라 운전석에 있는 너구리와 토끼를 잡아먹으려 하였다. 토끼는 당황하지 않고, 배운 것을 응용해 승냥이를 물리칠 생각을 하였다. 그리고는 차의 속도를 줄이기 시작했다. 토끼는 차를 서서히 몰다가 차를 멈추었다. 승냥이는 토끼가 무서워서 차를 세우는 줄 알고 적재함에서 내리려고 하였다. 그 순간 토끼는 차를 전속으로 몰아 승냥이를 떨어뜨렸다.

승냥이는 차에서 떨어졌지만 포기하지 않았다. 승냥이는 산길을 가로질러 와서 쫓아왔다. 자동차가 고장나서 멈춘 사이에 승냥이가 다시 쫓아와 적재함에 올라탔다. 차를 고친 토끼와 너구리는 다시 차를 몰았다. 속도를 올리자 승냥이는 뒤로 떨어지지 않으려고 적재함 앞쪽에 바짝 붙었다. 이를 본 토끼는 앞으로 떨어뜨리기로 작정하였다. 그리고는 전속력으로 차를 몰다가 칼벼랑 부근에서 갑자기 정지하였다. 앞으로 바짝 붙어 있던 승냥이는 그대로 앞으로 날아가 물속에 처박혔다.

승냥이가 물속에 처박히는 것을 본 너구리가 어떻게 두 번이나 떨어뜨릴 수 있느냐고 물었다. 그러자 토끼는 관성의 법칙을 설명해 준다.

착한마음

- **제작** : 조선과학교육영화촬영소 아동영화창작단, 1995년
- **시간** : 19분   **분류** : 지형영화
- **스탭** : 영화문학: 한태수·김태모 / 연출: 김기송·손종권 / 책임미술: 조제현 / 촬영: 리철남 / 조종: 류숙영 / 작곡: 한준석 / 노래: 평양률곡고등중학교 / 연주: 영화및방송음악단 / 지휘: 박미선
- **등장인물** : 은숭어, 거북이 할아버지, 산천어 할아버지.
- **주제** : 자기를 버리고 친구들을 위하는 마음을 가져야 한다.

- **줄거리**

바닷속 물고기들이 독풀에 찔려 위독하게 되었다. 은숭어가 거북이 할아버지를 찾아갔다. 거북이 할아버지는 빨리 치료하지 않으면 위험하다고 말하였다. 은숭어가 치료할 방법이 없냐
고 묻자 거북이 할아버지는 강을 따라 무지개 바위 밑에 가면 산천어 할아버지가 빨간 수삼열매를 키우고 있는데, 그 열매만이 독을 치료할 수 있다고 알려 주었다.

은숭어는 친구들을 위해서 무지개 바위를 찾아 나섰다. 무지개 바위로 가는 도중에 거센 물살의 여울목을 만났지만 굴하지 않고 거슬러 올라 무지개 바위까지 올라갔다. 하지만 산천어 할아버지를 만나지 못하였다. 도리어 은숭어를 찾던 여우할미를 만났다. 여우는 은숭어를 꾀어 잡으려고 낚시로 유인하지만 은숭어는 친구들을 위한 걱정으로 여우의 낚시밥

을 먹지 않았다.

은숭어는 여우에게서 산천어 할아버지가 폭포너머로 이사 갔다는 이야기를 듣고는 산천어 할아버지를 찾아 폭포를 뚫고 올라갔다. 폭포를 뚫고 올라간 은숭어는 지쳐 쓰러졌다. 다행히 산천어 할아버지를 만나 치료도 받고, 수삼열매를 구할 수 있었다. 산천어 할아버지는 몸이 상한 은숭어에게 돌아갈 수 없다고 말렸다. 하지만 은숭어는 동무들이 위험하다면서 만류를 뿌리치고 돌아가기로 했다.

한편 가슴앓이 때문에 은숭어 피가 필요한 여우 할미가 은숭어를 잡아먹으려고 통발을 치고 은숭어를 속였다. 은숭어가 미끼가 든 통발에 들어가려는 순간 산천어가 도와주었다. 여우는 다시 그물을 치고 은숭어를 잡으려 하였다. 은숭어는 산천어에게 수삼열매를 주면서 자기가 그물에 걸리면 그물을 걷을 것이고, 그 순간에 친구들에게 수삼열매를 가져다 달라고 부탁하였다. 그리고는 은숭어는 여우가 친 그물 속으로 달려들었다.

그물 속에 산천어가 없는 것을 본 여우는 산천어가 도망간 것을 알았다. 이번에는 은숭어를 미끼로 숭어떼를 잡으려 하였다. 여우는 은숭어를 인질로 잡아 숭어들에게 배 위로 올라오라고 위협하였다. 그러자 숭어들은 떼지어 배 위로 올라갔다. 숭어들이 배 위에 오르자 무게를 이기지 못한 배가 점점가라 앉기 시작했고 마침내 배가 뒤집어 지고 여우는 물속으로 빠졌다. 여우가 빠진 것을 본 물고기들은 여우를 물속으로 끌고 들어가 죽여 버렸다. 물고기 친구들은 은숭어의 아름다운 마음과 용기있는 행동을 칭찬하였다.

참게와 왁새

- **제작** : 조선4·26아동영화촬영소
- **시간** : 14분   • **분류** : 만화영화
- **스탭** : 영화문학: 강병년 / 연출: 손종권 / 책임미술: 리경철 / 인물제작: 황미옥·맹순정 / 미술: 리성림·리광영·김주성·리효정·안주혁·리철학·리영일·전영남·박충주·박원철 / 배경: 박영도 / 합성: 박명심 / 작곡: 백인선 / 대사: 림복희·김대홍 / 편집: 방인영 / 록음: 강시현 / 연주: 영화및방송음악단 / 지휘: 허상혁 / 가사: 오영옥 / 노래: 평양률곡중학교 아동음악반 강현주
- **등장인물** : 참게, 갈게, 왁새, 여우.
- **주제** : 남의 말을 믿지 말고 자기 힘으로 어려움을 극복해야 한다.

- **줄거리**

큰 가뭄이 들어 물이 완전히 말라버린 숲 속 연못에 참게 형제와 갈게가 어렵게 살고 있었다. 물을 찾아 나갔던 막내를 왁새가 물초롱에 담아서 데려오자, 게들이 고마워하였다. 왁새  는 산을 넘고 넘으면 구슬강이라는 큰 강이 있는데, 일 년 내내 마르지 않는다고 알려주었다. 만약 가고 싶으면 언제든지 태워주겠다고 말하였다.

왁새의 말을 들은 긴다리 아저씨가 먼저 왁새의 물초롱을 타고 구슬강으로 갔다. 참게동생도 형에게 '우리도 구슬강으로 가자'고 말하였다. 하지만 참게는 지금까지 살면서 구슬강이 있다는 이야기를 듣지 못했다고 의심하였다. 참게는 이런 큰 가뭄에 강이라고 마르지 않겠느냐면서

집게발로 샘물을 찾자고 말하였다. 그때 막내가 더위에 쓰러지면서 물을 찾는데, 왁새가 물초롱에 물을 담아왔다.

　이것을 본 갈게는 참게에게 구슬강으로 가자고 졸랐다. 하지만 참게는 갑자기 나타난 왁새가 구슬강이 있다고 말하면서 데려주겠다는 것을 이상하게 생각하였다. 참게는 자기가 먼저 가서 구슬강이 있는지 알아보고 오겠다면서 동생에게 자기가 돌아올 때까지 절대로 떠나지 말라고 다짐하고는 왁새의 물초롱을 타고 구슬강으로 떠났다.

　참게를 태우고 가던 왁새는 참게를 둥지 위에다 내려놓고는 본색을 드러냈다. 왁새는 바위틈에 숨어 있는 참게들을 하나씩 잡아먹으려고 막내를 살려두었던 것이었다. 사실을 알게 된 참게는 둥지를 도망쳐 나왔다. 둥지를 도망친 참게는 여우를 붙잡고 '늪으로 가지 않으면 꼬리를 자르겠다'고 위협해서 늪으로 달려왔다.

　늪에서 왁새가 참게와 갈게를 물초롱에 태워가려고 하였다. 늪에 도착한 참게가 왁새의 정체를 알려 주었다. 왁새의 정체를 알게된 참게와 갈게들이 힘을 합하여 왁새에게 덤벼들었다. 마침내 왁새를 물리쳤다. 참게는 자기 힘으로 문제를 해결해야 한다면서 함께 샘구멍을 찾기 시작하였다. 마침내 샘구멍이 터지고, 비가 내리면서 늪은 예전처럼 물이 넘치게 되었다.

참외를 굴린 개미

- **분류** : 만화영화
- **등장인물** : 깜장이(검은 개미), 붉은개미, 장수풍뎅이, 무당벌레.
- **주제** : 지렛대의 원리-과학, 힘보다 지혜가 강하다. 열심히 공부하여 지혜를 쌓자.
- **특기** : 뮤지컬이 섞인 만화영화.

- **줄거리**

부지런한 개미 깜장이는 밤낮없이 책을 읽고 있었다. 숲에서 먹을 것을 가지고 가던 개미는 쉬는 틈에도 책을 읽었다. 그러다 장수풍뎅이의 도움을 받게 되었다. 개미는 장수풍뎅이에게 진짜 큰 힘은 책 속에 있다고 알려주지만 장수풍뎅이는 진짜 큰 힘은 덩치에 있다면서 힘만 자랑하였다.

버섯이며 열매며 먹을 것을 가지고 집으로 가던 개미 일행이 길에 놓인 돌을 만났다. 장수풍뎅이가 힘을 다하여 겨우 돌을 굴려 보았지만 돌은 꿈쩍하지 않았다. 붉은 개미들은 길을 돌아가서는 겨울 양식을 어떻게 마련하겠느냐면서 깜장이에게 도움을 요청하였다. 깜장이는 지렛대의 원리를 이용하여 돌을 굴려낸다.

신기해하는 장수풍뎅이에게 깜장이가 책을 주면서 이 책에는 어떻게 무거운 것을 들 수 있는지 쓰여 있다며 보라고 하였다. 하지만 장수풍뎅이는 보지 않았다. 그 대신 장수풍뎅이는 깜장이가 바위를 치우는데 사용한 나무 막대기만 가져갔다.

얼마 후 다시 과일을 따러갔을 때였다. 붉은 개미들은 온 곤충들이 겨울 내내 꿀물을 먹을 수 있는 맛있는 참외를 발견하였다. 맛있는 참외를 옮기기 위해 붉은 개미들이 깜장이를 찾으러 마을로 왔다. 하지만 깜장이는 없고, 장수풍뎅이만 있었다. 장수풍뎅이는 깜장이의 나무막대만을 믿고는 자기가 참외를 옮길 수 있다고 큰소리 쳤다. 장수풍뎅이가 참외를 옮기려 하였지만 참외는 꼼짝도 하지 않았다.

깜장이가 나타나 지렛대로 다시 들어 올려보았지만 여전히 꼼짝하지 않았다. 깜장이는 참외가 움직이지 않는 원인이 지렛대가 짧아서 그렇다는 것을 알았다. 깜장이는 긴 지렛대를 가지고 와서 장수풍뎅이에게 받침점과 지렛대의 원리를 설명하면서 장수풍뎅이와 힘을 합쳐 참외를 굴렸다. 장수풍뎅이는 그제서야 우리 동네에서 힘이 가장 센 곤충은 깜장이라고 하면서 열심히 공부하는 장수풍뎅이가 되겠다고 결심하였다.

천년바위를 이긴 물방울

- **제작** : 조선4·26아동영화촬영소
- **시간** : 21분   • **분류** : 만화영화
- **스탭** : 각색: 박철 / 연출: 김영철 / 책임미술: 홍영남·장남파 / 컴퓨터합성: 김대훈 / 촬영: 리영훈 / 작곡: 한상철 / 미술: 조정철·강성민·신은희·홍성국 / 연주: 영화및방송음악단 / 노래: 평양률곡중학교
- **등장인물** : 곰할아버지, 장수곰, 천년바위, 방울샘, 씽씽누나(구름), 대머리독수리, 숲속 동물들.
- **주제** : 작은 물방울도 바위를 뚫을 수 있다.

- **줄거리**

어린 크낙새가 나무에 구멍을 뚫다
가 힘들어 하였다. 크낙새가 힘들어
하는 것을 본 곰할아버지는 옛날 이야
기를 들으면서 쉬었다가 다시 나무를
뚫으라고 하면서 옛날 이야기를 들려
주었다.

옛날 평화로운 숲 속 마을에 동물들이 정겹게 살고 있었다. 절벽 위에
는 바위가 천 년 동안이나 잠자고 있었다. 어느 날 천 년 동안 잠자던 바
위가 잠에서 깨어 일어나 동물들이 사는 마을을 차지하겠다고 나섰다.
천년바위가 마을을 차지하겠다고 나서자 방울샘과 동물들이 나서 보았
지만 당할 수 없었다.

숲 속 동물들은 어쩔 수 없이 마을을 떠나게 되었다. 구름인 씽씽누나

가 나서서 번개장수를 비롯하여 비와 바람을 퍼부었지만 절묘한 위치에 숨은 바위를 이길 수 없었다. 결국 모든 동물들이 떠나고, 방울샘만 남게 되었다. 방울샘은 바위를 쳐부수기로 하였다. 방울샘은 차례로 조금씩 바위를 부수기 시작하였다. 밤낮으로 바위에 구멍을 내기 시작한 지 수십 년이 지났다. 방울샘들은 바위에 구멍을 뚫을 수 있을까 걱정하기도 하였지만 마음을 다지고 바위를 뚫어 나갔다.

방울샘들이 수십 년 동안 뚫어 나가자 마침내 바위에도 구멍이 생기기 시작했다. 이때 천년바위가 잠에서 깨어났다. 잠에서 깨어난 천년바위는 한바탕 소동을 벌였다. 그리고는 물방울이 떨어지지 않는 곳으로 자리를 옮겨 다시 잠이 들었다. 물방울들은 다시 뛰어 내렸지만 바위에 닿지 않았다.

물방울은 씽씽구름에게 얼음을 얼게 해달라고 부탁하였다. 그리고는 얼음을 타고 구멍 가운데로 떨어졌다. 이어서 찬바람을 불어 얼게 해달라고 부탁하였다. 바위 구멍에 들어간 물방울이 얼면서 부피가 늘어났다. 마침내 천년바위도 산산조각이 났다.

초동이와 아버지

• **제작** : 조선4·26아동영화촬영소, 2005년

• **시간** : 28분   • **분류** : 만화영화

• **스탭** : 원작: 김용주 / 각색: 리정화 / 연출: 오신혁 / 책임미술: 안성철·김영남·김
철남 / 미술: 리문철·김명길·김명일·김성준·백만식·조정철·김상남·김금
숙·김경희 / 컴퓨터 배경: 강철만 / 컴퓨터 합성: 김원철 / 작곡: 한상철 /
대사: 원정숙·김대홍 / 편집: 최승애 / 록음: 강시현 / 컴퓨터 채색: 고성금
·김은경 / 행정연출: 남경수 / 연주: 영화및방송음악단 / 가사: 오영옥 / 노
래: 평양률곡중학교 아동음악반 한수정 / 지휘: 허상혁

• **등장인물** : 초동이, 아버지, 모쇠장수.

• **주제** : 나라를 지키는 군인을 헌신으로 도와주어야 한다. 선군시대의 주제인 선군
원호 주제를 반영한 아동영화.

• **줄거리**

　옛날 어느 마을에 왜적에게 어머니
를 잃은 초동이가 병을 앓고 있는 아
버지와 살고 있었다. 초동이는 병든
아버지를 위하여 약초를 캐며 정성으
로 아버지를 모셨다. 어느 날 아버지
에게 드릴 약초를 구하러 갔던 초동이가 승냥이 덫에 걸린 애기 사슴을
구해주었다. 사슴은 초동이를 데리고 산삼밭으로 데려다 주었다. 초동이
는 산삼을 보고는 아버지 병을 고치게 되었다고 기뻐하였다.

　초동이는 산삼과 같이 아버지에게 드릴 붕어를 잡으러 갔다가 무쇠장
수를 만났다. 무쇠장수는 마을로 쳐들어온 왜적과 싸우다가 큰 부상을

당하였다. 초동이 아버지는 초동이가 캐온 산삼을 무쇠장수에게 주었다. 초동이는 자신의 마음을 몰라주는 아버지를 야속하게 생각하였다. 그러나 무쇠장수 때문에 초동이 아버지가 목숨을 구하게 된 이야기를 듣고는 아버지의 행동을 이해하게 되었다.

초동이 아버지는 섭섭해 하는 초동이에게 어머니가 어떻게 돌아갔는지를 생각해 보라고 말하였다. 초동이 엄마는 마을로 쳐들어온 왜적과 싸우다가 죽었었다. 초동이와 초동이 아버지도 위기를 맞았는데, 무쇠장수가 구해주었었다. 무쇠장수는 산삼 때문에 의식을 찾았다. 하지만 무쇠장수의 상처가 아직 아물지 않아 왜적과 싸울 수 없었다. 초동이는 '백설봉에 있는 석황이 있으면 상처가 금방 아물게 된다'는 말을 듣고는 백설봉으로 갔다. 석황은 신비한 도끼로만 꺼낼 수 있는 신비한 약초였다. 하지만 초동이는 나라를 지키려는 뜨거운 마음만 있다면 쇠도끼로도 충분히 가져올 수 있을 것이라고 믿었다.

백설봉에 올라 도끼로 바위를 쪼던 초동이는 산사태가 나면서 땅으로 떨어진다. 초동이는 승냥이들이 애기 사슴과 사슴 가족을 위협하는 것을 보고 승냥이와 맞서, 승냥이 떼를 유인하여 절벽 아래로 떨어뜨렸다. 초동이가 다시 백설봉에 올라 도끼로 쳐보지만 캘 수 없었다. 이때 어미 사슴이 동굴 안에서 신비로운 도끼를 찾아내서 초동이에게 가져다 주었다. 초동이는 사슴이 준 신비로운 도끼로 석황을 캐서 무쇠장수에게 주었다. 무쇠장수는 초동이가 구해준 석황으로 병을 고치고 왜적을 물리치고 나라를 구하였다. 초동이는 군사를 위해 무슨 일이든지 할 것이라고 결심하였다. 그 후 초동이도 훌륭한 장수가 되었다고 한다.

토끼와 사자

- **분류** : 인형영화
- **등장인물** : 사자, 토끼, 사슴, 다람쥐.
- **주제** : 적이 강하다고 해서 피해서는 안 된다. 당당히 맞서 싸워 이겨야 한다.
- **특기** : 동물인형들의 액션 활극이 나온다.

- **줄거리**

다람쥐, 사슴, 토끼들 평화롭게 살 고 있는 동물동산에 사자가 나타나 온 갖 횡포를 부렸다. 사자의 횡포에 혼 이 난 동물들은 겁을 먹고 다른 곳을 가자고 말하였다. 하지만 토끼는 어딜  가든 사자가 쫓아오지 않겠느냐며 맞서 싸우자고 말하였다.

토끼와 다람이는 사자와 싸울 준비를 잘하였다는 산양마을이 어떻게 하는지를 보러갔다. 산양마을로 가던 토끼는 도중에 사자를 만났다. 사 자를 피하다 깊은 동굴에 빠졌다. 동굴에 빠진 토끼는 동굴 속에 수정이 있는 것을 보고는 꾀를 떠올렸다.

토끼는 사자에게 신기한 보물이 있다고 말하고는 수정을 보여주었다. 사자는 토끼에게 살려줄 테니 보물을 달라고 말하였다. 토끼는 사자에게 통나무와 칡넝쿨을 가지고 오라고 하였다. 토끼는 사자에게 나무를 가로 로 걸친 다음 칡넝쿨을 허리에 묶고 내려오면 다시 올라 갈 수 있다고 하 였다.

사자는 도르래처럼 오르내리면서 보물을 다 가져오고 나중에 토끼도 잡을 수 있다고 생각하였다. 사자가 칡넝쿨을 허리에 묶고 내려갔다. 동시에 토끼는 땅 위로 올라왔다. 땅 위로 올라온 토끼는 재빨리 칡넝쿨을 풀고 동물들을 불렀다. 토끼는 동물들과 함께 돌을 던져 사자를 잡았다.

토끼의 발도장

- **제작** : 조선4·26아동영화촬영소
- **시간** : 20분   • **분류** : 인형영화
- **스탭** : 각색: 최태형 / 연출: 손종권·조재광 / 책임미술: 정효섭 / 촬영: 서광·김창호 / 조종: 신상철·김은영 / 작곡: 백인선 / 연주: 영화및방송음악단 / 노래: 평양률곡고등중학교 / 지휘: 김철의
- **등장인물** : 사슴, 토끼, 곰아저씨, 승냥이, 여우.
- **주제** : 위급한 상황에서도 침착하게 대처해야 한다.

- **줄거리**

  곰아저씨와 토끼, 다람이는 병을 고칠 수 있는 몸에 아주 좋은 녹용주를 만들고 있었다. 문 밖에서 엿듣고 있던 여우는 녹용주를 만들었다는 사실을 기침을 앓는 승냥이에게 알려주었다.

  여우와 승냥이는 녹용주를 훔치기로 하였다. 둘은 복면을 하고 녹용주를 훔칠 기회를 살폈다. 곰이 밤을 가지러 산으로 간 사이 여우와 승냥이는 열쇠를 빼앗고 녹용주를 훔쳐갔다. 토끼와 사슴이 막아보려 하였지만 힘이 부족하였다. 토끼는 여우와 승냥이가 꼼짝하지 못할 증거를 잡기로 하였다. 그러고는 녹용주를 훔쳐가는 여우와 승냥이에게 '보름달도 없는 낮에 녹용주를 먹고 이빨 빠진 복면소경이나 되어라'라고 말하였다. 이 말을 들은 여우와 승냥이는 토끼의 말을 믿고 녹용주를 먹지 않

았다.

산에서 돌아온 곰은 마당에 떨어진 승냥이 꼬리털을 보고 여우와 승냥이가 훔쳐갔다는 것을 알았다. 곰은 여우와 승냥이를 찾으러 갔다. 한편 보름달을 기다리던 여우와 승냥이도 승냥이의 꼬리털이 빠졌다는 것을 알았다. 그러고는 꾀를 냈다. 여우는 승냥이를 침대에 눕히고는 앓는 척하게 하고는 승냥이의 꼬리털을 몽땅 뽑아 버렸다.

곰이 녹용주를 찾아 승냥이 집으로 갔다. 곰은 승냥이에게 꼬리를 보자고 재촉하였다. 하지만 승냥이의 꼬리는 털이 몽땅 빠져있었다. 여우와 승냥이는 몹쓸병에 걸려 꼬리의 털이 몽땅 빠졌다고 하면서 도리에 곰에게 증거를 대라고 말하였다.

이때 사슴과 토끼가 나타나 증거를 대보겠다고 말하였다. 토끼는 어젯밤에 집에 쳐들어온 도적의 목수건에 발도장을 찍어 놓았다고 말하였다. 그러면서 여우와 승냥이가 매고 있는 목도리를 조사해 보라고 말하였다. 승냥이의 목수건에서 토끼의 발도장이 나왔다. 그러자 여우는 승냥이가 훔쳤다면서 승냥이를 몰아세웠다. 그러자 토끼는 여우의 목수건에도 토끼의 발도장을 찍었다고 말하였다. 여우와 승냥이가 범인이라는 것이 밝혀지고 잃어버렸던 녹용주도 찾게 되었다. 사슴은 토끼의 지혜에 감탄하면서 겁이 나서 꼼짝없이 빼앗겼다고 포기했었던 자신을 반성하였다.

토끼형제와 승냥이

- **제작** : 조선4·26아동영화촬영소
- **시간** : 14분 **분류** : 인형영화
- **스탭** : 영화문학: 박철 / 연출: 리인철 / 책임미술: 김은하 / 촬영: 김창호·서광 / 작곡: 정병철 / 조종: 김은영·신상철 / 연주: 영화및방송음악단 / 노래: 평양 률곡고등중학교 / 지휘: 정일영
- **등장인물** : 토끼 형제, 승냥이.
- **주제** : 본성은 잘 변하지 않으므로, 좋게 대해준다고 해서 꾀임에 속지 말아야 한다.
- **특기** : 토기형제와 승냥이 시리즈 아동영화.

- **줄거리**

숲 속 아름다운 골짜기에 깡총이네 형제가 열매를 따러 왔다. 첫째 토끼가 동생들에게 승냥이가 나타날 수 있으니 조심하라고 주의를 주었다. 하지만 셋째는 주의를 기울이지 않았  다. 열매를 따던 셋째는 그만 물속에 빠졌다. 이때 승냥이가 나타나 물속에 빠진 셋째를 구해 주었다.

셋째를 구한 승냥이는 셋째의 다친 다리도 치료해 주었다. 승냥이는 자신이 나이가 많고, 허리를 다쳐서 더 이상 나쁜 짓을 하지 않기로 결심했다고 말하였다. 그리고 착하게 살기로 결심을 하고는 이름도 선양이라고 고쳤다고 말하였다. 이런 승냥이의 모습을 본 셋째와 둘째는 승냥이가 정말 착하다고 생각하였다. 하지만 첫째는 승냥이가 무슨 속셈이 있

어서 그럴 것이라고 생각하고는 승냥이가 준 약을 버렸다. 집에 온 셋째의 다리가 낫지 않자 깡총이 형제는 약을 구하러 갔다. 첫째는 숲으로 약초를 구하러 갔다. 하지만 둘째는 승냥이가 준 약을 생각하고는 승냥이를 찾아갔다. 둘째는 승냥이에게서 약을 가져왔다.

숲으로 약재를 가지러 갔다가 빈손으로 돌아온 첫째는 둘째의 말을 듣고는 승냥이가 무슨 속셈이 있는 것이 분명하다고 생각하였다. 그리고는 함정도 깊게 파고, 돌 뗏도 더 많이 놓고 준비를 더욱 철저히 하였다. 하지만 둘째는 착한 승냥이를 의심하는 형을 도리어 의심하면서 승냥이를 찾아갔다. 승냥이는 약재를 지어주겠다면서 둘째를 속여서 토끼의 집으로 들어왔다. 둘째는 승냥이의 속셈도 모르고 함정이 있는 곳을 알려주었다.

토끼네 집으로 들어 간 승냥이는 독풀을 바른 다래를 먹여 둘째와 셋째를 움직이지 못하게 한 다음 첫째가 오기를 기다렸다. 약재를 구하고 집으로 돌아오던 첫째는 승냥이의 속셈을 알아채고 승냥이를 유인하여 함정에 빠트려 승냥이를 쫓아냈다. 도망하던 승냥이는 첫째가 파 놓은 함정에 빠졌다. 첫째는 다른 승냥이가 잘해준 것은 손쉽게 해치우기 위한 술수라는 사실을 알려주었다.

토끼형제와 승냥이(3부) : 벼랑골에 타오른 불길

- **제작** : 조선4·26아동영화촬영소
- **시간** : 16분 **분류** : 인형영화
- **스탭** : 영화문학: 리영춘·박철 / 연출: 리인철 / 책임미술: 김은하 / 촬영: 김창호
  ·서광 / 작곡: 정병철 / 조종: 김은영·신상철 / 연주: 영화및방송음악단 /
  노래: 평양률곡고등중학교 / 지휘: 장명일
- **등장인물** : 토끼 형제, 승냥이 형제.
- **주제** : 새로운 것에만 빠진다면 자신은 물론 형제들도 위험에 빠지게 할 수 있다.

- **줄거리**

눈사태를 맞고 골짜기로 떨어졌던
승냥이가 벼랑에 난 나무에 걸려 간
신히 목숨을 구하였다. 승냥이는 토
끼 형제에게 당한 것이 억울하였지만
토끼 형제가 파 놓은 함정 때문에 감
히 쳐들어가지 못하고 있었다.

토끼형제에게 복수할 생각만 있던 승냥이는 마침 골짜기에서 도깨비불
을 보고는 불을 놓아 토끼 형제들을 잡으려는 계획을 세웠다. 셋째의 생
일을 맞이하여 한 자리에 모인 토끼 형제들은 셋째의 생일을 축하하려다
승냥이의 위협을 받게 되었다. 승냥이는 이상한 불을 휘두르면서 내일 아
침까지 함정과 돌탕을 치우지 않으면 불을 지르겠다고 위협을 하였다.

어린 형제들은 겁을 먹었다. 하지만 첫째와 둘째는 승냥이가 위협만
하고 불을 지르지 않은 것을 이상하게 생각하였다. 그러면서 승냥이와

맞서 싸울 준비를 하였다. 하지만 셋째는 날 창으로 어떻게 불을 가진 승냥이와 싸워서 이길 수가 있겠느냐면서 힘이 센 멧돼지 아저씨를 불러오자고 하였다. 까마귀에게서 토끼 형제들이 하는 이야기를 들은 승냥이는 멧돼지 허수아비를 만들어 태웠다. 어두운 밤에 멧돼지 허수아비에 불을 붙여 죽인 것처럼 꾸민 것이다. 승냥이는 다시 내일 아침까지 함정을 치우지 않으면 진짜로 불을 지르겠다고 위협하였다.

첫째는 승냥이가 위협만 하고 불을 지르지 않는 것이 무슨 이유가 있을 것이라고 생각하였다. 그러고는 이유를 알아보기로 하였다. 동시에 돌덫이랑 함정을 점검하면서 대비도 철저히 하였다. 하지만 마음 약한 셋째는 불이 붙고 승냥이가 쳐들어오는 꿈을 꾸었다. 그러고는 수리봉 깊은 골짜기에 숨을 곳을 찾을 생각으로 한밤중에 몰래 집을 나왔다. 수리봉으로 가던 셋째는 도리어 토끼 형제들을 노리고 있던 승냥이에게 잡히게 되었다. 승냥이에게 잡힌 셋째는 가짜 멧돼지와 가짜 불에 속았다는 것을 알았다.

첫째는 형제 토끼들과 함께 승냥이가 자신들을 잡아먹으러 오기 전에 먼저 쳐들어갈 계획을 짰다. 다음날 토끼 형제들은 승냥이가 자리를 비운 틈을 이용하여 셋째를 구하고 승냥이 굴에 불을 질렀다. 승냥이가 굴에서 나오자 토끼 형제들은 계곡 사이 나무다리로 승냥이를 유인하여 불구덩 골짜기로 떨어뜨렸다. 첫째는 자신의 행동을 후회하는 셋째에게 승냥이에게 조금씩 물러서면 끝이 없으므로 용감하게 맞받아 싸워나가야 한다고 말해 주었다.

토끼형제와 승냥이(4부) : 부러진 검은 날개

- **제작** : 조선4·26아동영화촬영소
- **시간** : 14분   • **분류** : 인형영화
- **스탭** : 영화문학: 리영춘·박철 / 연출: 리인철 / 책임미술: 김은하 / 촬영: 김창호
  ·서광 / 작곡: 정병철 / 조종: 김은영·신상철 / 연주: 영화및방송음악단 / 노
  래: 평양룡곡고등중학교 / 지휘: 장명일
- **등장인물** : 토끼 형제, 승냥이 형제
- **주제** : 새로운 것에만 빠진다면 자신은 물론 형제들도 위험에 빠지게 할 수 있다.

- **줄거리**

  승냥이가 불구덩이 골짜기로 떨어
졌지만 까마귀의 도움으로 가까스로
목숨을 구하였다. 까마귀는 승냥이를
이용하여 토끼를 잡을 생각으로 승냥
이을 살려주었다. 토끼 형제들은 열매
를 따러 나갔다가 약초밭에서 약을 훔치려는 까마귀를 발견하고 까마귀
를 혼내다가 까마귀로부터 승냥이가 살았다는 사실을 알게 되었다. 첫째
는 승냥이가 불구덩이에서 다쳐 죽어간다고 말한 까마귀의 말을 믿지 않
았다. 첫째는 승냥이의 침입을 대비한 대책을 세웠다.

  한편 승냥이와 까마귀는 서로를 이용하여 토끼를 잡아먹으려고 하였
다. 까마귀는 승냥이를 통해서 토끼를 잡아 먹을 생각을 하였다. 하지만
간악한 승냥이는 까마귀에게 토끼꼬리 하나 줄 생각이 없었다. 까마귀는
승냥이에게 날개를 달아보지 않겠느냐고 제안하였다. 승냥이가 까마귀

419

와 함께 날개 같은 것을 만든다는 소식을 들은 첫째는 함정을 타고 넘어올 승냥이를 대비하여 그물코를 만들기 시작했다.

셋째는 열매는 따지 않고 그물코를 준비하는 게 못마땅하였다. 셋째는 준비를 게을리 하였다. 마침내 날개를 완성한 승냥이는 실패를 거듭하면서도 열심히 연습을 하였다. 준비를 마친 승냥이는 까마귀를 보내서 토끼 형제들을 염탐하였다. 까마귀가 날아오는 것을 본 첫째는 둘째와 넷째를 보내 까마귀를 따라가게 하였다. 하지만 까마귀를 정찰하러 갔던 넷째는 까마귀를 염탐할 생각은 않고 돌배냄새에 빠져 돌배를 딸 생각만 하였다.

까마귀는 쫓지않고 돌배만 따고 돌아오던 넷째가 승냥이에게 발각되었다. 도망치던 넷째가 바위틈으로 떨어져 몸을 다쳤다. 넷째는 몸을 다쳤지만 형제들을 생각하면서 아픈 몸을 이끌고 지름길로 달려야승냥이가 왔다는 것을 알렸다. 토끼 형제들은 날개를 달고 덤벼드는 승냥이를 향해 힘을 합쳐 그물코를 던졌다. 토끼 형제들은 그물코로 승냥이를 잡아 골짜기 아래로 던져 버렸다.

푸른 숲의 고운 새들

- **제작** : 조선4·26아동영화촬영소, 1997년.
- **시간** : 18분 **분류** : 인형영화
- **등장인물** : 철남, 영수, 부리새, 박새, 꾀꼬리, 딱따구리, 외쏙독이.
- **주제** : 외쏙독이는 벌레를 막아내는 이로운 새다.

- **줄거리**

　아름다운 새들이 노니는 울창한 푸른 숲을 소년단 철남이가 열심히 가꾸고 있었다. 철남이는 숲을 지키는 새들을 위해 새집을 만들어 주면서 숲을 잘 가꾸었다. 철남이는 새들이 어떤 일을 하는지를 살펴보았다. 그러다 외쏙독이가 별로 하는 일도 없이 놀기만 하는 건달새라고 생각하면서 잠이 들었다.

　잠이 든 철남이가 꿈을 꾸었다. 꿈속에서 새들과 벌레들의 전쟁이 시작되었다. 푸른 숲의 새들이 모여서 벌레들을 막을 준비를 하였다. 부리새, 박새, 꾀꼬리, 딱따구리는 각각의 역할을 정하고 벌레들이 들어올 것에 대비하였다.

　한편 벌레들은 겨울잠에서 깨어나 기세등등하게 푸른 숲으로 쳐들어왔다. 벌레들이 쳐들어오자 철남이는 새들에게 출동명령을 내렸다. 철남의 명을 받은 새들이 출동하여 벌레들을 모두 잡아먹는다. 철남은 새들의 역할을 지켜보면서 건달새가 아무 일도 하지 않았다는 것을 알고는 건달새에게 숲을 벗어나라고 명령하였다. 다른 새들도 건달새에게 숲을 떠나라고 말하였다. 건달새는 자기는 밤에 벌레를 잡을 수 있다고 말하

421

였다. 하지만 새들은 낮에 모든 벌레를 잡았는데, 무슨 벌레가 있느냐면서 외쏙독이를 건달새라고 하면서 푸른 숲을 떠나라고 말하였다.

새들의 이야기를 엿들은 벌레들은 밤에 쳐들어가기로 작전을 세웠다. 밤이 되자 벌레들이 푸른 숲에 쳐들어왔다. 철남이와 새들은 벌레들의 침입을 알면서도 막아내지 못하였다. 속수무책으로 당하는 철남을 본 영수는 외쏙독이에게 도와주라고 말하였다. 외쏙독이의 활약으로 벌레를 물리칠 수 있었다. 꿈에서 깨어난 철남이는 외쏙독이가 밤에 벌레를 잡는 이로운 새라는 사실을 알고는 건달새라고 놀린 것을 후회하였다. 철남이는 밤새나 낮새나 잘 보호해야 하겠다고 다짐하였다.

풍년벌에서 있은 일

- **제작** : 조선과학교육영화촬영소 아동영화창작단
- **시간** : 15분   • **분류** : 지형영화
- **스탭** : 영화문학: 최태형·안용진 / 연출: 류충웅 / 책임미술: 리기섭 / 촬영: 조광철
  / 작곡: 김명희·윤정호 / 조종: 류숙영 / 연주: 영화및방송음악단 / 지휘: 박
  미선
- **등장인물** : 가스벌레, 대벌레, 기생벌.
- **주제** : 기생벌의 습관. 공부를 게을리 해서는 안 된다.

- **줄거리**

강냉이가 하루 사이에 크게 자란
옥수수밭을 가스벌레가 지키고 있었
다. 가스벌레 초소장은 대벌레에 대
한 경비를 강화하라고 말하면서 정작
자기는 곤충강연회에 참석하지 않았
다. 가스벌레 초소장은 가스총만 있다면 대벌레를 잡을 수 있다고 믿고
곤충강연회에 참석하지 않았던 것이었다. 이때 기생벌들이 알을 까고 나
왔다. 그러자 엄마 기생벌은 꼬마 기생벌에게 다락밭에서 대벌레 잡이를
잡으라고 보냈다.

한편 옥수수밭에서는 대벌레들이 강냉이를 파먹고 있다가 가스벌레들
에게 발각되어 쫓겨갔다. 땅을 파고 숨은 대벌레를 쫓던 가스벌레들이
기생벌과 마주쳤다. 기생벌은 자기도 대벌레를 잡는다고 말하였지만 가
스벌레는 기생벌을 알아보지 못하였다. 가스벌레가 돌아간 다음 대벌레

423

는 대벌레나비로 변하여 옥수수 잎에다 알을 까두었다. 기생벌은 대벌레 나비가 알을 낳자 대벌레 나비가 낳은 알에다 자기의 알을 까두었다.

대벌레 나비는 기생벌이 자기 알 속에다 알을 까는 것을 보고는 가스벌레에게 기생벌을 대벌레 나비라고 속였다. 가스벌레는 대벌레 나비에게 속아서 기생벌에게 가스총을 쏘아 쓰러트렸다. 기절했던 기생벌은 겨우 정신을 차리고 다시 애벌레 나비가 낳은 알에다 알을 까놓았다. 하지만 이런 사실을 알지 못하는 가스벌레는 다시 기생벌을 공격하여 거미줄에 걸리게 하였다. 다행히 대벌레 나비가 나쁘다는 것을 알아 낸 가스벌레들이 대벌레 나비를 쏘아 공격하면서 위기를 모면하였다.

하지만 가스가 떨어져서 공격할 수 없게 되었다. 그 사이에 대벌레들이 알에서 깨어나와 옥수수밭을 공격하였다. 이때 대벌레 알에서 기생벌들이 나와서 대벌레들을 공격하였다. 기생벌 때문에 옥수수밭을 안전하게 지켜낼 수 있었다. 비로소 가스벌레는 기생벌이 대벌레 나비가 낳은 알에다 자신의 알을 까서 대벌레를 죽인다는 사실을 알게 되었다.

풍년열매이야기(2) : 두더지가 고친 일과표

- **제작** : 조선4·26아동영화촬영소, 2004년
- **시간** : 17분 • **분류** : 인형영화
- **스탭** : 영화문학: 한기만 / 연출: 김광성·신상철 / 책임미술: 조제현 / 미술: 최창록·장영상 / 컴퓨터함성: 리용서 / 작곡: 한상철 / 촬영: 서광·김창호 / 작곡: 한상철 / 조종: 김은영·조향 / 연주: 영화및방송음악단 / 노래: 평양률곡중학교
- **등장인물** : 고슴도치, 두더지, 염소.
- **주제** : 책을 읽을 때는 대충 읽지 말고, 정확하게 읽어야 한다.
- **특기** : 군중문학 현상응모 당선작품. 감자의 특성과 관련하여 컴퓨터를 통해 감자 보관법과 감자의 특성을 알려는 아동영화.

- **줄거리**

　고슴도치와 두더지, 땅쥐는 열매보관소에는 연구사들이다. 고슴도치는 책을 꼼꼼히 읽었지만 두더지와 땅쥐는 대충대충 책을 읽었다. 『열매의 보관』이라는 책에 쓰여진 '감자는 줄기, 고구마는 뿌리'라는 부분을 읽으면서도 뜻을 이해하지 못하면서도 대강 넘어 갔다. 이때 영양분석실의 염소박사가 새로운 품종의 열매를 보내면서 며칠 동안 잘 보관하라고 연락하였다. 셋은 열매를 잘 보관하기로 약속하고 각자 역할을 나누었다. 고슴도치는 감자, 고구마, 고추의 일과표를 짜는 일을 맡는다.

　고슴도치는 열매 일과표를 짜기 위해 과일의 특성을 열심히 공부하였다. 하지만 두더쥐와 땅쥐는 대충하였다, 고슴도치가 '수박 겉핥기'라는 말이 있듯이 '대충해서는 안 된다'고 충고하였지만 무시하고 듣지 않았다. 교육을 받으러 오라는 연락이 왔다. 두더지와 땅쥐는 자기들이 남고

고슴도치를 교육 받으라고 보냈다.

고슴도치가 없는 사이 두더지와 땅쥐는 고슴도치가 짠 일과표를 검토하다가 감자일과표에 '햇빛 쪼이기'가 없는 것을 보았다. 두더쥐와 땅쥐는 고슴도치가 몰라서 빠트린 것으로 생각하였다. 두더지는 '가을에 수확한 열매는 햇빛을 쪼여야 벌레가 생기지 않는다'는 책 내용을 생각하면서 고슴도치가 작성한 일과표를 고쳐 감자에게도 햇빛쪼이기를 시켰다. 햇빛 쪼이기 시간이 되었다. 고추, 고구마는 햇빛 쪼이기를 하는데, 감자는 그늘로 가려고 하였다. 두더지와 땅쥐는 감자에게 억지로 햇빛을 쪼이게 하였다. 며칠이 지나고 열매들은 열매 보관소를 떠나 영양 분석실로 돌아갔다. 영양분석실에서는 열매 보관소에서 돌아온 열매의 영양을 분석하였는데, 감자에서 독성분이 검출되었다.

열매보관소로 감자에서 독성분이 검출되었다는 연락이 왔다. 모두가 모인 자리에서 책임을 묻게 되었다. 두더쥐는 책에 나온 내용을 보고 일과표를 고친 것이라며 큰 소리쳤다. 두더쥐가 다시 확인하였더니, 바로 다음에 '감자는 햇빛을 받으면 안 된다'는 부분이 있었다.

두더쥐가 이해하지 못하자 염소와 고슴도치는 컴퓨터를 통해 과학적으로 설명해 주었다. 고구마는 뿌리에 속한 열매이지만, 감자는 줄기에 속한 열매이기에 햇빛을 받으면 엽록소가 생겨 광합성을 하는데, 이때 벌레가 붙지 못하도록 독성분이 생기게 된다는 것을 알려 주었다. 다람쥐는 그제서야 자신의 잘못을 뉘우쳤다.

할아버지가 준 거울

- **제작** : 조선4·26아동영화촬영소
- **시간** : 16분   **분류** : 만화영화
- **스탭** : 영화문학: 김득순 / 연출: 계훈 / 책임미술: 리성진·한철 / 컴퓨터 합성: 안경미 / 작곡: 한상철 / 미술: 김명길·김명선·강성민 / 연주: 영화및방송음악단 / 노래: 평양률곡중학교 / 지휘: 김산동
- **등장인물** : 깡충이, 할아버지.
- **주제** : 다른 사람의 것을 베끼지 말고 정직하게 살아야 한다.

- **줄거리**

깡충이의 생일날이 되자 동물친구들이 여러가지 선물을 하였다. 깡충이 할아버지도 마음을 비쳐주는 보배거울이라고 하면서 손거울을 주었다. 할아버지의 거울을 받은 깡충이는 거울을 비추어 보지만 아무 변화가 없었다. 그러자 깡충이는 그냥 보통 거울이라고만 생각하였다.

깡충이는 학급 벽보에 자연관찰학습 모범학생으로 뽑히게 되었다. 깡충이가 신나게 집으로 갈 때였다. 깡충이는 집으로 가는 길에 손거울 속의 착한 깡충이가 하는 말을 듣고, 마음을 비치는 거울이라는 것을 알게 되었다.

깡충이는 자연관찰 모범학생으로 뽑혔지만 해야 할 자연관찰 숙제를 하지 않았다. 그리고는 친구들이 그린 것을 보고 그렸다. 유리 속 착한

깡충이는 자연관찰을 하지 않고 친구들의 것을 보고 그린 것은 나쁘다며 친구들에게 사실대로 말하라고 하였다. 하지만 깡충이는 손거울을 무시해 버리고 유희장에 가서 신나게 놀기만 하였다.

손거울은 깡충이에게 착한 마음을 가지라고 계속 충고하지만, 깡충이는 거울 속의 깡충이 말을 듣지 않았다. 깡충이는 도리어 화를 내면서 거울을 물에 버렸다. 깡충이가 버린 거울을 물속에서 오리가 주었다. 거울 속에서는 착한 마음씨의 깡충이가 울고 있었다. 신기한 거울을 보고 여러 친구들이 몰려들어 구경을 하였다. 이것을 본 깡충이가 놀이기구에서 급하게 내려와서는 거울을 깨버리려 하였다.

깡충이가 거울을 던졌지만 깨지지 않고 오히려 점점 더 커지기만 하였다. 거울은 계속해서 거짓말을 고백하라고 하였다. 깡충이는 마침내 자연관찰 숙제를 하였다. 자연관찰 숙제를 한 깡충이는 선생님과 학생들 앞에서 자기의 지난 잘못을 사과하였다. 이때 깡충이의 거울은 깡충이가 비를 맞으면서 자연관찰 숙제를 하는 모습을 비추어 주었다. 그러자 친구들도 깡충이의 잘못을 용서해 주었다.

호동왕자와 낙랑공주

- **제작** : 조선과학교육영화촬영소 아동영화창작단, 1990년
- **시간** : 75분   **분류** : 만화영화
- **스탭** : 영화문학: 이진우 / 연출: 김용찬 / 책임미술: 오순남 / 노래: 장은애
- **등장인물** : 호동왕자(고구려의 왕자), 낙랑공주(낙랑국 최리의 딸), 최리왕(낙랑국의
  임금), 봉이(낙랑공주의 시녀), 아두나(고구려의 남장무사)
- **주제** : 사람은 죽어도 그 뜻은 살아 있으므로 아름답게 살아야 한다.
- **특기** : 호동왕자와 낙랑공주의 이야기를 소재로 한 장편 만화영화.

- **줄거리**

전설로 내려오는 고구려의 왕자 호
동과 낙랑공주의 사랑이야기를 만화
영화로 옮긴 장편 만화영화이다. 고
구려의 기록에 기초하여 만든 이야기
라는 나레이션이 나온다.

낙랑국의 임금인 최리왕이 외국으로 군사를 요청하러 갔다가 돌아왔
다. 세 살에 어머니를 잃고 살아온 낙랑공주의 아버지에 대한 사랑은 각
별하였다. 최리왕은 외세의 힘을 빌어 고구려를 치려고 군사를 요청하러
갔었다. 하지만 고구려의 힘이 강하였기 대문에 고구려 치는 일을 다음
으로 미루었다. 낙랑공주는 백성들이 죽게 된다면서 전쟁을 하지 않으면
어떻겠느냐며 만류하였지만 최리왕은 '백성은 많고, 그들은 죽는 것만
큼 생겨난다' 며 들으려 하지 않았다. 낙랑공주는 최리왕과 이야기를 하

다가 호동왕자의 이름을 들었다.

한편 고구려 왕은 낙랑도 고구려와 같은 민족으로 언어도 같은데, 싸우지 않고 지내면 좋겠다고 생각하였다. 외세를 끌어들여 싸우려 한다는 것을 걱정하였다. 고구려왕은 낙랑국의 동정을 살피는 일을 게을리 하지 않았다. 왕의 명령을 받들어 옥저 땅을 살피던 호동왕자는 사슴을 사냥하다 곰에게 쫓기는 사냥꾼을 발견하였다. 호동왕자는 눈빛(눈정기)으로 곰을 제압하고 사냥꾼을 구해주었다.

사냥꾼은 호동왕자에게 술 한 잔 권하면서 자신을 소개하였다. 사냥꾼은 낙랑의 왕 최리였다. 최리는 정식으로 호동왕자를 낙랑으로 초청하였다. 호동은 고구려왕에게 이 사실을 알리고 최리의 초청을 승낙하였다. 말 잘타는 남장여걸 아두나가 소식을 전하기로 하고 고구려로 돌아갔다. 낙랑의 군사들이 아두나가 빠져나가는 것을 보고 쫓아갔다. 하지만 아두나는 뛰어난 말솜씨와 활솜씨로 물리쳤다. 적을 모두 물리친 것으로 알고 방심하였던 아두나는 매복하였던 적장의 창에 말이 찔리면서 천길 낭떠러지로 떨어졌다.

한편 호동왕자 일행을 국빈으로 초청한 최리왕은 고구려를 침공할 때까지 호동왕자를 잡아두려 하였다. 호동왕자는 궁중에서 세상의 미녀인 낙랑공주의 이름을 듣게 되었다. 최리의 만찬에 초대된 호동왕자는 낙랑공주를 보고 사랑에 빠졌다. 낙랑공주도 호동왕자를 마음에 두게 되었다. 최리왕의 권유로 뱃놀이를 하던 호동왕자는 '낙랑국의 왕은 백성들을 생각하지 않는다' 면서 최리왕을 비판하였다. 최리왕은 호동왕자가 고구려로 돌아가지 못하도록 하기 위해 낙랑공주에게 매일 아침문안을 드리게 하였다.

최리왕이 주최한 사냥경기가 열렸다. 새끼 호랑이를 사냥하던 낙랑국의 장수가 호랑이들에게 몰리게 되었다. 이때 사람을 구해야 한다면서 호동왕자가 나서서 호랑이들을 물리쳤다. 호랑이를 물리치는 과정에 호동왕자도 다쳤다. 호랑이에게 다친 호동왕자를 치료하던 낙랑공주는 호동왕자가 사람을 살리려 하였다는 말을 되새기면서 호동왕자를 마음에 두었다. 한편 낙랑성의 성주는 호동왕자를 인질로 잡아두려던 최리왕과 달리 호동을 없애려 하였다. 한밤에 자객의 기습을 받은 호동왕자는 호위무사들의 도움을 받아 목숨을 구하였다. 호동왕자가 자객을 잡았지만 낙랑성 성주는 호동왕자가 잡아 온 자객을 죽이고 시치미를 뗐다.

호위무사들은 고구려로 돌아가자고 하였지만 호동왕자는 도리어 이곳의 사정을 알아보도록 하였다. 낙랑국을 돌아보던 호동왕자 일행은 낙랑국의 풍습이 고구려와 같다는 것을 알게 되었다. 또한 낙랑이 고구려를 치기 위하여 외국 병사들을 끌어들였고, 성벽을 쌓기 위해 백성들을 동원하였다는 것을 알게 되었다. 병장기를 만드느라 백성들은 농사지을 농기구조차 없다는 사실도을 알게 되었다.

호동왕자는 최리에게 낙랑국의 사정을 이야기하면서 전쟁을 만류하였다. 하지만 최리는 '낙랑을 지키기 위해 다른 나라의 힘을 잠깐 빌리기 위한 것'이라고 변명하였다. 호동왕자는 다시 '자기의 왕권을 지키기 위해 겨레를 침략하여서는 안 된다'고 말렸다. 하지만 최리는 끝내 듣지 않는다.

얼마 후 호동왕자는 낙랑공주를 화원으로 초청하였다. 낙랑공주도 기꺼이 화원을 찾아오고, 두 사람은 사랑을 확인하였다. '적국의 공주를 사랑하여 고구려인의 본문을 잊은 것은 아니냐'는 호위무사의 말에 호동왕자는 괴로워하면서 낙랑공주에게 '나라의 길이 다르니 잊어달라'고 말하고는 헤어질 결심을 하였다.

다음날 낙랑공주의 시녀 봉이 혼자 호동왕자에게 문안인사를 왔다. 봉이는 호동왕자에게 자신이 고구려 골구천 출신의 고구려인으로 다섯 살때 끌려왔다면서 고구려 왕자님을 뵙게 되어 기쁘다고 말하였다. 어릴 때 끌려왔으면서도 조국을 잊지 못하는 봉이를 보면서 왕자는 고구려 사람임을 잊었던 것을 후회하였다.

호동왕자는 낙랑공주를 찾아갔다가 자결하려던 낙랑공주를 발견하고는 자결을 만류하였다. 호동왕자는 봉이가 잡혀갔다는 말을 듣고 봉이를 찾아나섰다. 봉이를 찾던 호동왕자는 바다건너 왜국에서 사신이 왔는데, 낙랑공주를 인질로 데려가기로 하였다는 사실을 알게 되었다. 최리왕도 허락하였다는 것도 알게 되었다.

낙랑공주가 호동왕자에게 모든 사실을 알리고 떠나가겠다고 작별인사를 하였다. 낙랑공주는 또한 자명고의 비밀을 이야기해 주었다. 변방에 변고가 일어나면 스스로 울리는 자명고가 울리고 국경을 넘은 병사들이 죽게 된다고 말하였다. 호동왕자는 초청을 받고와서 울리지 않았지만 병사들이 들어오면 안 된다고 거듭 당부하였다.

호동왕자 일행은 밤길로 떠나 고구려로 향하였다. 고구려로 가던 중계곡에서 매복한 군사들을 만나 위기에 처하였다. 하지만 호동왕자 일행은 뛰어난 무술과 힘으로 적을 물리치고 고구려로 돌아왔다. 고구려로 돌아온 호동왕자 일행은 천길 낭떠러지로 떨어졌던 아두나를 만났다. 아두나는 적의 기습으로 낭떠러지에 떨어졌다가 다행히 압록강 사람들의 도움을 받아 살아났었다. 이때 아두나가 여자라는 사실이 밝혀졌다.

고구려 왕은 낙랑국의 뜻을 알았지만 다시 한번 화친을 청하는 편지를 보내기로 결정하였다. 호동왕자는 아두나에게 낙랑국 궁궐로 들어가 낙랑공주에게 '결혼 승낙을 받았다'는 편지를 전하게 하였다. 호동왕자의 편지를 받은 낙랑공주는 화친을 원한다는 고구려 왕의 편지를 아버지 최리왕에게 전달하였다. 하지만 최리왕은 '고구려의 기름진 땅이 필요하다'며 국내성으로 쳐들어갈 것'이라고 말하고는 곧 대장군 미시와 결혼할 준비를 하라고 말하였다.

한편 이국으로 갔던 낙랑국 사신이 돌아왔다. 사신은 이국의 왕이 고구려는 국경이 튼튼하기에 쉽게 칠 수 없으니, '먼저 고구려의 국경에 있는 고구려 병사들을 유인하여 함정 속에 몰아넣어야 한다'고 말했다고 하였다. 낙랑공주는 만류하였지만 최리왕은 들으려 하지 않았다. 낙랑공주는 또한 최리왕이 봉이를 생매장하였다는 사실도 알게 되었다.

호동왕자를 걱정하던 낙랑공주는 자명고 종각에 올라 자명고를 찢고 쓰러졌다. 공주는 최리왕에게 민족이 화합하여 살아야 한다면서 타국에 의지하는 것이 어찌 나라라고 할 수 있겠느냐며 전쟁을 만류하였지만 최리왕은 낙랑공주의 말을 듣지 않았다. 도리어 낙랑공주는 최리왕에게 죽임을 당하였다. 아두나로부터 공주가 죽었다는 소식을 들은 호동왕자가 급히 공주에게 달려가고 호동왕자와 낙랑공주 두 사람의 아름다운 추억이 환상적으로 펼쳐지면서 끝난다.

호랑이를 이긴 고슴도치

- **제작** : 조선과학교육영화촬영소, 1984년
- **시간** : 17분 •**분류** : 만화영화
- **등장인물** : 호랑이, 여우, 고슴도치, 멧돼지.
- **주제** : 몸은 작아도 자신을 믿고 싸우면 큰 적도 이길 수 있다.

- **줄거리**

숲 속에서 누가 힘이 제일 센가를
가르는 경기가 열렸다. 멧돼지며, 곰
이며 제마다 힘을 겨루고 있을 때였
다. 호랑이가 나타나 경기장을 엉망
으로 만들었다. 곰이 나서서 호랑이

와 맞서려고 하였지만 동물들이 말렸다. 호랑이는 금메달은 자기 것이라
며 금메달을 가지려고 하였다. 이때 고슴도치가 나서서 '큰 놈이라고 하
여 제 마음대로 할 수 없다' 며 힘내기를 하자고 나섰다.

화가 난 호랑이가 고슴도치를 발로 밟으려다 고슴도치의 가시에 찔렸
다. 더욱 화가 난 호랑이가 고슴도치에게 덤벼들었다. 고슴도치는 콧잔
등에 올라 혼을 내주었다. 고슴도치에게 혼이 난 호랑이는 항복하고 물
러났다. 고슴도치에게 크게 혼이 난 호랑이는 떨어진 밤송이를 보고도
고슴도치인 줄로 놀랐다. 호랑이는 밤송이를 고슴도치의 동생인 작은 고
슴도치로 알고 빌면서 용서를 구하였다.

밤송이가 아무 말 없자, 호랑이는 금메달 때문에 그러는 줄로 알고는

메달을 벗어 놓고 다시 잘못을 빌었다. 이 때 밤송이가 떨어졌다. 떨어지는 밤송이에 놀란 호랑이가 달아났다. 이 광경을 본 동물들은 고슴도치가 정말 힘이 세다고 생각하였다. 심판인 토끼는 호랑이가 벗어 둔 메달을 고슴도치에게 달아 주었다. 토끼는 몸이 작아도 자신을 믿고 싸우면 큰 놈도 이길 수 있다는 것을 알게 되었다면서 고슴도치를 칭찬하였다.

호랑이와 세 친구

- **제작** : 조선4·26아동영화촬영소, 1998년.
- **시간** : 21분 **분류** : 지형영화
- **스탭** : 각색: 김수화 / 연출: 손종권·리인철 / 책임미술: 조제현 / 촬영: 장철호 / 조종: 류숙영 / 작곡: 한상철 / 연주: 영화및방송음악단 / 노래: 평양률곡고등중학교 / 지휘: 박미선
- **주제** : 진정한 우정이란 친구에게 편하게 하는 것이 아니라, 친구의 실력을 키워주는 것이다.

- **줄거리**

세 친구들이 호랑이를 잡기 위해 도사 밑에서 수련을 하고 있었다. 도사는 세 친구들에게 새로운 과제를 주었다. 새로운 과제는 모래주머니를 차고 솔개봉 꼭대기까지 올라갔다 오는 것이었다. 도사는 솔개봉 꼭대기까지 올라갔다 왔다는 징표로 꽃을 한 송이씩 꺾어오게 하였다.

힘이 약한 초동이는 친구들에게 꽃을 꺾어달라고 부탁하였다. 순달이는 그렇게 하자고 하였지만 금낭이는 그렇게 할 수 없다면서 힘을 내라고 하였다. 금낭이가 꼭대기로 올라간 사이 순달이는 초동이의 모래주머니에서 모래를 빼고 대신 가랑잎을 넣어주었다. 솔개봉 꼭대기까지 올라간 세 친구는 모두 꽃을 꺾어 왔다. 오는 도중 금낭이는 초동이의 모래주머니에서 벌레가 나오는 것을 보고 모래주머니가 아니라는 알게 되었다.

금낭이는 순달이에게 이것은 초동이를 돕는 것이 아니라면서 다시 솔개

436

봉에 갔다 오라고 하였다. 그러나 초동이와 순달은 진짜 호랑이와 싸우는 것도 아닌데 뭘 그러느냐면서 그냥 내려왔다. 세 친구는 무술을 닦거나 호랑이를 잡을 때 하나가 되기로 맹세하였다. 수련이 끝나갈 때였다. 도사는 무술시험을 보고 통과한 사람만이 범골로 갈 수 있다고 말하였다. 첫 번째 먹물받기 시합은 모두 통과하였다. 두 번째 활쏘기 시합이 열렸다. 활쏘기 시합은 멀리 떨어진 표적판에 있는 자기 글씨 앞머리 표적을 맞추는 것이었다. 도사가 표적판을 가지러 가려고 하자 순달이가 자기가 가지고 오겠다고 나섰다. 표적판을 가지러 간 순달이는 초동이의 표적판에 화살이 없는 것을 보았다. 순달이는 화살이 맞은 것처럼 꽂아서 가지고 왔다. 이 때문에 세 친구는 도사로부터 범골로 떠나도 좋다는 허락을 받았다.

그날 저녁 금낭이는 사실을 알고 '그렇게 눈 먼 동정으로 돕다가는 제구실을 못하게 된다' 며 도사할아버지에게 사실대로 말하라고 하였다. 이때 도사할아버지가 나타나 마을에 호랑이가 초동이네 송아지를 물어갔다면서 호랑이를 잡으라고 말하였다.

세친구가 범골로 달려갔다. 하지만 체력이 약한 초동이 때문에 늦어졌다. 범골에는 호랑이 세 마리가 초동이네 누렁이를 물어다 놓고 서로 먹으려고 다투고 있었다. 세 친구들은 각각 한 마리씩 나누어 활을 겨누었다. 하지만 초동이가 활을 먼저 쏘았는데 맞추지 못하였다, 이 때문에 호랑이는 잡지 못하고 도리어 쫓기게 되었다. 금낭이는 용감하게 맞서 싸우고 초동이도 도우려 나섰다. 금낭이를 구하려던 초동이가 호랑이에게 몰리게 되었다. 다행히 금낭이의 활약으로 호랑이를 물리쳤다. 마을로 돌아온 초동이는 누가 진정으로 자신을 도왔는지를 생각하였다. 도사할아버지는 진정으로 친구를 도와주는 길이 무엇인지를 잊지 말라고 당부하였다. 이후로 세 친구는 우정을 지키는 진정한 친구가 되었다.

환상속의 세 동무

- **제작** : 조선4·26아동영화촬영소, 2002년.
- **시간** : 20분　**분류** : 3D 입체
- **스탭** : 원작: 조희건 / 각색: 김광성 / 연출: 김광성 / 책임미술: 정효섭 / 촬영: 서광 / 조종: 신상철 / 작곡: 함철 / 컴퓨터화상처리: 박철웅·김광수·김용홍·신철민 / 연주: 영화및방송음악단 / 노래: 평양률곡고등중학교 / 지휘: 리정두
- **등장인물** : 영이, 분희, 성혁.
- **주제** : 번개를 길들여 전기로 활용하려는 세 어린이 주인공의 탐구생활을 통해, 과학기술이 중요하다는 것을 보여준다.

- **줄거리**

　학생소년궁전에서 과학을 탐구하는 학생들의 이야기이다. 영이는 과학기술 발표회에서 비행선을 띄워 전기를 잡아 활용할 계획을 발표하였다. 영이의 의견에 대해 분희가 이의를 제기하였다.

　분희는 고정탐기기만으로는 번개의 정확한 위치를 찾아내기 어렵다고 말하였다. 그러나 영이는 분희의 의견을 무시하였다. 분희는 원래 영이, 성혁과 같은 학습조였다. 그러다가 생물소조로 학습조를 옮겼는데, 영이는 분희가 겁이 나서 옮겼다고 핀잔을 준적이 있었다. 분희가 이의를 제기한 것도 핀잔 준 것에 대한 반발 때문이라고 생각하였다.

비행을 떠나기 전날 분희는 화상전화로 꼭 생물소조에 들리라고 말하였다. 영이와 성혁은 바닷속에 있는 생물소조로 찾아갔다. 분희는 청각이 발달한 상어, 후각이 빼어난 뱀장어, 시각이 발달한 개구리와 같은 생물체의 특성을 이용하여 만든 이동탐지기를 보여주면서 내일 비행에 사용하라고 말하였다. 하지만 영이는 분희가 만든 이동탐지기가 불안하다면서 거절하였다.

시험비행날 분희도 자기가 만든 이동탐지기를 들고 영이, 성혁과 함께 비행선에 올랐다. 비행이 시작되고 번개가 나타나기를 기다리고 있을 때였다. 갑자기 날씨가 나빠지고, 장해 전파가 많아지면서 영이의 고정탐지기가 작동되지 않았다. 영이는 실패를 인정하고 시험비행이 실패하였다고 결정하려 하였다. 이때 분희가 자기 이동탐지기를 이용해 보자고 말하였다.

분희의 이동탐지기를 이용하여 번개를 추적하였다. 생물의 특성을 이용한 이동탐지기는 번개가 있는 곳으로 정확히 찾아갔다. 결국 영이는 분희의 이동탐지가 빈틈이 없다는 것을 인정하였다. 그러나 이동탐지기도 갑자기 내린 우박으로 접선코드가 고장났다. 영이는 위험을 무릅쓰고, 보조 우주선을 타고 나가서 접선코드를 연결하였다. 이동탐지기가 다시 작동되었지만 쏟아지는 우박과 번개 속에 영이가 위험해 졌다.

위험 속에서도 친구들은 도와가면서 번개의 위치를 정확히 찾아냈다. 잡아낸 번개를 지상의 전기 저장탱크로 내려보냈다. 실험은 성공하였고, 영이도 무사히 구출하였다. 영이는 나라를 위해서는 욕망만 앞세울 것이 아니라 과학탐구에서 폭넓고 깊게 알아야 한다는 것을 깨닫게 되었다고 반성하였다.

힘장수

- **제작** : 조선과학교육영화촬영소 아동영화창작단
- **시간** : 16분 **· 분류** : 인형영화
- **스탭** : 영화문학: 장은석 / 연출: 조재광 / 책임미술: 강도구 / 촬영: 김창호 / 작곡: 한준석 / 조종: 최병숙·신상철 / 대사: 방송연극단 / 노래: 률곡녀자고등중학교 / 연주: 영화및방송음악단
- **등장인물** : 다람이, 거북이, 코끼리, 딱정이(딱정벌레).
- **주제** : 딱정벌레는 자기 몸의 몇배나 되는 무개를 들 수 있다.

- **줄거리**

코끼리가 포함된 동물음악대가 열심히 연주를 하고 있을 때 다람이가 나타났다. 다람이는 거북이가 코끼리에게 준 힘장수 메달을 딱정벌레에게 주어야 한다고 쓴 기사를 보여주었  다. 이때 마침 거북이가 탄 차가 지나가다 수렁에 빠졌다. 동물들은 거북이에게 힘장수 메달을 딱정이에게 주는 것이 옳은 것인가 물어보면서, 힘장수 메달을 가리는 경기를 벌이자고 제안하였다.

힘장수 메달을 두고 경기가 벌어졌다. 힘장수 메달을 위한 경기는 자기 몸무게에 비해 얼마나 많은 무게를 들 수 있느냐에 따라서 결정하기로 하였다. 딱정벌레의 몸무게는 5g이었다. 딱정벌레에 맞서 다람이가 나서고, 이어서 멧돼지가 나섰다. 하지만 겨우 자기 몸무게의 몇 배를 드는데 그쳤다. 이어서 코끼리가 나섰다. 코끼리가 거울에 올라서자 저울

을 지탱하고 있던 무쇠판이 휘어졌다. 그러자 거북이는 얇은 관 5개를 겹쳐서 다시 발판을 만들고는 코끼리의 무게를 쟀다. 코끼리는 겨우 자기 몸의 1.5배를 들었다. 반면 딱정이는 자기 몸무게의 850배를 들었다.

동물들은 자기 몸무게에 비해 얼마를 드는 것이 중요한 것이 아니라 많이 드는 것이 중요하다고 따졌다. 그러자 거북이는 이 세상에서 진짜 힘장수가 누구인지를 알려주겠다면서 동생 딱정이를 불렀다. 다시 시합이 시작되고, 코끼리는 코로 엄청난 돌을 들어 올렸다. 이번에는 딱정이 동생이 나서서 코끼리가 들어 올린 바위돌을 들어 올렸다. 동물들은 딱정이의 힘을 보고 놀랐다. 거북이는 동생 딱정이가 사실은 딱정이의 다리를 이용한 로봇이라고 알려주었다. 딱정벌레의 다리는 다섯 겹으로 되어 있어서 작지만 큰 힘을 낼 수 있다는 것을 알려주었다. 사실을 알게 된 동물들은 딱정이가 힘장수라는 것을 인정하고 힘장수 메달을 돌려주었다.